기독교문서선교회 (Christian Literature Center: 약칭 CLC)는 1941년 영국 콜체스터에서 켄 아담스에 의해 시작되었으며 국제 본부는 미국 필라델피아에 있습니다.
국제 CLC는 59개 나라에서 180개의 본부를 두고, 약 650여 명의 선교사들이 이동 도서차량 40대를 이용하여 문서 보급에 힘쓰고 있으며 이메일 주문을 통해 130여 국으로 책을 공급하고 있습니다. 한국 CLC는 청교도적 복음주의 신학과 신앙 서적을 출판하는 문서선교기관으로서, 한 영혼이라도 구원되길 소망하면서 주님이 오시는 그날까지 최선을 다할 것입니다.

신학개혁과 신앙개혁

Reformation of theology and faith
Written by Mark Sohn.
All rights reserved.
Korean Edition Copyright ⓒ 2022 by Christian Literature Center, Seoul, Korea.

신학개혁과 신앙개혁

2022년 10월 31일 초판 발행

지 은 이 | 손마가

편　　집 | 박지영
디 자 인 | 박성숙, 서민정
펴 낸 곳 | (사)기독교문서선교회
등　　록 | 제16-25호(1980.1.18.)
주　　소 | 서울특별시 동대문구 천호대로71길 39
전　　화 | 02-586-8761~3(본사) 031-942-8761(영업부)
팩　　스 | 02-523-0131(본사) 031-942-8763(영업부)
이 메 일 | clckor@gmail.com
홈페이지 | www.clcbook.com
송금계좌 | 기업은행 073-000308-04-020 (사)기독교문서선교회
일련번호 | 2022-107

ISBN 978-89-341-2490-0 (03230)

이 책의 출판권은 (사)기독교문서선교회가 소유합니다.
신저작권법에 의하여 한국 내에서 보호받는 저작물이므로 무단 전재와 무단 복제를 금합니다.

올바른 신앙의 길이
무엇인지 알기 원하는
모든 그리스도인을 위한 책

신학개혁과 신앙개혁

손 마 가 지음

CLC

차례

저자 서문   7
책 소개   9

제1부
신학개혁

1. 율법을 완전하게 하신 예수님 vs 율법을 폐하신 예수님   12
2. 행위와 행위의 차이를 알자   21
3. 하나님 뜻대로 행하기 위해서는   26
4. 서신서로 알아보는 바른 구원론(救援論)   32
5. 성경적 칭의론(稱義論)   38
6. 바울은 왜 믿음은 강조하고 행위는 부정적으로 말했을까?   45
7. 성령을 따라 행하면 순종할 수 있다!   51
8. 행함 없이 오직 믿음만으로 구원받을 수 있을까?   57
9. 형제 사랑과 구원   62
10. 예수 그리스도의 구원관   67
11. 달란트 비유와 므나 비유의 교훈   79
12. 세 부류의 그리스도인   84
13. 요나단과 다윗으로 보는 심는 자의 영향력   94
14. 인도자들의 죄를 책망하라   100
15. 인간의 본능을 초월한 신앙과 그 영향력   108
16. 믿음의 열매와 죄의 열매   114
17. 성경적 예정론 (1) : 조상에 의한 예정과 창세 전 예정   121
18. 성경적 예정론 (2) : 선택(選擇)과 유기(遺棄)에 대한 바른 이해   126
19. 예수 그리스도와 죄 사함   131
20. 우리의 불순종을 참소하는 사탄   138
21. 칭의(稱義)와 성화(聖化)와 구원(救援)   144
22. 상급(賞給)에 대한 바른 이해   150
23. 기존 신학의 오류에 대한 질문과 대답   155

제2부
신앙개혁

1. 예수께서 말씀하신 소금의 맛의 의미 … 170
2. 믿음의 대적 (1) : 자기기만(自己欺瞞) … 181
3. 우리가 할 일과 하나님께서 하실 일 … 188
4. 순종과 불순종 그리고 그에 따른 대가 … 195
5. 믿음의 대적 (2) : 염려와 재물 … 198
6. 의인을 박해해 하나님을 대적하는 자 … 208
7. 회개해도 소용없는 자 … 213
8. 예수님의 계명 행하기 … 225
9. 믿음의 대적 (3) : 형제를 사랑하지 못하게 하는 감정들 … 234
10. 형제 사랑이 최고의 계명인 이유 … 241
11. 믿음의 대적 (4) : 과장된 상처 … 247
12. 언제든지 찾아올 수 있는 믿음의 시험 … 256
13. 믿음의 대적 (5) : 손실 혐오 성향 … 263
14. 용서해야 할 죄와 책망해야 할 죄 … 272
15. 용서하라! 그리고 서로 사랑하라! … 278
16. 감정을 제어해야 예수님의 말씀을 행할 수 있다 … 287
17. 작은 자들 … 292
18. 사랑이 없는 리더는 자격 미달이다 … 298
19. 우리가 생각하는 믿음과 성경에서 말씀하는 믿음 … 305
20. 고난과 시험은 왜 오는 것일까? … 313
21. 성경에서 보는 고난과 시험 … 325
22. 이 시대의 그리스도인들이 선을 행하지 못하는 이유 … 332
23. 큰 믿음을 가지려면 어떻게 해야 할까? … 338

일러두기
이 책에 인용된 성경은 개역한글(1996, 184판)을 사용했습니다.

저자 서문

손 마 가 선교사
WDM(세계농인선교회) 대표

 이 시대의 인도자들은 구원은 예수를 믿음으로 받는 것이지 행위와는 무관하다는 것을 대단히 강조한다. 그런데 그 '행위'에 예수님의 말씀을 행하는 것은 포함되지 않으며, 그 '믿음'은 예수님을 주로 시인하고 마음으로 믿는 것뿐만이 아니라 그의 말씀을 행하는 것까지 포함된 말이다. 그럼에도 아무도 그것을 깨닫지 못한다.
 너무나 기이하지 않는가?

> [눅 6:46-49] **46** 너희는 나를 불러 주여 주여 하면서도 어찌하여 나의 말하는 것을 행치 아니하느냐 **47** 내게 나아와 내 말을 듣고 행하는 자마다 누구와 같은 것을 너희에게 보이리라(=계3:19-20) **48** 집을 짓되 깊이 파고 주초를 반석 위에 놓은 사람과 같으니 큰 물이 나서 탁류가 그 집에 부딪히되 잘 지은 연고로 능히 요동케 못하였거니와 **49** 듣고 행치 아니하는 자는 주초 없이 흙 위에 집 지은 사람과 같으니 탁류가 부딪히매 집이 곧 무너져 파괴됨이 심하니라 하시니라.

 이 시대 그리스도인들은 모두가 사탄에게 속고 있다. 이 시대의 교회를 보라. 오직 예수를 외치면서도 예수님의 말씀은 전혀 행하지 않는다.
 이 시대에 "하나님과 재물을 겸하여 섬길 수 없다", "남의 잘못을 용서하라", "서로 사랑하라" 등과 같은 예수님의 말씀을 지키는 그리스도인들을 본 적이 있는가?

인도자들이 "말씀을 행하지 않아도 예수만 믿으면 구원받는다"라고 못 박자, 그리스도인들이 너나 할 것 없이 그 말을 따라 세상 사람들과 조금도 다를 바 없이 살아간다. 모두가 하나님 뜻대로 행하고, 예수님 말씀을 행해야 구원받는다는 예수님의 말씀은 귓전에도 두지 않으면서, 오직 믿음으로 구원받는다는 말은 절대적으로 신뢰한다. 이것이 바로 이 세대의 범죄다.

바울이 "예수 그리스도를 믿음으로 의롭다 하심을 받는다", "믿음으로 말미암아 구원을 받는다"라고 이야기한 것은 당시 교회의 유대주의자들과 그들의 추종자들이 예수님의 말씀을 행함으로 구원받으려 하지 않고, 율법 곧 할례, 제사, 절기 및 그들의 전통을 행함으로 또 하나님의 의를 따르지 않고 인간의 의를 따라 행함으로써 구원을 받으려 했기 때문이다.

율법을 행하는 유대인 교인들이나 그들의 추종자도 없는 이 세대에 왜 바울 서신이 절대 기준이 되는가?

예수께서는 그런 우리에게 다음과 같이 말씀하셨다.

[눅 18:8] … 인자가 올 때에 세상에서 믿음을 보겠느냐.

이 말씀이 예수께서 세상에 오실 때 예수 믿는 사람이 아무도 없을 것이라는 말이겠는가 아니면 예수님의 말씀을 행하는 이가 아무도 없다는 말씀이겠는가?

이 책은 이와 같이 심판을 자초하는 이 시대의 교회를 개혁하기 위해 쓴 책이다.

2022년 1월 7일 저자 손마가 선교사 드림

책 소개

이 책은 평신도, 목회자, 신학자 등 모두를 위한 책이며, 오직 예수를 외치면서도 예수님의 말씀을 행하지 않으며, 오직 성경을 외치면서도 하나님 뜻대로 행하지 않는 이 세대를 위한 책입니다. 현재 우리는 예수 그리스도를 믿는다고 하면서도 그분의 말씀은 전혀 행하지 않음으로 하나님의 진노를 사고 있음을 알아야 합니다. 이것을 회개하지 않으면 모두가 멸망할 것입니다(눅 13:3,5). 이것을 깨닫고 회개해야 하나님께서 이 세대를 향한 진노를 거두실 것입니다.

[대하 7:13-14] **13** 혹 내가 하늘을 닫고 비를 내리지 아니하거나 혹 메뚜기로 토산을 먹게 하거나 혹 염병으로 내 백성 가운데 유행하게 할 때에 **14** 내 이름으로 일컫는 내 백성이 그 악한 길에서 떠나 스스로 겸비하고 기도하여 내 얼굴을 구하면 내가 하늘에서 듣고 그 죄를 사하고 그 땅을 고칠지라.

이 책은 이를 위해 쓰여졌습니다. 이 책을 처음 읽으시는 분은 "신학개혁 1장 → 신앙개혁 1장 → 신학개혁 2장 → 신앙개혁 2장 → 신학개혁 3장 → 신앙개혁 3장 …"식으로 읽으셔야 내용을 제대로 이해하며 읽으실 수 있습니다. 이와 같이 몇 번 반복해서 읽으신 후 신학개혁 파트를 순서대로 읽으시고, 신앙개혁 파트를 순서대로 읽으시면 더 큰 깨달음을 얻으실 수 있을 것입니다.

그리고 이 책의 글자색은 컬러로 되어 있는데 이는 독자의 이해를 돕기 위한 것이며 주로 다음과 같은 경우에 사용합니다.

첫째, 같은 빨강과 파랑은 정반대되는 두 가지를 대조할 때 주로 사용합니다.

[삼상 15:22] 사무엘이 가로되 여호와께서 번제와 다른 제사를 그 목소리 순종하는 것을 좋아하심 같이 좋아하시겠나이까 순종이 제사보다 낫고 듣는 것이 수양의 기름보다 나으니.

둘째, 초록과 파랑, 분홍과 빨강은 원인과 결과를 보여 줄 때 주로 사용합니다.

[마 6:14-15] 너희가 사람의 과실을 용서하면 너희 천부께서도 너희 과실을 용서하시려니와 너희가 사람의 과실을 용서하지 아니하면 너희 아버지께서도 너희 과실을 용서하지 아니하시리라.

부디 이 책을 통해 예수님의 말씀을 행하지 않아 하나님 자녀의 지위를 잃어버린 이들이 죄를 회개하고 하나님께 돌아와 하나님 자녀의 지위를 회복하기를 간절히 바랍니다. 하나님의 은총이 이 책을 읽는 분들께 임하시기를 기도하겠습니다.

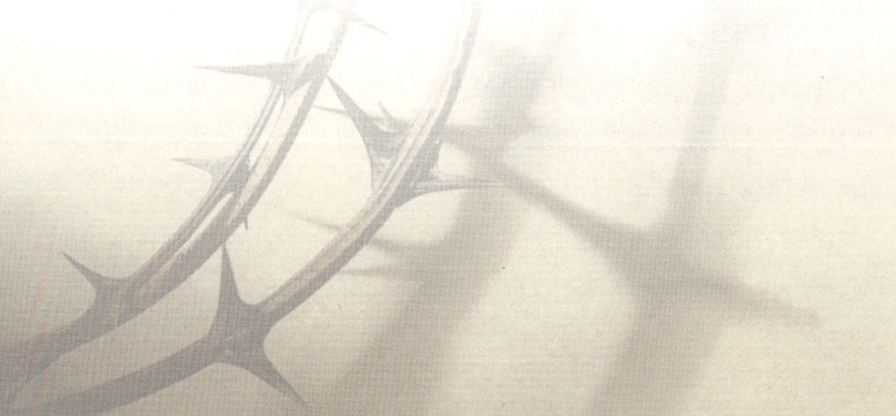

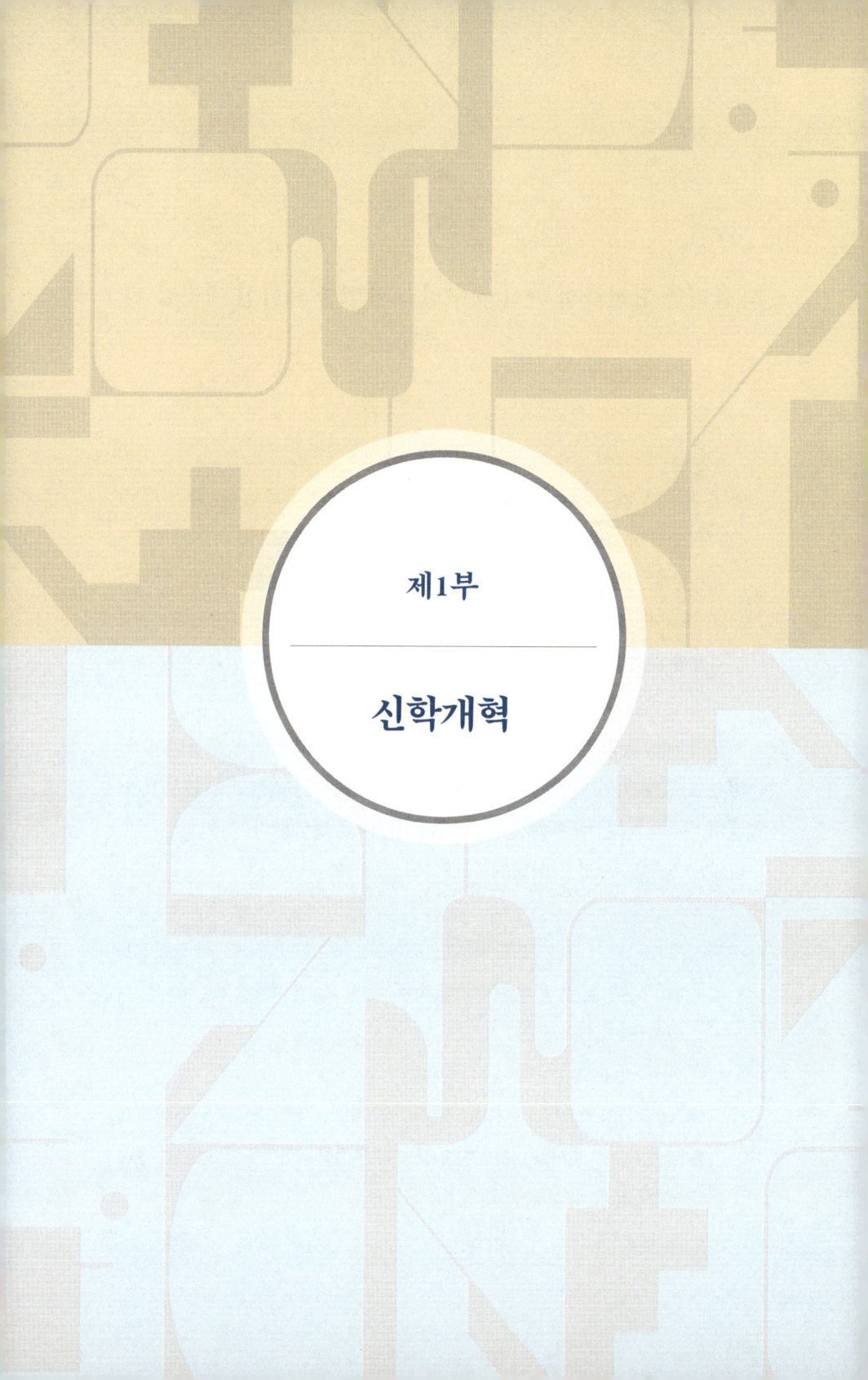

제1부

신학개혁

1

율법을 완전하게 하신 예수님 vs 율법을 폐하신 예수님

[마 5:17-18, 20] **17** 내가 율법이나 선지자나 폐하러 온 줄로 생각지 말라 폐하러 온 것이 아니요 완전케 하려 함이로라 **18** 진실로 너희에게 이르노니 천지가 없어지기 전에는 율법의 일점일획이라도 반드시 없어지지 아니하고 다 이루리라 / **20** 내가 너희에게 이르노니 너희 의가 서기관과 바리새인보다 더 낫지 못하면 결단코 천국에 들어가지 못하리라.

예수께서는 율법을 폐하러 오신 게 아니라 완전하게 하려 오셨다고 말씀하셨고 또 율법의 일점일획도 없어지지 않고 다 이루리라고 말씀하셨다. 그런데 다음 말씀은 예수께서 율법을 폐하셨다고 말씀한다. 이렇게 상충되는 점을 어떻게 이해하면 좋을까?

[엡 2:14-15] **14** 그는 우리의 화평이신지라 둘로 하나를 만드사 중간에 막힌 담을 허시고 **15** 원수 된 것 곧 의문(儀文)에 속한 계명의 율법을 자기 육체로 폐하셨으니 … (=롬 10:4).

[눅 16:16-17] **16** 율법과 선지자는 요한의 때까지요 그 후부터는 하나님 나라의 복음이 전파되어 사람마다 그리로 침입하느니라 **17** 그러나 율법의 한 획이 떨어짐보다 천지의 없어짐이 쉬우리라 (=갈 3:19).

구약 율법은 크게 다음과 같이 2가지로 나눌 수 있다.

첫째, 백성들의 신앙 성장과 하나님 일의 수행을 돕기 위한 도구적 율법이 있다.

이에 관해 구체적으로 살펴보면 할례를 행해 하나님의 백성으로서의 정체성을 갖고, 안식일과 월삭(음력 초하루) 때에 정기 예배 모임을 갖고 말씀을 듣고 배우며, 또 각종 절기 때에는 예루살렘 성전에 가서 성회를 갖고 성도의 교제를 나누고 또 제사를 드려 자신의 죄를 자백하고 회개해서 죄 사함을 받으며, 레위인들에게 십일조를 드리고 가난한 이들에게 구제를 베푸는 것이 그 핵심이다. 우리가 명심해야 할 것은 이런 도구적 율법은 백성들의 신앙 성장과 하나님 일의 수행을 돕는 도구일 뿐이라는 점이다.

둘째, 하나님 사랑과 이웃 사랑으로 대변(代辯)되는 본질적 율법이 있다.

> [마 22:36-40] ³⁶ 선생님이여 율법 중에 어느 계명이 크니이까 ³⁷ 예수께서 가라사대 네 마음을 다하고 목숨을 다하고 뜻을 다하여 주 너의 하나님을 사랑하라 하셨으니 ³⁸ 이것이 크고 첫째 되는 계명이요 ³⁹ 둘째는 그와 같으니 네 이웃을 네 몸과 같이 사랑하라 하셨으니 ⁴⁰ 이 두 계명이 온 율법과 선지자의 강령이니라.

"아무것도 염려하지 말고 먼저 그의 나라와 그의 의를 구하라", "하나님과 재물을 겸하여 섬길 수 없다", "용서하라", "서로 사랑하라" 등이 이와 관련된 예수님의 명령이다. 이런 말씀들은 구약에는 없던 새로운 것이 아니다. 단지 구약 율법 중 본질적 율법에 관련된 것들만 재정립해서 말씀하신 것이다.

하나님께서 이스라엘에게 율법을 주신 주된 목적은 도구적 율법을 통해 죄를 깨닫고 신앙이 성장해 본질적 율법을 잘 수행하도록 하려 하심이었다. 그러나 그들은 본질적 율법은 전혀 행하지 않으면서 절기, 제사, 기도,

금식, 십일조 등과 같은 도구적 율법을 지키고 행하는 것을 의롭게 여기며 그것을 하나님을 섬기는 일이라 생각했다.

[렘 7:1-7] **1** 여호와께로서 예레미야에게 말씀이 임하니라 가라사대 **2** 너는 여호와의 집 문에 서서 이 말을 선포하여 이르기를 여호와께 경배하러 이 문으로 들어가는 유다인아 다 여호와의 말씀을 들으라 **3** 만군의 여호와 이스라엘의 하나님이 이같이 말씀하시되 너희 길과 행위를 바르게 하라 그리하면 내가 너희로 이곳에 거하게 하리라 **4** 너희는 이것이 여호와의 전이라 여호와의 전이라 여호와의 전이라 하는 거짓말을 믿지 말라 **5** 너희가 만일 길과 행위를 참으로 바르게 하여 이웃들 사이에 공의를 행하며 **6** 이방인과 고아와 과부를 압제하지 말며 무죄한 자의 피를 이곳에서 흘리지 아니하며 다른 신들을 좇아 스스로 해하지 아니하면 **7** 내가 너희를 이곳에 거하게 하리니 곧 너희 조상에게 영원 무궁히 준 이 땅에니라.

[마 9:13] 너희는 가서 내가 긍휼을 원하고 제사를 원치 아니하노라 하신 뜻이 무엇인지 배우라 내가 의인을 부르러 온 것이 아니요 죄인을 부르러 왔노라 하시니라 (= 호 6:6).

[마 23:23-24] **23** 화 있을진저 외식하는 서기관들과 바리새인들이여 너희가 박하와 회향과 근채의 십일조를 드리되 율법의 더 중한바 의와 인과 신은 버렸도다 그러나 이것도 행하고 저것도 버리지 말아야 할지니라 **24** 소경된 인도자여 하루살이는 걸러 내고 약대는 삼키는도다 (※ 의[義]와 인[仁]과 신[信] → 의로움과 자비로움과 신실함).

하루살이와 약대(낙타)는 둘 다 먹으면 안 되는 부정한 것들이다. 하루살이는 걸러 내고 약대는 삼킨다는 것은 도구적 율법은 잘 지키면서 크고 중요한 본질적 율법은 지키지 않는다는 뜻이다. 하나님께서는 이런 행위를 우상 숭배와 같은 행위라고 하셨다.

[삼상 15:22-23] ²² 사무엘이 가로되 여호와께서 번제와 다른 제사를 그 목소리 순종하는 것을 좋아하심 같이 좋아하시겠나이까 순종이 제사보다 낫고 듣는 것이 수양의 기름보다 나으니 ²³ 이는 거역하는 것은 사술의 죄와 같고 완고한 것은 사신 우상에게 절하는 죄와 같음이라 왕이 여호와의 말씀을 버렸으므로 여호와께서도 왕을 버려 왕이 되지 못하게 하셨나이다.

[사 66:2-4] ² 나 여호와가 말하노라 나의 손이 이 모든 것을 지어서 다 이루었느니라 무릇 마음이 가난하고 심령에 통회하며 나의 말을 인하여 떠는 자 그 사람은 내가 권고하려니와 ³ 소를 잡아 드리는 것은 살인함과 다름이 없고 어린 양으로 제사 드리는 것은 개의 목을 꺾음과 다름이 없으며 드리는 예물은 돼지의 피와 다름이 없고 분향하는 것은 우상을 찬송함과 다름이 없이 하는 그들은 자기의 길을 택하며 그들의 마음은 기증한 것을 기뻐한즉 ⁴ 나도 유혹을 그들에게 택하여 주며 그 무서워하는 것을 그들에게 임하게 하리니 이는 내가 불러도 대답하는 자 없으며 내가 말하여도 그들이 청종하지 않고 오직 나의 목전에 악을 행하며 나의 기뻐하지 아니하는 것을 택하였음이니라 하시니라.

이스라엘의 죄악이 이러하기에 하나님께서는 예수 그리스도를 보내셔서 그들이 우상과 같이 섬기던 도구적 율법들을 모두 폐하시고, 구약의 율법들을 재정비해 율법을 완전하게 하셨는데 그 구체적인 내용은 다음과 같다.

첫째, 예수께서 십자가에 못 박혀 죽으심과 부활하심을 통해 모든 그리스도인을 대표해서 할례를 받으심으로(Bruce, O'Brien) 구약의 할례가 폐해지게 되었다(대신 그리스도인은 세례[침례]를 통해 예수 그리스도의 할례에 참여한다[골 2:12-15]).

[골 2:11] 또 그 안에서 너희가 손으로 하지 아니한 할례를 받았으니 곧 육적 몸을 벗는 것이요 그리스도의 할례니라.

둘째, 예수 그리스도의 보혈의 피로 인해 구약의 제사 제도가 필요 없게 되었다. 구약 때에는 오직 제사를 통해서만 죄 사함을 받을 수 있었는데(레 5:5-6), 예수 그리스도로 인해 제사를 통한 죄 사함은 더 이상 필요 없게 되었다.

[히 9:12] 염소와 송아지의 피로 아니하고 오직 자기 피로 영원한 속죄를 이루사 단번에 성소에 들어 가셨느니라.

이제부터는 예수 그리스도를 믿는 이들은 그의 이름으로 죄를 자백하면 죄 사함을 받을 수 있게 되었다.

[요일 1:9] 만일 우리가 우리 죄를 자백하면 저는 미쁘시고 의로우사 우리 죄를 사하시며 모든 불의에서 우리를 깨끗케 하실 것이요.

그런데 이것은 불신자가 예수 그리스도를 믿음으로 받는 죄 사함과는 다른 것이다. 이것은 신자가 자신이 지은 죄를 하나님께 자백함으로 받는 죄 사함으로 구약 때의 제사를 통해 받는 죄 사함과 동일하다. 희생제사를 드릴 필요 없이 죄를 자백하는 것으로만 죄 사함을 받을 수 있게 된 것은 예수께서 다음과 같은 것을 다 이루셨기 때문이다.

[요 2:19] … 너희가 이 성전을 헐라 내가 사흘 동안에 일으키리라(= 요 4:21).

[막 14:58] 우리가 그의 말을 들으니 손으로 지은 이 성전을 내가 헐고 손으로 짓지 아니한 다른 성전을 사흘에 지으리라 하더라.

[히 4:14] 그러므로 우리에게 큰 대제사장이 있으니 승천하신 자 곧 하나님 아들 예수시라 우리가 믿는 도리를 굳게 잡을지어다(= 히 3:1).

[히 7:27] 저가 저 대제사장들이 먼저 자기 죄를 위하고 다음에 백성의 죄를 위하여 날마다 제사 드리는 것과 같이 할 필요가 없으니 이는 저가 단번에 자기를 드려 이루셨음이니라.

[요일 2:1] 저는 우리 죄를 위한 화목 제물이니 우리만 위할 뿐 아니요 온 세상의 죄를 위하심이라.

셋째, 예수께서는 그들에게 멍에와도 같았던 도구적 율법과 그들의 전통을 다 폐하시고 본질적 율법만을 재정립해 가르치고 전하셨다. 산상수훈의 말씀이 그 대표적 예다.

① 형제에게 노하거나 상처 주지 말고 형제와 화목하라(마 5:22-24).
② 원수를 사랑하라(마 5:44).
③ 용서하라(마 6:14-15).
④ 하나님과 재물을 겸하여 섬기지 마라(마 6:24).
⑤ 아무것도 염려하지 말고 먼저 그의 나라와 그의 의를 구하라(마 6:25-34).
⑥ 형제를 비판하지 말라(마 7:1-4).

위 내용은 모두 본질적 율법인 하나님 사랑(④, ⑤)과 형제(이웃) 사랑(①, ②, ③, ⑥)에 관한 말씀이다. 그런데 대부분의 사람이 하나님 사랑에 관해서는 중요하게 생각하지만, 형제 사랑에 관해서는 가볍게 생각해 전혀 그것을 행하지 않는다. 그러나 우리의 형제자매들은 우리와 같이 하나님의 뜻에 따라 하나님의 일을 수행하는 사람들이다. 따라서 그들을 사랑하는 것은 곧 하나님을 사랑하는 것이다.

[마 25:40] 임금이 대답하여 가라사대 내가 진실로 너희에게 이르노니 너희가 여기 내 형제 중에 지극히 작은 자 하나에게 한 것이 곧 내게 한 것이니라.

[요일 4:20-21] **20** 누구든지 하나님을 사랑하노라 하고 그 형제를 미워하면 이는 거짓말 하는 자니 보는 바 그 형제를 사랑치 아니하는 자가 보지 못하는바 하나님을 사랑할 수가 없느니라 **21** 우리가 이 계명을 주께 받았나니 하나님을 사랑하는 자는 또한 그 형제를 사랑할지니라.

따라서 위의 본문 마태복음 5:20 "내가 너희에게 이르노니 너희 의가 서기관과 바리새인보다 더 낫지 못하면 결코 천국에 들어가지 못하리라"는 다음과 같이 이해할 수 있다. 서기관과 바리새인은 남들 눈에 쉽게 띄거나 지키지 않으면 비난받는 제사, 기도, 금식, 십일조, 안식일 준수 등과 같은 도구적 율법들은 잘 지켰지만, 자아와 싸워 이겨야만 행할 수 있는 재물을 의지하지 않고 하나님만을 의지하며 형제의 잘못을 용서하고 서로 사랑하는 것 등과 같은 본질적 율법은 전혀 행하지 않았다. 하나님께서 우리에게 원하시는 것은 도구적 율법을 통해 우리 신앙이 성장해 본질적 율법을 행하는 것 곧 우리가 하나님 사랑과 이웃 사랑의 계명들을 지키는 것이다. 따라서 서기관과 바리새인보다 더 나은 의란 도구적 율법뿐 아니라, 본질적 율법도 능히 행하는 믿음을 말하는 것이다.

이와 같이 예수께서는 그들이 우상과도 같이 섬기던 도구적 율법 곧 할례, 성전, 제사, 제물 등을 십자가의 고난과 죽으심으로 모두 폐하시고, 사흘 만에 부활하심으로 그것을 다 이루셨다. 이는 하나님께서 선지자들을 통해 오랫동안 말씀하신 것들을 예수 그리스도께서 한번에 다 이루신 것이다. 또한, 예수께서는 구약 율법 중 하나님 사랑과 이웃 사랑에 관련된 본질적 율법을 재정립해서 그들에게 가르치고 전하셨다. 따라서 구약의 도구적 율법을 폐하심과 동시에 율법의 일점일획도 없어지지 않고 다 이루신 것이다.

할례를 받지 않아도 되며, 제사를 위해 예루살렘 성전까지 가지 않아도 되고 희생 재물을 드릴 필요가 없으며, 유대인도 능히 지지 못하던 율법과 그들 전통의 멍에를 다 벗게 하셨으니 이것을 어찌 좋은 소식(good news)이라 하지 않을 수 있는가?

바울은 이런 복음을 예수 그리스도의 계시를 통해 받았다(갈 1:11-12; 고후 12:1-7). 그래서 그것을 유대인들에게도 전했으나(행 13:14-42; 15:1-2; 21:21) 유대인 그리스도인들조차 그것을 온전히 믿지 않고 예수께서 폐하신 도구적 율법들을 여전히 지키고 행했을 뿐 아니라(행 21:20), 이방인 그리스도인들에게도 할례와 율법을 강요해 바울이 전하는 복음을 심히 방해했다(행 5:1-2; 갈 1:6-9; 4:9-11; 5:2-4; 딛 1:10-11; 빌 3:2-3).

여러분은 바울이 다음과 같이 율법에 관해 상반되게 말한 이유가 뭐라고 생각하는가?

> [롬 3:28] 그러므로 사람이 의롭다하심을 얻는 것은 율법의 행위에 있지 않고 믿음으로 되는 줄 우리가 인정하노라(=갈 2:16).

> [롬 3:31] 그런즉 우리가 믿음으로 말미암아 율법을 폐하느뇨 그럴 수 없느니라 도리어 율법을 굳게 세우느니라(=마 5:19; 롬 2:13).

바울이 율법의 행위로는 의롭다 하심을 얻지 못한다고 한 것은 예수께서 그것을 모두 폐하셨기 때문이다.

그렇다면 믿음으로 율법을 굳게 세운다고 한 것은 무슨 뜻일까?

복음은 예수께서는 하나님의 아들이시요, 선지자를 통해 약속하신 그리스도이시며 성경의 예언대로 그가 자신을 드려 구약의 율법을 다 이루셨다는 것이다(롬 1:1-4; 16:25-27). 따라서 그것을 믿고 예수께서 말씀하신 바를 행하는 것이 곧 율법을 지키는 것이다. 그런데도 이 시대의 인도자들은 그것을 깨닫지 못하고, 말씀을 행해야 한다고 권면하는 이들을 율법주의자와 행위구원론자로 매도해 정죄한다.

그렇다면 다음 말씀은 어떤가?

[요 5:29] 선한 일을 행한 자는 생명의 부활로 악한 일을 행한 자는 심판의 부활로 나오리라(=요일 3:14).

[요삼 1:11] … 선을 행하는 자는 하나님께 속하고 악을 행하는 자는 하나님을 뵈옵지 못하였느니라.

만약 요한이 율법주의자요, 행위구원론자라고 한다면 바울은 어떤가?

[롬 2:7, 10] ⁷ 참고 선을 행하여 영광과 존귀와 썩지 아니함을 구하는 자에게는 영생으로 하시고 / ¹⁰ 선을 행하는 각 사람에게는 영광과 존귀와 평강이 있으리니 … (=딤전 6:18).

[딤전 4:16] 네가 네 자신과 가르침을 삼가 이 일을 계속하라 이것을 행함으로 네 자신과 네게 듣는 자를 구원하리라.

※ [신앙개혁 1장]으로 가려면 ☞ p. 170

2

행위와 행위의 차이를 알자

[엡 2:8-9] ⁸ 너희는 그 은혜를 인하여 믿음으로 말미암아 구원을 얻었으니 이것이 너희에게서 난 것이 아니요 하나님의 선물이라 ⁹ 행위에서 난 것이 아니니 이는 누구든지 자랑치 못하게 함이니라.

[약 2:14] 내 형제들아 만일 사람이 믿음이 있노라 하고 행함이 없으면 무슨 이익이 있으리요 그 믿음이 능히 자기를 구원하겠느냐.

이 두 말씀은 역사적으로 수많은 논란을 불러일으킨 말씀이다. 왜냐하면, 이 두 말씀의 '행위'와 '행함'은 헬라어로는 ἔργον[엘곤]으로 동일한 말이기 때문이다. 이와 같이 성경은 구원을 받는 것은 행위와는 무관하다고 말씀하면서도(롬 3:26-28; 갈 2:16; 엡 2:8-9), 행함도 있어야 한다고 가르친다(마 7:21-27; 25:31-46; 약 2:14, 21-26). 그런데 이것은 바울의 견해와 야고보의 견해가 상반됨을 나타내는 것이 아니라, 바울이 말한 행위와 야고보가 말한 행함이 문자적으로는 ἔργον[엘곤]으로 같지만 의미하는 바는 전혀 다르다는 것을 나타내는 것이다. 이것을 깨닫지 못하면 우리는 우상숭배에 버금가는 큰 죄를 짓게 된다.

다음 말씀을 통해 '바울이 말한 행위'와 '야고보가 말한 행함'을 구별해 보자.

[삼상 15:22] 사무엘이 가로되 여호와께서 번제와 다른 제사를 그 목소리 순종하는 것을 좋아하심 같이 좋아하시겠나이까 순종이 제사보다 낫고 듣는 것이 수양의 기름보다 나으니.

[사 1:11-17] **11** 여호와께서 말씀하시되 너희의 무수한 제물이 내게 무엇이 유익하뇨 나는 수양의 번제와 살진 짐승의 기름에 배불렀고 나는 수송아지나 어린 양이나 수염소의 피를 기뻐하지 아니하노라 **12** 너희가 내 앞에 보이러 오니 그것을 누가 너희에게 요구하였느뇨 내 마당만 밟을 뿐이니라 **13** 헛된 제물을 다시 가져오지 말라 분향은 나의 가증히 여기는 바요 월삭과 안식일과 대회로 모이는 것도 그러하니 성회와 아울러 악을 행하는 것을 내가 견디지 못하겠노라 **14** 내 마음이 너희의 월삭과 정한 절기를 싫어하나니 그것이 내게 무거운 짐이라 내가 지기에 곤비하였느니라 **15** 너희가 손을 펼 때에 내가 눈을 가리우고 너희가 많이 기도할지라도 내가 듣지 아니하리니 이는 너희의 손에 피가 가득함이라 **16** 너희는 스스로 씻으며 스스로 깨끗케 하여 내 목전에서 너희 악업을 버리며 악행을 그치고 **17** 선행을 배우며 공의를 구하며 학대받는 자를 도와주며 고아를 위하여 신원하며 과부를 위하여 변호하라 하셨느니라.

[사 58:3-11] **3** 이르기를 우리가 금식하되 주께서 보지 아니하심은 어찜이오며 우리가 마음을 괴롭게 하되 주께서 알아주지 아니하심은 어찜이니이까 하느니라 보라 너희가 금식하는 날에 오락을 찾아 얻으며 온갖 일을 시키는도다 **4** 보라 너희가 금식하면서 다투며 싸우며 악한 주먹으로 치는도다 너희의 오늘 금식하는 것은 너희 목소리로 상달케 하려 하는 것이 아니라 **5** 이것이 어찌 나의 기뻐하는 금식이 되겠으며 이것이 어찌 사람이 그 마음을 괴롭게 하는 날이 되겠느냐 그 머리를 갈대 같이 숙이고 굵은 베와 재를 펴는 것을 어찌 금식이라 하겠으며 여호와께 열납될 날이라 하겠느냐 **6** 나의 기뻐하는 금식은 흉악의 결박을 풀어 주며 멍에의 줄을 끌러주며 압제 당하는 자를 자유케 하며 모든 멍에를 꺾는 것이 아니겠느냐 **7** 또 주린 자에게 네 식물을 나눠 주며 유리하는 빈민을 네 집에 들이며 벗은 자를 보면 입히며 또

네 골육을 피하여 스스로 숨지 아니하는 것이 아니겠느냐 **8** 그리하면 네 빛이 아침 같이 비췰 것이며 네 치료가 급속할 것이며 네 의가 네 앞에 행하고 여호와의 영광이 네 뒤에 호위하리니 **9** 네가 부를 때에는 나 여호와가 응답하겠고 네가 부르짖을 때에는 말하기를 내가 여기 있다 하리라 만일 네가 너희 중에서 멍에와 손가락질과 허망한 말을 제하여 버리고 **10** 주린 자에게 네 심정을 동하며 괴로와하는 자의 마음을 만족케 하면 네 빛이 흑암 중에서 발하여 네 어두움이 낮과 같이 될 것이며 **11** 나 여호와가 너를 항상 인도하여 마른 곳에서도 네 영혼을 만족하며 네 뼈를 견고케 하리니 너는 물 댄 동산 같겠고 물이 끊어지지 아니하는 샘 같을 것이라.

이것을 제대로 이해하기 위해서 다음 두 말씀을 보자. 다음 두 말씀은 분명 상충되어 보인다. 그런데 위 방법을 적용해서 읽으면 성경 기자의 의도가 분명히 보인다.

[약 2:21-24] **21** 우리 조상 아브라함이 그 아들 이삭을 제단에 드릴 때에 행함으로 의롭다 하심을 받은 것이 아니냐 **22** 네가 보거니와 믿음이 그의 행함과 함께 일하고 행함으로 믿음이 온전케 되었느니라 **23** 이에 경에 이른바 아브라함이 하나님을 믿으니 이것을 의로 여기셨다는 말씀이 응하였고 그는 하나님의 벗이라 칭함을 받았나니 **24** 이로 보건대 사람이 행함으로 의롭다 하심을 받고 믿음으로만 아니니라.

[롬 4:2-3] **2** 만일 아브라함이 행위로써 의롭다 하심을 얻었으면 자랑할 것이 있으려니와 하나님 앞에서는 없느니라 **3** 성경이 무엇을 말하느뇨 아브라함이 하나님을 믿으매 이것이 저에게 의로 여기신바 되었느니라.

위에서 야고보가 말한 행함은 아브라함이 하나님의 명령에 온전히 순종했듯이 하나님 사랑과 이웃(형제) 사랑에 관한 말씀에 순종하는 것을 말한다. 또한, 바울이 말한 행위는 제사, 제물, 성회, 금식, 기도 등과 같은 율법의 행위와 구제, 봉사, 헌금과 십일조, 전도, 선교 등 인간의 의(義)로도 얼마든지 할 수 있는 행위를 말하는 것이다(롬 10:2-3).

[눅 18:9, 11-12] ⁹ 또 자기를 의롭다고 믿고 다른 사람을 멸시하는 자들에게 이 비유로 말씀하시되 / ¹¹ 바리새인은 서서 따로 기도하여 이르되 하나님이여 나는 다른 사람들 곧 토색 불의 간음을 하는 자들과 같지 아니하고 이 세리와도 같지 아니함을 감사하나이다 ¹² 나는 이레에 두 번씩 금식하고 또 소득의 십일조를 드리나이다.

[마 6:1-2] ¹ 사람에게 보이려고 그들 앞에서 너희 의를 행치 않도록 주의하라 … ² 구제할 때에 외식하는 자가 사람에게 영광을 얻으려고 회당과 거리에서 하는 것 같이 너희 앞에 나팔을 불지 말라 진실로 너희에게 이르노니 저희는 자기 상을 이미 받았느니라.

[마 7:22] … 주여 주여 우리가 주의 이름으로 선지자 노릇하며 주의 이름으로 귀신을 쫓아내며 주의 이름으로 많은 권능을 행치 아니하였나이까(= 고전 13:1-3).

또한, 바울이 말한 믿음과 야고보가 말한 믿음도 그 의미에 차이가 있다. 바울이 말한 믿음(엡 2:8; 갈 2:16; 롬 3:26-28)은 아브라함과 같은 순종 곧 야고보가 말한 행함이 있는 믿음을 말한 것이며, 야고보가 말한 믿음(약 2:14, 21-24)은 당시 유대인들처럼 율법의 행위와 자기 의로써 하는 행위는 있지만 순종과 사랑의 행위는 없는 어린아이와 같은 믿음을 말한 것이다.

즉, 성경 기자의 의도와 목적에 따라 행위(행함)와 믿음의 의미가 얼마든지 달라질 수 있는 것이다. 이는 바울 서신의 다음 말씀을 보면 알 수 있다.

[롬 2:7] 참고 선을 행하여 영광과 존귀와 썩지 아니함을 구하는 자에게는 영생으로 하시고(※ 행하여 → ἔργον[엘곤]).

[고전 13:2] … 산을 옮길 만한 모든 믿음이 있을지라도 사랑이 없으면 내가 아무 것도 아니요(※ 사랑 = 야고보가 말한 행함[= 약 2:14-17]).

[딛 1:16] 저희가 하나님을 시인하나 행위로는 부인하니 가증한 자요 복종치 아니 하는 자요 모든 선한 일을 버리는 자니라(= 롬 2:7) (※ 행위 = 일 → ἔργον[엘곤]).

이것은 예수께서 하신 말씀에도 분명히 나타나 있다.

[마 7:21-23] ^{21} 나더러 주여 주여 하는 자마다 천국에 다 들어갈 것이 아니요 다만 하늘에 계신 내 아버지의 뜻대로 행하는 자라야 들어가리라 ^{22} 그 날에 많은 사람이 나더러 이르되 주여 주여 우리가 주의 이름으로 선지자 노릇하며 주의 이름으로 귀신을 쫓아내며 주의 이름으로 많은 권능을 행치 아니하였나이까 하리니 ^{23} 그 때에 내가 저희에게 밝히 말하되 내가 너희를 도무지 알지 못하니 불법을 행하는 자들아 내게서 떠나가라 하리라.

따라서 다음과 같이 결론 내릴 수 있다.

★ 예수께 주여 주여 하는 자 → 믿음(○), 행위(○), 행함(?) → 믿음(?)
★ 하나님 뜻대로 행하는 자 → 믿음(○), 행위(○), 행함(○) → 믿음(○)
★ 불법을 행하는 자들 → 믿음(○), 행위(○), 행함(×) → 믿음(×)

이것을 요즘 식으로 말하자면 예수를 믿고, 말씀을 알고, 예배와 기도와 십일조를 드리면 믿음과 행위가 있는 것이고, 하나님의 뜻대로 행하면(=예수님의 말씀을 행하면) 믿음과 행함이 있는 것이다. 그러므로 구원은 행위에서 난 것이 아니지만 행함 없이는 구원받을 수 없으며, 믿음으로 구원받지만 믿음만으로는 구원받을 수 없다.

※ [신앙개혁 2장]으로 가려면 ☞ p. 181

3

하나님 뜻대로 행하기 위해서는

신학자들은 인간은 전적으로 타락한 존재여서 말씀에 순종한다는 것은 불가능하다고 말한다. 맞는 말이다. 그런데 하나님께서는 우리에게 말씀을 행하면 살 것이요, 행하지 않으면 저주를 받는다고 말씀하셨다.

[레 18:5] 너희는 나의 규례와 법도를 지키라 사람이 이를 행하면 그로 인하여 살리라 나는 여호와니라.

[신 27:26] 이 율법의 모든 말씀을 실행치 아니하는 자는 저주를 받을 것이라 할 것이요 모든 백성은 아멘 할지니라.

예수께서도 우리에게 "비판하지 마라", "정죄하지 마라", "용서하라", "원수를 사랑하라", "하나님과 재물을 겸하여 섬기지 마라", "아무것도 염려하지 말고 먼저 그의 나라와 그 의를 구하라"라고 명하셨다. 그러나 이 시대에는 이 같은 말씀은 아무도 행하지 않는다. 예수 그리스도를 믿는다 하면서도 그의 말씀을 행하지 않는 것은 멸망으로 가는 길이다.

[눅 6:46-49] 46 너희는 나를 불러 주여 주여 하면서도 어찌하여 나의 말하는 것을 행치 아니하느냐 47 내게 나아와 내 말을 듣고 행하는 자마다 누구와 같은 것을 너희에게 보이리라 48 집을 짓되 깊이 파고 주초를 반석 위에 놓은 사람과 같으니

큰물이 나서 탁류가 그 집에 부딪히되 잘 지은 연고로 능히 요동케 못하였거니와 **⁴⁹ 듣고 행치 아니하는 자**는 주초 없이 흙 위에 집 지은 사람과 같으니 탁류가 부딪히매 집이 곧 무너져 파괴됨이 심하니라.

그렇다면 어떻게 해야 예수님의 말씀을 행할 수 있었을까?

여기서 우리는 성령의 사역에 주목해야 한다. 성령의 사역은 구약에서도 신약과 동일하게 있어 왔다.

[사 59:20-21] **²⁰** 여호와께서 가라사대 구속자가 시온에 임하며 야곱 중에 죄과를 떠나는 자에게 임하리라 **²¹** 여호와께서 또 가라사대 내가 그들과 세운 나의 언약이 이러하니 곧 네 위에 있는 **나의 신**(神)과 네 입에 둔 나의 말이 이제부터 영영토록 네 입에서와 네 후손의 입에서와 네 후손의 후손의 입에서 떠나지 아니하리라 하시니라 여호와의 말씀이니라.

[학 2:5] 너희가 애굽에서 나올 때에 내가 너희와 언약한 말과 **나의 신**(神)이 오히려 너희 중에 머물러 있나니 너희는 두려워하지 말지어다.

위 말씀의 **나의 신**(개역개정 "**나의 영**")은 **성령**을 말하는 것이다. 성령께서 함께하지 않으시면 우리는 하나님의 말씀을 행할 수 없다.

대개 성령의 사역하면 흔히 귀신을 쫓아내고, 병을 고치고, 능력을 행하는 것만을 생각하는데, 성령의 주요 사역은 완악한 우리 마음을 부드럽게 해 우리로 하나님 말씀을 행할 수 있도록 돕는 데 있다.

[겔 11:19-20] **¹⁹** 내가 그들에게 일치한 마음을 주고 그 속에 새 신을 주며 그 몸에서 굳은 마음을 제하고 부드러운 마음을 주어서 **²⁰** 내 율례를 좇으며 내 규례를 지켜 행하게 하리니 그들은 내 백성이 되고 나는 그들의 하나님이 되리라.

그런데도 구약 이스라엘 백성들은 항상 성령을 거슬러(행 7:51) 성령을 근심하게 했고, 지속적 반역으로 그들에게서 성령을 떠나가게 했다.

[사 63:10-13] **10** 그들이 반역하여 주의 성신을 근심케 하였으므로 그가 돌이켜 그들의 대적이 되사 친히 그들을 치셨더니 **11** 백성이 옛적 모세의 때를 추억하여 가로되 백성과 양 무리의 목자를 바다에서 올라오게 하신 자가 이제 어디 계시뇨 그들 중에 성신을 두신 자가 이제 어디 계시뇨 **12** 그 영광의 팔을 모세의 오른손과 함께 하시며 그 이름을 영영케 하려 하사 그들 앞에서 물을 갈라지게 하시고 **13** 그들을 깊음으로 인도하시되 말이 광야에 행함과 같이 넘어지지 않게 하신 자가 이제 어디 계시뇨(※ 10,11절 성신[聖神] → 성령[聖靈]).

[삼상 16:14; 28:6] **16:14** 여호와의 신(神)이 사울에게서 떠나고 여호와께서 부리시는 악신이 그를 번뇌하게 한지라 // **28:6** 사울이 여호와께 묻자오되 여호와께서 꿈으로도 우림으로도 선지자로도 그에게 대답지 아니하시므로.

이는 신약에서도 마찬가지이다.

[엡 4:30] 하나님의 성령을 근심하게 하지 말라 그 안에서 너희가 구속의 날까지 인치심을 받았느니라(※ "구속의 날까지" → [개역개정] "구원의 날까지").

[살전 5:19] 성령을 소멸치 말며.

이 시대에도 아무도 예수님의 말씀을 행하지 않음으로 성령을 근심하게 하고 있다. 이것이 지속되면 결국 성령이 소멸하고 말 것이고 하나님의 심판이 우리에게 임할 것이다. 그렇게 되지 않기 위해서는 하나님의 징계에 예민해야 한다.

[히 12:6-8] ⁶ 주께서 그 사랑하시는 자를 징계하시고 그의 받으시는 아들마다 채찍질하심이니라 하였으니 ⁷ 너희가 참음은 징계를 받기 위함이라 하나님이 아들과 같이 너희를 대우하시나니 어찌 아비가 징계하지 않는 아들이 있으리요 ⁸ 징계는 다 받는 것이거늘 너희에게 없으면 사생자요 참 아들이 아니니라(=계 3:19).

우리는 이 시대에 임한 징계가 입으로는 '오직 예수'를 외치면서도 예수님의 말씀은 전혀 행하지 않는 죄 때문임을 알아야 한다. 교회에 젊은이들이 사라지고, 갈수록 교회가 어려운 상황에 처해지고 있다. 게다가 전 세계적 재앙이 우리 눈앞에 있다.

율법을 실행하지 않아도 저주를 받는데, 예수님의 말씀을 아무도 행하지 않는 이 시대에 어찌 그런 징계가 없겠는가?

우리는 이런 죄를 회개해야 함에도 그것을 숨기고 죄를 죄로 여기지 않음으로 화(禍)를 자처하고 있다.

[시 32:1-6] ¹ (다윗의 마스길) 허물의 사함을 얻고 그 죄의 가리움을 받은 자는 복이 있도다 ² 마음에 간사가 없고 여호와께 정죄를 당치 않은 자는 복이 있도다 ³ 내가 토설치 아니할 때에 종일 신음하므로 내 뼈가 쇠하였도다 ⁴ 주의 손이 주야로 나를 누르시오니 내 진액이 화하여 여름 가물에 마름 같이 되었나이다 (셀라) ⁵ 내가 이르기를 내 허물을 여호와께 자복하리라 하고 주께 내 죄를 아뢰고 내 죄악을 숨기지 아니하였더니 곧 주께서 내 죄의 악을 사하셨나이다 (셀라) ⁶ 이로 인하여 무릇 경건한 자는 주를 만날 기회를 타서 주께 기도할지라 진실로 홍수가 범람할지라도 저에게 미치지 못하리이다(=대하 7:14).

[시 7:11-12] ¹¹ 하나님은 의로우신 재판장이심이여 매일 분노하시는 하나님이시로다 ¹² 사람이 회개치 아니하면 저가 그 칼을 갈으심이여 그 활을 이미 당기어 예비하셨도다.

회개해야 성령께서 우리 안에서 역사하시고, 그로 인해 말씀을 행할 수 있게 된다.

[잠 1:23] 나의 책망을 듣고 돌이키라 보라 내가 나의 신을 너희에게 부어주며 나의 말을 너희에게 보이리라(=계 3:19-20).

[겔 36:26-27] ²⁶ 또 새 영을 너희 속에 두고 새 마음을 너희에게 주되 너희 육신에서 굳은 마음을 제하고 부드러운 마음을 줄 것이며 ²⁷ 또 내 신을 너희 속에 두어 너희로 내 율례를 행하게 하리니 너희가 내 규례를 지켜 행할지라.

지금까지 본 바와 같이 예수님의 말씀을 행하기 위해서는 성령의 도우심이 절대적으로 필요하다. 그러기 위해서는 하나님께 지은 죄를 모두 자백해야 한다.

[요일 1:8-10] ⁸ 만일 우리가 죄 없다하면 스스로 속이고 또 진리가 우리 속에 있지 아니할 것이요 ⁹ 만일 우리가 우리 죄를 자백하면 저는 미쁘시고 의로우사 우리 죄를 사하시며 모든 불의에서 우리를 깨끗케 하실 것이요 ¹⁰ 만일 우리가 범죄하지 아니하였다 하면 하나님을 거짓말 하는 자로 만드는 것이니 또한 그의 말씀이 우리 속에 있지 아니하니라.

위 8절과 10절의 말씀을 역으로 보면 이렇게 된다. 우리가 지은 죄를 하나님께 모두 자백해 죄 사함을 받으면 우리 안에 계신 성령께서 역사하신다. 그러면 우리의 굳은 마음이 제거되어 마음이 부드럽게 되어서 말씀을 행할 수 있게 된다.

그런데 이 시대의 교회는 권위주의와 외식주의로 인해 외적 이미지를 지나치게 중요하게 여기다 보니 죄를 숨기거나 죄에 관해서 말하지 않는 분위기가 교회 내에 팽배해졌다. 그리고 그로 인해 교회에서 회개가 사라

진 지 오래되어 버렸다.

그러나 죄를 숨기거나 범죄하지 않은 척, 거룩한 척하는 것은 성령을 근심하게 해 우리로 예수님 말씀을 행하지 못하게 하는 원인이 된다. 그리스도인이라 하면서 예수 그리스도의 말씀을 행하지 않으면 남은 것은 심판뿐이다.

심판을 자초하지 말고 회개하고 돌이키자!

※ [신앙개혁 3장]으로 가려면 ☞ p. 188

4

서신서로 알아보는 바른 구원론(救援論)

성경은 구원의 조건으로 믿음을 비롯한 여러 요소를 말씀하지만(눅 21:19; 롬 8:24; 요일 3:14), 신학자들은 구원은 오직 예수 그리스도를 믿음으로 받는다고 이야기한다. 이런 신학이 정립된 데에는 손쉬운 구원을 갈망하는 인간의 심리가 큰 요인이 되었다. 여기서는 신약의 서신서를 중심으로 어떻게 해야 구원받을 수 있는지 알아보도록 하겠다.

첫째, 예수 그리스도를 믿어야 구원받을 수 있다(이는 믿음만 있으면 구원받는다는 말이 아니라 믿음이 구원의 첫 관문이라는 뜻이다).

> [갈 2:16] 사람이 의롭게 되는 것은 율법의 행위에서 난 것이 아니요 오직 예수 그리스도를 믿음으로 말미암는 줄 아는 고로 우리도 그리스도 예수를 믿나니 이는 우리가 율법의 행위에서 아니고 그리스도를 믿음으로서 의롭다함을 얻으려 함이라 ….

> [엡 2:8] 너희가 그 은혜를 인하여 믿음으로 말미암아 구원을 얻었나니 이것이 너희에게서 난 것이 아니요 하나님의 선물이라.

대부분 이런 말씀만 보고 나는 은혜와 믿음으로 이미 구원받았다고 생각한다. 과거 이스라엘도 다음과 같은 말씀을 보고 그와 같이 생각했지만,

불순종으로 심판받고 종국에는 멸망당하고 말았다(눅 19:43-44; 21:22-24).

[시 133:3] 헐몬의 이슬이 시온의 산들에 내림 같도다 거기서 여호와께서 복을 명하셨나니 곧 영생이로다(※ 마 23:37).

[사 45:17] 이스라엘은 여호와께 구원을 입어 영원한 구원을 얻으리니 영세에 부끄러움을 당하거나 욕을 받지 아니하리로다(※ 마 23:37-38).

둘째, 예수 그리스도를 믿은 후에도 우리는 여전히 죄를 짓는다. 따라서 그 죄를 자백하고 회개해 죄 사함을 받아야 구원에 이를 수 있다.

[요일 1:9] 만일 우리가 우리 죄를 자백하면 저는 미쁘시고 의로우사 우리 죄를 사하시며 모든 불의에서 우리를 깨끗케 하실 것이요(= 행 3:19).

[행 11:18] … 하나님께서 이방인에게도 생명 얻는 회개를 주셨도다.

[고후 7:10] 하나님의 뜻대로 하는 근심은 후회할 것이 없는 구원에 이르게 하는 회개를 이루는 것이요 세상 근심은 사망을 이루는 것이니라.

셋째, 위 두 조건을 만족해 성령의 도우심을 받아야 구원에 이를 수 있다(예수님을 믿어야 성령께서 내주하시고, 죄를 자백하고 회개해야 성령께서 역사하심을 명심하자).

[빌 1:19] 이것이 너희 간구와 예수 그리스도의 성령의 도우심으로 내 구원에 이르게 할 줄 아는 고로.

[살후 2:13] … 우리가 항상 너희를 위하여 마땅히 하나님께 감사할 것은 하나님이 처음부터 너희를 택하사 성령의 거룩하게 하심과 진리를 믿음으로 구원을 얻게 하심이니.

[갈 6:8] 자기의 육체를 위하여 심는 자는 육체로부터 썩어진 것을 거두고 성령을 위하여 심는 자는 성령으로부터 영생을 거두리라.

[롬 8:13] 너희가 육신대로 살면 반드시 죽을 것이로되 영으로써 몸의 행실을 죽이면 살리니.

넷째, 위 세 조건을 만족하면 선을 행할 수 있으므로 구원에 이를 수 있다.

[약 2:24] 이로 보건대 사람이 행함으로 의롭다 하심을 받고 믿음으로만 아니니라.

[롬 2:7, 10] ⁷ 참고 선을 행하여 영광과 존귀와 썩지 아니함을 구하는 자에게는 영생으로 하시고 / ¹⁰ 선을 행하는 각 사람에게는 영광과 존귀와 평강이 있으리니 첫째는 유대인에게요 또한 헬라인에게라(※ 딤전 4:16; 고후 5:10).

그런데 성경 기자들은 구원에 관해 왜 저렇게 단편적으로 서술했을까? 이는 편지 형식으로 쓰면서 이런 것을 한 문장에 다 언급할 수는 없기 때문이다. 율법의 행위로 구원받는 줄 아는 이들에게 말할 때는 예수 그리스도를 믿음으로 구원받음을(갈 2:16; 엡 2:7-9), 하나님의 의를 따르지 않고 자기 의로 행하면서 그것이 선을 행하는 것이라고 착각하는 이들에게 말할 때는 그런 행위로는 구원받지 못함을(딛 3:4-8), 예수 그리스도는 믿으나 죄를 숨김으로 죄 사함을 받지 못해 성령을 근심하게 하는 이들에게 말할 때는 죄를 자백하고 회개해야 구원에 이를 수 있음을(요일 1:9), 선을 행하지 못하는 이들에게 말할 때는 성령의 도우심을 받아야 선을 행해 구원받을 수 있음을 기술한 것이다.

　신학자들은 이런 것을 분석하고 종합해서 결론을 도출하면 되는 것이다. 그런데도 그들은 자신이 원하는 결론을 도출하려는 미혹을 받아 구원받을 수 있는 믿음을 예수 그리스도를 주(主)로 시인하고 마음으로 믿는 것만으로 격하시키고, 율법의 행위와 자기 의로써 행하는 것만이 아니라 하나님의 뜻을 따르는 선한 행위까지 구원과는 무관한 것으로 만들어 버렸다. 필자가 바람직한 결론을 도출하는 예를 들어 보겠다.

　　[딛 3:4-8] ⁴ 우리 구주 하나님의 자비와 사람 사랑하심을 나타내실 때에 ⁵ 우리를 구원하시되 우리의 행한바 의로운 행위로 말미암지 아니하고 오직 그의 긍휼하심을 좇아 중생의 씻음과 성령의 새롭게 하심으로 하셨나니 ⁶ 성령을 우리 구주 예수 그리스도로 말미암아 우리에게 풍성히 부어 주사 ⁷ 우리로 저의 은혜를 힘입어 의롭다 하심을 얻어 영생의 소망을 따라 후사가 되게 하려 하심이라 ⁸ 이 말이 미쁘도다 원컨대 네가 이 여러 것에 대하여 굳세게 말하라 이는 하나님을 믿는 자들로 하여금 조심하여 선한 일을 힘쓰게 하려 함이라 ….

　위 5절에서는 구원은 우리의 행한 바 의로운 행위(ἔργον[엘곤])로 말미암지 않는다고 했다. 그런데 7-8절에서는 디도에게 "영생에 대해 믿는 자들에게 굳세게 말하라" 하며 "이는 믿는 자들로 하여금 선한 일(ἔργον[엘곤])을 힘쓰게 하려 함이라"라고 했다. 또한, 에베소서 2:8-9에서는 구원은 믿음으로 받으며 행위(ἔργον)에서 난 것이 아니라고 했는데, 또 다음 말씀은 구원은 선을 행하여(ἔργον) 받는 것이라 한다.

　　[롬 2:7-8] ⁷ 참고 선을 행하여 영광과 존귀와 썩지 아니함을 구하는 자에게는 영생으로 하시고 ⁸ 오직 당을 지어 진리를 좇지 아니하고 불의를 좇는 자에게는 노와 분으로 하시리라.

이렇게 말씀들이 상충될 때에는 성경을 조금만 찾아봐도 에베소서 2:9의 "행위"와 디도서 3:5의 "우리가 행한 바 의로운 행위" 그리고 갈라디아서와 로마서에서 말하는 "행위"는 하나님의 뜻을 따르는 의로운 행위를 말하는 게 아니라, 하나님의 의가 아닌 자기 의로써 행하는 것과 율법의 행위를 말하는 것임을 금방 알 수 있다.

[롬 10:3] ² 내가 증거하노니 저희가 하나님께 열심이 있으나 지식을 좇은 것이 아니라 ³ 하나님의 의를 모르고 자기 의를 세우려고 힘써 하나님의 의를 복종치 아니하였느니라.

[롬 3:20] 그러므로 율법의 행위로 그의 앞에 의롭다 하심을 얻을 육체가 없나니 율법으로는 죄를 깨달음이니라.

사실 이것은 예수님의 다음 말씀만 살펴보았어도 충분히 알 수 있는 일이었지만, 예수님의 말씀을 행하지 못한 이들이 구원에서 낙오할 것이 두려워 이를 애써 외면한 것이다.

[마 6:1] 사람에게 보이려고 그들 앞에서 너희 의를 행치 않도록 주의하라 그렇지 아니하면 하늘에 계신 너희 아버지께 상을 얻지 못하느니라.

[눅 18:9, 11-12] ⁹ 자기를 의롭다고 믿고 다른 사람을 멸시하는 자들에게 이 비유로 말씀하시되 / ¹¹ 바리새인은 서서 따로 기도하여 가로되 하나님이여 나는 다른 사람들 곧 토색 불의 간음을 하는 자들과 같지 아니하고 이 세리와도 같지 아니함을 감사하나이다 ¹² 나는 이레에 두 번씩 금식하고 또 소득의 십일조를 드리나이다 하고.

[요 5:28b-29] ²⁸ ··· 무덤 속에 있는 자가 다 그의 음성을 들을 때가 오나니 ²⁹ 선한 일을 행한 자는 생명의 부활로 악한 일을 행한 자는 심판의 부활로 나오리라.

[마 7:21] 나더러 주여 주여 하는 자마다 천국에 다 들어갈 것이 아니요 다만 하늘에 계신 내 아버지의 뜻대로 행하는 자라야 들어가리라.

[눅 6:49] 듣고 행치 아니하는 자는 주초 없이 흙 위에 집 지은 사람과 같으니 탁류가 부딪히매 집이 곧 무너져 파괴됨이 심하니라.

그러므로 신약 시대 하나님의 뜻은 우리가 예수님의 말씀을 듣고 행하는 것이며, 따라서 구원받기 위해서는 반드시 다음을 행해야 한다.

① 예수 그리스도를 믿고
② 예수님의 말씀에 자신을 비추어 보아 자신의 죄를 회개해
③ 성령의 충만함을 받아
④ 하나님의 뜻대로 행해야 한다.

※ [신앙개혁 4장]으로 가려면 ☞ p. 195

5

성경적 칭의론(稱義論)

대개 칭의에 대해 논할 때 불신자가 예수 그리스도를 믿음으로 의롭다 하심을 받는 것 하나만을 논한다. 그러나 성경은 신자(信者)가 죄를 회개함으로써 의롭다 하심을 받는다고도 말씀하며(눅 18:13-14), 신자가 의(義)를 행함으로써 의롭다 하심을 받는다고도 말씀한다(약 2:21-25). 또한 죄 사함의 결과로서 의롭다 하심을 받으며 그로 인해 성령의 역사하심을 부르기에 이것들은 반드시 함께 논해야 한다. 이것을 염두에 두고 이 세 가지 칭의에 대해 살펴보도록 하겠다.

첫째, 불신자가 예수 그리스도를 믿으면 의롭다 하심을 받는다.

[갈 2:16] 사람이 의롭게 되는 것은 율법의 행위에서 난 것이 아니요 오직 예수 그리스도를 믿음으로 말미암는 줄 아는 고로 우리도 그리스도 예수를 믿나니 이는 우리가 율법의 행위에서 아니고 그리스도를 믿음으로서 의롭다 함을 얻으려 함이라 율법의 행위로서는 의롭다 함을 얻을 육체가 없느니라.

[롬 3:23-26] 23 모든 사람이 죄를 범하였으매 하나님의 영광에 이르지 못하더니 24 그리스도 예수 안에 있는 구속으로 말미암아 하나님의 은혜로 값없이 의롭다하심을 얻은 자 되었느니라 25 이 예수를 하나님이 그의 피로 인하여 믿음으로 말미암는 화목 제물로 세우셨으니 이는 하나님께서 길이 참으시는 중에 전에 지은 죄를 간

과하심으로 자기의 의로우심을 나타내려 하심이니 ²⁶ 곧 이 때에 자기의 의로우심을 나타내사 자기도 의로우시며 또한 예수 믿는 자를 의롭다하려 하심이니라.

이것은 죄로 인해 마귀의 자녀로 살던 이가 예수 그리스도를 믿고 그의 보혈의 피로 전에 지은 죄를 사함을 받고 하나님의 자녀가 되는 것을 말한다. 불신자가 예수 그리스도를 믿음으로 죄 사함과 의롭다 하심을 받으면 성령께서 그에게 내주하신다(갈 3:2).

이는 실로 엄청난 혜택이다. 구약 때 이방인들이 하나님의 자녀가 되기 위해서는 이스라엘 공동체에 들어온 후 삼대가 지나야 가능했다.

[신 23:7-8] ⁷ 너는 에돔 사람을 미워하지 말라 그는 너의 형제니라 애굽 사람을 미워하지 말라 네가 그의 땅에서 객이 되었음이니라 ⁸ 그들의 삼대 후 자손은 여호와의 총회에 들어올 수 있느니라.

둘째, 예수를 믿은 후에도 우리는 여전히 많은 죄를 짓는다. 이것을 자백하고 회개해야 죄 사함을 받아 의롭다 하심을 받을 수 있다.

[요일 1:9] 만일 우리가 우리 죄를 자백하면 저는 미쁘시고 의로우사 우리 죄를 사하시며 모든 불의에서 우리를 깨끗케 하실 것이요 (=시 32:1-7; 잠 28:13).

[행 3:19] 그러므로 너희가 회개하고 돌이켜 너희 죄 없이함을 받으라 ….

신약에서는 예수 그리스도를 믿는 이는 죄를 자백하고 회개하기만 하면 죄 사함을 받을 수 있지만, 구약에서는 이와 함께 희생제사를 드려야 죄 사함받을 수 있었다.

[레 5:5-6 & 6:7] **5:5** 이 중 하나에 허물이 있을 때에는 아무 일에 범과하였노라 자복하고 **5:6** 그 범과를 인하여 여호와께 속건제를 드리되 양떼의 암컷 어린 양이나 염소를 끌어다가 속죄제를 드릴 것이요 제사장은 그의 허물을 위하여 속죄할지니라 / **6:7** 제사장은 여호와 앞에서 그를 위하여 속죄한즉 그는 무슨 허물이든지 사함을 얻으리라.

하지만 죄를 숨기고 자백하지 않으면 하나님의 진노를 사게 되어 징계를 받게 된다.

[시 32:3-5] **3** 내가 토설치 아니할 때에 종일 신음하므로 내 뼈가 쇠하였도다 **4** 주의 손이 주야로 나를 누르시오니 내 진액이 화하여 여름 가물에 마름 같이 되었나이다(셀라) **5** 내가 이르기를 내 허물을 여호와께 자복하리라 하고 주께 내 죄를 아뢰고 내 죄악을 숨기지 아니하였더니 곧 주께서 내 죄의 악을 사하셨나이다(셀라).

죄를 자백하고 회개함으로 얻는 칭의는 다음 말씀에서 볼 수 있다.

[눅 18:13-14] **13** 세리는 멀리 서서 감히 눈을 들어 하늘을 우러러 보지도 못하고 다만 가슴을 치며 가로되 하나님이여 불쌍히 여기옵소서 나는 죄인이로소이다 하였느니라 **14** (개역개정) 내가 너희에게 이르노니 이에 저 바리새인이 아니고 이 사람이 의롭다하심을 받고 그의 집으로 내려갔느니라 ….

구약 성도들이 죄를 자복하고 제사장이 드린 제물에 속죄함으로 죄 사함을 받았듯이, 우리 그리스도인도 예수님의 이름으로 죄를 자백해야 죄 사함을 받는다. 그리하면 성령께서 우리에게 역사하셔서 말씀을 행할 수 있도록 도우신다(겔 36:26-27; 갈 5:16).

셋째, 말씀을 행함으로써 의롭다 하심을 받는다.

[롬 2:13] 하나님 앞에서는 율법을 듣는 자가 의인이 아니요 오직 율법을 행하는 자라야 의롭다하심을 얻으리니 (※ 마 5:19).

[약 2:21-22, 24] ²¹ 우리 조상 아브라함이 그 아들 이삭을 제단에 드릴 때에 ③ 행함으로 의롭다하심을 받은 것이 아니냐 ²² 네가 보거니와 ① 믿음이 그의 ③ 행함과 함께 일하고 ③ 행함으로 ① 믿음이 온전케 되었느니라 / ²⁴ 이로 보건대 사람이 ③ 행함으로 의롭다하심을 받고 ① 믿음으로만 아니니라 (= 시 24:3-5).

위 22, 24절 말씀은 첫 번째 칭의 곧 ① 믿음만으로는 온전한 칭의를 받지 못하며, 이와 함께 세 번째 칭의 곧 ③ 말씀을 행함으로 온전한 칭의를 받는다는 말씀이다. 그런데 세 번째 칭의를 받기 위해서는 두 번째 회개로 얻는 칭의가 동반되어야 한다. 따라서 이 세 칭의는 불가분의 관계이며 이 세 가지 칭의를 다 받아야 영혼을 구원받을 수 있다.

그런데 만약 우리가 믿음이 있노라 하면서도 말씀을 행하지 않는다면 성령을 근심하게 할 뿐 아니라 심판을 자초하게 된다.

[엡 4:30] 하나님의 성령을 근심하게 하지 말라 … (※ 살전 5:19).

[사 63:10] 그들이 반역하여 주의 성신을 근심케 하였으므로 그가 돌이켜 그들의 대적이 되사 친히 그들을 치셨더니 (※ 성신[聖神] → [개역개정] 성령[聖靈])

이 세 번째 칭의 곧 말씀을 행함으로 의롭다 하심을 받는 대표적 예는 다른 사람의 죄를 용서하고 형제를 사랑함으로 죄 사함을 받는 것이다.

[마 6:12, 14] **12** 우리가 우리에게 죄 지은 자를 사하여 준 것 같이 우리 죄를 사하여 주옵시고 / **14** 너희가 사람의 과실을 용서하면 너희 천부께서도 너희 과실을 용서하시려니와.

[요일 1:7; 2:10] **1:7** 저가 빛 가운데 계신 것 같이 우리도 빛 가운데 행하면 우리가 서로 사귐이 있고 그 아들 예수의 피가 우리를 모든 죄에서 깨끗하게 하실 것이요 // **2:10** 그의 형제를 사랑하는 자는 빛 가운데 거하여 자기 속에 거리낌이 없으나.

이와 같이 세 번째 칭의를 받게 되면 부지중 지은 죄나 미처 자백하지 못한 죄까지 모두 사함받게 된다. 말씀을 행해야 하나님께서 우리와 함께 계신다.

[빌 4:9] 너희는 내게 배우고 받고 듣고 본 바를 행하라 그리하면 평강의 하나님이 너희와 함께 계시리라.

그리고 다음 말씀은 칭의를 문자적으로만 이해해서는 안 됨을 보여 준다.

[엡 1:5, 7] **5** 그 기쁘신 뜻대로 우리를 예정하사 예수 그리스도로 말미암아 자기의 아들들이 되게 하셨으니 / **7** 우리가 그리스도 안에서 그의 은혜의 풍성함을 따라 그의 피로 말미암아 구속 곧 죄 사함을 받았으니.

[엡 2:8] 너희가 그 은혜를 인하여 믿음으로 말미암아 구원을 얻었나니 이것이 너희에게서 난 것이 아니요 하나님의 선물이라.

위 "구원을 얻었나니"에 해당되는 헬라어 $\varepsilon\sigma\tau\varepsilon\ \sigma\varepsilon\sigma\omega\sigma\mu\varepsilon\nuo$[에스떼 세소스메뉘]를 직역하면 "구원되어져 있으니"(NIV-you have been saved)이다(=엡 2:5). 이것은 현재 에베소 교인들이 말씀에 순종하며 살아가고 있기에 사망에서 생명으로 옮겨졌다는 말이다.

[엡 1:15-16] **15** 이를 인하여 주 예수 안에서 너희 믿음과 모든 성도를 향한 사랑을 나도 듣고 **16** 너희를 인하여 감사하기를 마지아니하고 내가 기도할 때에 너희를 말하노라.

[요 5:24] 내가 진실로 진실로 너희에게 이르노니 내 말을 듣고 또 나 보내신 이를 믿는 자는 영생을 얻었고 심판에 이르지 아니하나니 사망에서 생명으로 옮겼느니라.

[요일 3:14] 우리가 형제를 사랑함으로 사망에서 옮겨 생명으로 들어간 줄을 알거니와 사랑치 아니하는 자는 사망에 거하느니라.

하지만 이들이 다시 범죄한다면 생명에서 사망으로 옮겨질 것이다.

[계 2:4-5] **4** 그러나 너를 책망할 것이 있나니 너는 처음 사랑을 버렸느니라 **5** 그러므로 어디서 떨어진 것을 생각하고 회개하여 처음 행위를 가지라 만일 그리하지 아니하고 회개치 아니하면 내가 네게 임하여 네 촛대를 그 자리에서 옮기리라.

갈라디아서와 로마서는 할례 받고 율법을 행해야 의롭다 하심을 받는다는 유대주의자의 주장을 반박하기 위해 쓴 글이므로 유대인들이 많이 쓰는 "의롭다 하심"이라는 용어를 썼다. 그러나 에베소 교회는 바울이 세우고 그의 동역자가 사역하는 교회이기에 유대주의자의 영향을 거의 받지 않았다. 그래서 "자기의 아들들이 되게 하셨다", "죄 사함을 받았다", "구원되어져 있다"와 같이 이방인들도 이해하기 쉬운 용어를 쓴 것이다. 다음 말씀도 그렇다.

소망만으로 영혼을 구원받을 수 있겠는가?

[롬 8:24] 우리가 소망으로 구원을 얻었으매 ….

여기서 우리는 성경 몇몇 구절만 보고 나는 이미 구원받았다고 쉽게 단언해서는 안 됨을 알아야 한다. 왜냐하면, 구원받았다고 단언하는 순간 회개가 사라지고, 행함이 사라지기 때문이다. 그렇게 되면 두 번째 칭의와 세 번째 칭의를 받지 못해 구원을 잃어버리게 된다. 구원에 관한 말씀은 다음과 같이 대단히 심오하고 다양하다.

[벧전 1:9] 믿음의 결국 곧 영혼의 구원을 받음이라.

[행 14:22] 제자들의 마음을 굳게 하여 이 믿음에 거하라 권하고 또 우리가 하나님 나라에 들어가려면 많은 환난을 겪어야 할 것이라 하고(＝약 1:12).

[마 24:13] 그러나 끝까지 견디는 자는 구원을 얻으리라(＝막 13:13).

[눅 21:19] 너희의 인내로 너희 영혼을 얻으리라.

[행 11:18] … 하나님께서 이방인에게도 생명 얻는 회개를 주셨도다.

[요일 3:14] 우리는 형제를 사랑함으로 사망에서 옮겨 생명으로 들어간 줄을 알거니와 ….

이는 믿음과 소망으로 인내하며 말씀을 지키고 행하면 하나님께 의롭다 하심을 받아 구원된 채로 있게 된다는 말이 아니겠는가?
그러나 하나님의 뜻을 거역하면 의롭다 하심을 받지 못해 구원을 잃어버릴 것이다. 믿기만 해서는 안 된다. 믿고 순종해야 한다.

[롬 1:5] 그로 말미암아 우리가 은혜와 사도의 직분을 받아 그 이름을 위하여 모든 이방인 중에서 믿어 순종케 하나니(=롬 16:26).

※ [신앙개혁 5장]으로 가려면 ☞ p. 198

6

바울은 왜 믿음은 강조하고 행위는 부정적으로 말했을까?

바울이 그의 서신 곳곳에서 율법의 행위로는 의롭다 하심을 받지 못함과 구원은 행위에서 난 것이 아님을 강조한 것은 당시 교회에 만연해 있던 유대주의자들의 그릇된 가르침 때문이었다. 이들은 이방인들도 할례를 받고 율법을 지켜야 한다고 주장했다.

[행 15:1-2a] **1** 어떤 사람들이 유대로부터 내려와서 형제들을 가르치되 너희가 모세의 법대로 할례를 받지 아니하면 능히 구원을 얻지 못하리라 하니 **2** 바울과 바나바와 저희 사이에 적지 아니한 다툼과 변론이 일어난지라 ….

[행 15:5] 바리새파 중에 믿는 어떤 사람들이 일어나 말하되 이방인에게 할례 주고 모세의 율법을 지키라 명하는 것이 마땅하다 하니라.

이들은 그리스도인이면서 왜 저렇게 말했을까?

최초의 교회인 예루살렘 교회의 성도들은 모두가 성경을 잘 아는 유대인들이었기에 이들의 입김은 이방인 교회에까지 크게 미쳤다. 이들이 할례를 받지 않으면 능히 구원받지 못하므로 이방인들에게 할례를 주고 율법을 지키라고 명함이 마땅하다고 한 것은 다음에 근거한 것이었다.

[창 17:12-14] **12** 대대로 남자는 집에서 난 자나 혹 너희 자손이 아니요 이방 사람에게서 돈으로 산 자를 무론하고 난지 팔일 만에 할례를 받을 것이라 **13** 너희 집에서 난 자든지 너희 돈으로 산 자든지 할례를 받아야 하리니 이에 내 언약이 너희 살에 있어 영원한 언약이 되려니와 **14** 할례를 받지 아니한 남자 곧 그 양피를 베지 아니한 자는 백성 중에서 끊어지리니 그가 내 언약을 배반하였음이니라(=출 12:48-49).

[신 27:26a] 이 율법의 모든 말씀을 실행치 아니하는 자는 저주를 받을 것이라 ….

위 말씀은 분명 이스라엘 백성뿐 아니라 그들 중에 있는 이방인들도 할례를 받아야 하며 할례를 받지 않은 남자는 백성 중에서 끊어진다고 했다. 또 율법을 행하지 않는 자는 저주를 받을 것이라 했다. 이것이 유대주의자들이 할례를 받지 아니하면 능히 구원을 받지 못하며 이방인들도 율법을 지켜야 한다고 주장하는 강력한 근거가 된 것이다.

성경에 근거한 것이었기에 그 어떤 설득으로도 그들의 생각을 바꿀 수 없었다. 그들은 바울의 복음 전파를 집요하게 방해했는데, 바울이 다른 복음 곧 할례와 율법을 전하는 자(유대인)들은 저주를 받을 것이며(갈 1:6-9), 할례를 받는 자들(이방인)은 율법 전체를 행해야 할 의무를 지게 되므로 그리스도에게서 끊어지고 은혜에서 떨어지게 될 것이라고(갈 5:2-4) 말할 정도로 심각했다. 그들은 바울을 율법의 파괴자로 여겼다(갈 5:11).

[행 21:20-21] **20** … 바울더러 이르되 형제여 그대도 보는 바에 유대인 중에 믿는 자 수만 명이 있으니 다 율법에 열심 있는 자라 **21** 네가 이방에 있는 모든 유대인을 가르치되 모세를 배반하고 아들들에게 할례를 하지 말고 또 규모를 지키지 말라 한다 함을 저희가 들었도다.

그리스도인이 할례를 행하지 않아도 되는 것은 예수께서 십자가에 못 박혀 죽으심과 부활하심으로 모든 그리스도인을 대표해서 할례를 받으셨기 때문이다(Bruce, O'Brien). 그래서 그리스도인은 세례(침례)를 통해 예수께서 받으신 할례에 참여한다(골 2:11-15; 벧전 3:21). 또 그리스도인이 도구적 율법을 지키지 않아도 되는 것은 예수께서 성전 제사와 관련된 율법들을 모두 폐하기고 단번에 자기를 드려 그 피로 영원한 속죄를 이루셨기 때문이다(히 7:27; 9:12).

그러나 당시 유대인 그리스도인들은 예수 그리스도를 모세와 같은 위대한 선지자로만 여겼지(신 18:15) 그가 하나님의 아들이시며 율법을 완전하게 하신 우리의 주님이시라는 것은 믿지 못했다. 그래서 여전히 할례와 도구적 율법을 통해서만 의롭다 하심과 죄 사함을 얻으려 했다(행 15:1, 5; 21:20-21). 따라서 바울이 교회에 해야 할 최우선의 과제는 그와 같은 사실을 성도들에게 전하고 그것을 믿게 하는 것이었다.

> [갈 2:16] 사람이 의롭게 되는 것은 율법의 행위에서 난 것이 아니요 오직 예수 그리스도를 믿음으로 말미암는 줄 아는 고로 우리도 그리스도 예수를 믿나니 이는 우리가 율법의 행위에서 아니고 그리스도를 믿음으로서 의롭다함을 얻으려 함이라 율법의 행위로서는 의롭다함을 얻을 육체가 없느니라.

> [롬 10:9-10, 13] ⁹ 네가 만일 네 입으로 예수를 주로 시인하며 또 하나님께서 그를 죽은 자 가운데서 살리신 것을 네 마음에 믿으면 구원을 얻으리니 ¹⁰ 사람이 마음으로 믿어 의에 이르고 입으로 시인하여 구원에 이르느니라 / ¹³ 누구든지 주의 이름을 부르는 자는 구원을 받으리라.

그런데 위 말씀은 다음 말씀과는 상충된다.

> [약 2:24] 이로 보건대 사람이 행함으로 의롭다하심을 받고 믿음으로만 아니니라.

[롬 2:7-8] **7** 참고 선을 행하여 영광과 존귀와 썩지 아니함을 구하는 자에게는 영생으로 하시고 **8** 오직 당을 지어 진리를 좇지 아니하고 불의를 좇는 자에게는 노와 분으로 하시리라.

[마 7:21] 나더러 주여 주여 하는 자마다 천국에 다 들어갈 것이 아니요 다만 하늘에 계신 내 아버지의 뜻대로 행하는 자라야 들어가리라.

위 말씀들이 상충되는 것은 갈라디아서 2:16, 로마서 10:9-10,13은 유대주의자들과 그들의 추종자들을 대상으로 한 말씀인데 반해, 야고보서 2:24, 로마서 2:7-8, 마태복음 7:21은 믿는 모든 이를 대상으로 한 말씀이기 때문이다. 그런데도 신학자들은 바울 서신의 말씀을 남용하고 오용해 가장 행하기 쉬운 예수를 주로 시인하고 마음으로 믿는 것만을 구원의 조건으로 택하고, 예수님의 말씀을 행하는 것과 하나님 뜻대로 행하는 것은 헌신짝처럼 버린 것이다. 그들은 다음을 통해 깨달음을 얻어야 한다.

[요일 4:12, 15] **12** 어느 때나 하나님을 본 사람이 없으되 만일 우리가 서로 사랑하면 하나님이 우리 안에 거하시고 그의 사랑이 우리 안에 온전히 이루느니라 / **15** 누구든지 예수를 하나님의 아들이라 시인하면 하나님이 저 안에 거하시고 저도 하나님 안에 거하느니라.

지금의 신학이 바울 서신의 일부 말씀만 취해 '행함이 없어도 예수만 믿으면 구원받는다'라고 한 것은 위 말씀에서 12절은 버리고 15절만 취한 것과 같다. 하지만 성경을 조금만 살펴봐도 위 두 말씀이 구원을 위한 두 조건이며 구원받기 위해서는 둘 다 필요하다는 것을 금방 알 수 있다. 다음 말씀이 이것을 이야기한다.

[요일 3:14, 23-24] **14** 우리가 형제를 사랑함으로 사망에서 옮겨 생명으로 들어간 줄을 알거니와 사랑치 아니하는 자는 사망에 거하느니라 / **23** 그의 계명은 이것이니 곧 그 아들 예수 그리스도의 이름을 믿고 그가 우리에게 주신 계명대로 서로 사랑할 것이니라 **24** 그의 계명들을 지키는 자는 주 안에 거하고 주는 저 안에 거하시나니 ….

바울 서신은 A.D. 70년 성전 파괴 이전에 쓰여진 것으로 유대인 그리스도인들은 여전히 율법과 그들의 전통을 지키고 행했으며(행 15:1,5; 21:20-21), 이방인 교회에는 이방인들과 유대인들이 함께 신앙생활을 하고 있었고(행 21:21; 롬 2:17-28; 고전 7:18; 골 4:10-11; 딛 1:10-11), 유대인들이 이방인 교회의 선생이 되어 이방인들에게 할례와 율법을 행할 것을 강요해(갈 1:6-9; 4:9-11; 6:12) 바울의 복음 전파를 심히 방해했던 특수한 시기와 특별한 상황에서 쓴 편지다. 따라서 그의 서신에는 당시 상황을 감안하지 않으면 오해의 소지가 있는 말씀들이 많이 있다. 그런데도 신학자들은 바울 서신에 기초한 구원론만이 진리인 양 내세워 하나님 말씀을 심히 거역했다.

[신 5:32, 12:32] **5:32** 그런즉 너희 하나님 여호와께서 너희에게 명령하신 대로 너희는 삼가 행하여 좌로나 우로나 치우치지 말고 / **12:32** 내가 너희에게 명하는 이 모든 말을 너희는 지켜 행하고 그것에 가감하지 말지니라.

바울은 구원은 믿음으로 받으며 행위에서 난 것이 아니라고 했지만(엡 2:8; 딛 3:5), 선을 행하여 구원받는다는 말씀이 더 많다(롬 2:7; 요 4:29; 마 7:21; 요일 3:14). 또 바울은 의롭다 하심은 예수 그리스도를 믿음으로 받지, 율법의 행위로는 받지 못한다고 했지만(갈 2:16; 롬 3:26-28), 야고보는 믿음이 행함과 함께해야 믿음이 온전해져 의롭다 하심을 받을 수 있다고 했다(약 2:22, 24).

그런데 왜 바울만이 행위에 대해 부정적으로 말했을까?

이는 바울이 복음의 진리를 심각하게 훼손하는 자들 곧 예수 그리스도를 온전히 믿지 않고 율법의 행위로 의롭다 하심을 얻으려 하며 이방인에게도 그것을 강요하는 유대주의자들과 홀로 온몸으로 부딪혀 싸우는 상황이었기 때문이다. 거대한 가톨릭 조직에 맞서 싸웠던 종교개혁자들도 그와 같은 심정이었으리라.

※ [신앙개혁 6장]으로 가려면 ☞ p. 208

7

성령을 따라 행하면 순종할 수 있다!

신학자들은 인간은 전적으로 타락해 선을 행할 능력조차 없는 존재이므로 하나님 뜻대로 행한다는 것은 불가능하다고 말한다. 그러나 예수께서는 우리에게 그것을 '행하라'고 명하셨다.

[눅 10:27-28] **27** 대답하여 가로되 네 마음을 다하며 목숨을 다하며 힘을 다하며 뜻을 다하여 주 너의 하나님을 사랑하고 또한 네 이웃을 네 몸과 같이 사랑하라 하였나이다 **28** 예수께서 이르시되 네 대답이 옳도다 이를 행하라 그러면 살리라 하시니.

지금의 신학자들은 예수님의 산상수훈 말씀 곧 "형제에게 노하거나 상처주지 말고 형제와 화목하라"(마 5:22-24), "원수를 사랑하라"(마 5:44), "용서하라"(마 6:14-15), "하나님과 재물을 겸하여 섬기지 마라"(마 6:24), "아무 것도 염려하지 말고 먼저 그의 나라와 그의 의를 구하라"(마 6:25-34), "형제를 비판하지 말라"(마 7:1-4) 등의 말씀 중 우리가 지킬 수 있는 게 뭐가 있냐고 말하며 그런 말씀은 우리에게 행하라고 준 말씀이 아니라 죄를 깨달으라고 준 것이며 우리가 죄인임에도 하나님 은혜로 구원받음을 감사하라는 의미에서 주신 것이라고 주장한다. 그러나 이것은 사탄이 준 말이다. 예수께서는 우리 믿는 이에게 분명 '행하라' 하셨고, 또 행하지 않음을 책망하셨다.

[마 7:21] 나더러 주여 주여 하는 자마다 천국에 다 들어갈 것이 아니요 다만 하늘에 계신 내 아버지의 뜻대로 행하는 자라야 들어가리라.

[눅 6:46] 너희는 나를 불러 주여 주여 하면서도 어찌하여 나의 말하는 것을 행치 아니하느냐.

여러분들은 다음 말씀을 통해 큰 깨달음을 얻을 수 있을 것이다.

사무엘상 4-6장을 보면 다음과 같은 사건이 있었다. 이스라엘이 블레셋과의 전쟁에서 언약궤를 가지고 나갔다가 그것을 블레셋에게 빼앗긴 적이 있었다. 그런데 블레셋이 언약궤를 둔 지역에 계속해서 재앙이 생기자 그들은 언약궤를 이스라엘로 돌려보내기로 한다. 그들은 이 재앙이 우연인지, 여호와께서 내리신 건지 알기 위해 멍에를 매어보지 않은 막 새끼를 낳은 젖 나는 암소 둘을 수레에 매어 이스라엘 쪽으로 보낸다. 그런데 이 두 암소는 좌로나 우로나 치우치지 않고 이스라엘을 향해 갔다.

또 엘리야 때에는 다음과 같은 사건이 있었다.

[왕상 17:2-6] ² 여호와의 말씀이 엘리야에게 임하여 가라사대 ³ 너는 여기서 떠나 동으로 가서 요단 앞 그릿 시냇가에 숨고 ⁴ 그 시냇물을 마시라 내가 까마귀들을 명하여 거기서 너를 먹이게 하리라 ⁵ 저가 여호와의 말씀과 같이 하여 곧 가서 요단 앞 그릿 시냇가에 머물매 ⁶ 까마귀들이 아침에도 떡과 고기를, 저녁에도 떡과 고기를 가져왔고 ….

까마귀나 소나 다 본능을 깨고 하나님 뜻대로 행할 수 있는데, 예수 믿고 거듭난 자가 인간은 결코 하나님 뜻대로 행할 수 없다고 말하면 되겠는가?

이런 자에 대해 사도 바울은 다음과 이야기한다.

[딛 1:16] 저희가 하나님을 시인하나 행위로는 부인하니 가증한 자요 복종치 아니하는 자요 모든 선한 일을 버리는 자니라 (※ "행위" = "일" → ἔργον [엘곤]).

인간의 의지로는 결코 하나님의 뜻대로 행할 수 없지만, 죄를 자백하고 회개해 성령의 역사하심을 부르고 그 도우심을 받으면 누구나 다 하나님의 뜻대로 행할 수 있다.

[딤후 1:13-14] **13** 너는 그리스도 예수 안에 있는 믿음과 사랑으로써 내게 들은바 바른 말을 본받아 지키고 **14** 우리 안에 거하시는 성령으로 말미암아 네게 부탁한 아름다운 것을 지키라.

[빌 2:13] 너희 안에서 행하시는 이는 하나님이시니 자기의 기쁘신 뜻을 위하여 너희로 소원을 두고 행하게 하시나니.

그런데 이 시대에는 왜 예수님의 말씀을 행하는 이는 아무도 없을까? 정말 그것이 불가능한 일일까?

결코 아니다. 이는 예수 믿는 자는 지은 죄가 모두 사해짐으로 구원은 당연한 것이라는 잘못된 생각 때문이다. 그로 인해 예수님의 말씀을 행하지 않는 것을 죄로 여기지 않았고, 그것이 성령을 근심하게 해 아무도 말씀을 행하지 못하게 된 것이다. 그 대표적 예가 돈을 사랑하고 재물을 섬기면서도 그것을 죄라고 여기지 않은 것과 형제의 잘못을 용서하지 않고 서로 사랑하지 않으면서도 아무도 그것을 죄라고 여기지 않은 것이다. 그저 예배를 잘 드리고, 열심히 기도하고, 말씀을 알고, 십일조를 드리면 하나님을 잘 섬긴 것으로 여긴다. 하지만 이것은 도구일 뿐이고 본질은 저것이다.

불신자가 예수 그리스도를 믿으면 분명 전에 지은 죄를 모두 사함 받는다.

[롬 3:25] 이 예수를 하나님이 그의 피로 인하여 믿음으로 말미암는 화목 제물로 세우셨으니 이는 하나님께서 길이 참으시는 중에 전에 지은 죄를 간과하심으로 자기의 의로우심을 나타내려 하심이니.

그러나 신자가 된 후에 짓는 죄는 하나님께 자백하지 않으면 사함받지 못한다.

[요일 1:8-10] **8** 만일 우리가 죄 없다하면 스스로 속이고 또 진리가 우리 속에 있지 아니할 것이요 **9** 만일 우리가 우리 죄를 자백하면 저는 미쁘시고 의로우사 우리 죄를 사하시며 모든 불의에서 우리를 깨끗케 하실 것이요 **10** 만일 우리가 범죄하지 아니하였다 하면 하나님을 거짓말 하는 자로 만드는 것이니 또한 그의 말씀이 우리 속에 있지 아니하니라.

죄를 자백함으로 죄 사함을 받는 것은 율법 시대나 신약 시대나 동일하다. 단지 율법 시대에는 성전과 희생제물 그리고 제사장이 필요했지만, 신약 시대에는 예수 그리스도의 이름으로 하나님께 죄를 자백하기만 하면 된다는 차이뿐이다. 그러나 이런 죄 사함은 자백한 죄에 한(限)한 죄 사함이다. 완전한 죄 사함을 받기 위해서는 예수님의 말씀을 행해야 하는데, 이를 위해서는 말씀을 행하지 못한 것이 곧 죄라는 것을 깨닫고 그것을 하나님께 자백해야 한다. 그러면 성령께서 우리 안에 역사하셔서 예수님 말씀을 행할 수 있는데(갈 5:16) 그중 가장 큰 말씀은 바로 용서와 사랑이다 (마 18:21-25; 요 13:34).

[마 6:12, 14] **12** 우리가 우리에게 죄 지은 자를 사하여 준 것 같이 우리 죄를 사하여 주옵시고 / **14** 너희가 사람의 과실을 용서하면 너희 천부께서도 너희 과실을 용서하시려니와.

[요일 1:7; 2:10] **1:7** 저가 빛 가운데 계신 것 같이 우리도 빛 가운데 행하면 우리가 서로 사귐이 있고 그 아들 예수의 피가 우리를 모든 죄에서 깨끗하게 하실 것이요 // **2:10** 그의 형제를 사랑하는 자는 빛 가운데 거하여 자기 속에 거리낌이 없으나.

이것은 우리가 부지중에 지은 죄나 미처 자백하지 못한 죄까지 모두 사함받음으로 우리를 구원에 이르게 한다(요일 3:14). 그러나 용서와 사랑은 자아(自我) 곧 분노와 시기 그리고 미움이라는 본능과의 싸움이기 때문에 결코 쉽지 않다. 일생에 걸쳐 죄를 자백하고 회개하고 성령의 도우심을 받아 그것을 행해야 한다. 그러나 걱정하지 말라. 처음 몇 번이 어려워서 그렇지, 머지않아 용서와 사랑을 행하지 않는 것이 더 어려울 때가 온다.

명심하라. 구약 시대 성도는 말씀을 행함으로 구원받고, 우리는 예수를 믿기만 해도 구원받는다는 망상을 버려야 한다. 그를 믿으면 그의 말씀도 행해야 한다. 하나님께서는 공의와 정의의 하나님이시다. 우리만 예수라는 죄 사함의 만능 도구(tool)가 있는 것이 아니다. 구약 성도도 제사라는 죄 사함의 만능 도구가 있었다.

[레 6:7] 제사장은 여호와 앞에서 그를 위하여 속죄한즉 그는 무슨 허물이든지 사함을 받으리라.

그런데 왜 심판받고 멸망당했는가?
이에 대해 바울이 뭐라고 이야기했는지 보고 깨달으라.

[롬 11:17-22] **17** 또한 가지 얼마가 꺾여졌는데 돌감람나무인 네가 그들 중에 접붙임이 되어 참감람나무 뿌리의 진액을 함께 받는 자 되었은즉 **18** 그 가지들을 향하여 자긍하지 말라 자긍할지라도 네가 뿌리를 보전하는 것이 아니요 뿌리가 너를 보전하는 것이니라 **19** 그러면 네 말이 가지들이 꺾이운 것은 나로 접붙임을 받게 하려 함이라 하리니 **20** 옳도다 저희는 믿지 아니하므로 꺾이우고 너는 믿으므로 섰느니

라 높은 마음을 품지 말고 도리어 두려워하라 ²¹ 하나님이 원 가지들도 아끼지 아니하셨은즉 너도 아끼지 아니하시리라 ²² 그러므로 하나님의 인자와 엄위를 보라 넘어지는 자들에게는 엄위가 있으니 너희가 만일 하나님의 인자에 거하면 그 인자가 너희에게 있으리라 그렇지 않으면 너도 찍히는바 되리라.

※ [신앙개혁 7장]으로 가려면 ☞ p. 213

8

행함 없이 오직 믿음만으로 구원받을 수 있을까?

믿음에 행함이 더해져야 구원받는다고 말하면 혹자는 이런 반론을 제기할 것이다.

"십자가상의 강도는 아무런 행함 없이 믿음만으로 구원받지 않았던가?" 과연 그런지 함께 살펴보자.

> [눅 23:39-43] ³⁹ 달린 행악자 중 하나는 비방하여 가로되 네가 그리스도가 아니냐 너와 우리를 구원하라 하되 ⁴⁰ 하나는 그 사람을 꾸짖어 가로되 네가 동일한 정죄를 받고서도 하나님을 두려워 아니하느냐 ⁴¹ 우리는 우리의 행한 일에 상당한 보응을 받는 것이니 이에 당연하거니와 이 사람의 행한 것은 옳지 않은 것이 없느니라 하고 ⁴² 가로되 예수여 당신의 나라에 임하실 때에 나를 생각하소서 하니 ⁴³ 예수께서 이르시되 내가 진실로 네게 이르노니 오늘 네가 나와 함께 낙원에 있으리라 하시니라.

위 39절의 달린 행악자는 마태복음에서는 강도라고 말씀하고 있다.

> [마 27:38] 이때에 예수와 함께 강도 둘이 십자가에 못박히니 하나는 우편에 하나는 좌편에 있더라.

이 두 강도는 우리가 생각하는 그런 극악무도한 강도가 아니다.

하나님을 두려워하는 유대인이 (눅 23:40) 남의 물건을 도둑질하거나 강제로 빼앗아 가는 약탈자일 수 있겠는가?

유대 역사가 요세푸스에 의하면 '강도'(λῃστής[레스테스])는 열심당원과 같이 점령국 로마에 대항해 싸우는 반란군을 가리키는 말로도 쓰였다고 한다.

[요 18:40b] … 이 사람이 아니라 바라바라 하니 바라바는 강도러라.

[막 15:7] 민란을 꾸미고 이 민란에 살인하고 포박된 자 중에 바라바 하는 자가 있는지라 (= 눅 23:19).

유대인의 입장에서 이들은 점령국에 대항해 싸우는 독립투사이겠지만, 로마 제국의 입장에서는 죄 없는 이들의 목숨을 빼앗은 강도나 다름없는 자들이었을 것이다. 만약 복음서에서 이들을 미화했다면 로마 제국에 의해서 성경이 모조리 불태워졌을 것이다. 그래서 복음서의 저자들이 로마 제국에서 말하는 대로 강도라는 용어를 썼던 것이다.

따라서 이들의 대화 내용이나 여러 정황을 보았을 때 이들은 하나님을 잘 섬기는 사람들이었으나 로마의 식민 지배하에 있었던 이스라엘을 독립시키려 바라바와 함께 민란을 일으켰다가 살인을 저질러 십자가형을 선고받은 자들일 것이다. 이것을 염두에 두고 다음 내용을 함께 생각해 보자.

성경을 해석할 때 말씀의 정황이나 배경, 대상 등을 고려하지 않으면 해석에 오류가 생길 가능성이 높아진다.

여러분의 생각은 어떤가?

구원받은 강도가 정말 아무런 행위 없이 그저 예수를 믿어서 구원받은 것처럼 보이는가?

그렇다면 여러분이 저 상황이 되었다고 상상해 보라. 손과 발에 못이 박혀 극심한 고통이 여러분을 몸서리치게 만들고 죽음의 공포가 몰려올 것이다.

그 상황에서 과연 구원받은 강도와 같이 할 수 있을까?

아마 대부분 하나님을 원망하고 예수님을 무능하다고 조롱할 것이다(마 27:42-44).

> [계 16:10-11] **10** 또 다섯째가 그 대접을 짐승의 보좌에 쏟으니 그 나라가 곧 어두워지며 사람들이 아파서 자기 혀를 깨물고 **11** 아픈 것과 종기로 인하여 하늘의 하나님을 훼방하고 저희 행위를 회개치 아니하더라 (※ 훼방하고 → [개역개정] 비방하고).

십자가에 못 박혀 죽음을 앞둔 채 극심한 고통에 시달리는 상황에서 구원받은 강도와 같은 고백을 한다는 것은 큰 믿음 없이는 불가능하다. 그런데 이런 믿음이 어느 날 갑자기 생겨 몇 시간 만에 쑥쑥 자랄 수는 없다. 그러므로 그는 회심 전 바울처럼 하나님께 열심이 있었고 계명대로 살려고 애썼던 사람이었을 것이다. 그러나 이스라엘을 독립시켜야겠다는 생각에 민란에 가담했다가 살인을 저질러 이런 처지가 되었을 것이다.

> [롬 10:2b] … 저희가 하나님께 열심이 있으나 지식을 좇은 것이 아니라.

그도 처음에는 자신과 같은 처지의 예수님을 조롱했다.

> [마 27:42-44] **42** 저가 남은 구원하였으되 자기는 구원할 수 없도다 저가 이스라엘의 왕이로다 지금 십자가에서 내려올지어다 그러면 우리가 믿겠노라 **43** 저가 하나님을 신뢰하니 하나님이 저를 기뻐하시면 이제 구원하실지라 제 말이 나는 하나님의 아들이라 하였도다 하며 **44** 함께 십자가에 못박힌 강도들도 이와 같이 욕하더라.

그러나 그는 아무런 죄도 없으신 예수께서 그런 혹독한 형벌을 받으면서도 하나님께 순종해 그것을 기꺼이 받아들이는 모습을 보고 영적인 눈이 뜨여 자신의 죄를 깨닫고 크게 뉘우치며 회개했다. 그리고 예수를 본받아 자신에게 이런 형벌을 내리신 하나님의 뜻에 기꺼이 순종해 겸허하게 그것을 받아들였다. 다음 말씀이 이것을 증명한다.

[눅 23:40-41] **⁴⁰** 하나는 그 사람을 꾸짖어 가로되 네가 동일한 정죄를 받고서도 하나님을 두려워 아니하느냐 **⁴¹** 우리는 우리의 행한 일에 상당한 보응을 받는 것이니 이에 당연하거니와 이 사람의 행한 것은 옳지 않은 것이 없느니라.

마태복음 27:42-44와 누가복음 23:40-41의 대화를 보면 구원받은 십자가 강도는 할례받은 유대인이었다. 그는 이스라엘이 로마 제국의 식민지가 된 것은 하나님의 뜻에 불순종한 그들의 죄 때문인 줄 모르고 자신들의 힘으로 이스라엘을 로마로부터 독립시키려 하다가 인명을 살상했고 그로 인해 예수님과 함께 십자가에 달리게 되었다. 그는 회심 전의 바울처럼 할례를 받고 율법을 지켰지만 하나님의 뜻을 몰라 자기 의로써 행하던 사람이었다. 그러므로 그는 구원받을 수 없는 사람이었다.

그런 그가 십자가에 달리신 예수님을 통해 영적인 눈이 뜨여 자신의 죄를 깨닫고 회개했으며 십자가 형벌을 내리신 하나님의 뜻에 온전히 순종하게 된 것이다(눅 23:40-41). 즉, 구원받은 십자가 강도는 바리새인과 세리의 비유(눅 18:9-14)에 나오는 세리와 같이 자신의 죄를 회개함으로써 하나님으로부터 의롭다 하심을 받았고, 하나님의 뜻에 순종함으로써 구원받게 된 것이다.

[눅 18:13-14] **¹³** 세리는 멀리 서서 감히 눈을 들어 하늘을 우러러 보지도 못하고 다만 가슴을 치며 가로되 하나님이여 불쌍히 여기옵소서 나는 죄인이로소이다 하였느니라 **¹⁴** (개역개정) 내가 너희에게 이르노니 이에 저 바리새인이 아니고 이 사람이 의롭다 하심을 받고 그의 집으로 내려갔느니라 ….

[히 5:8-9] **⁸** 그가 아들이시라도 받으신 고난으로 순종함을 배워서 **⁹** 온전하게 되었은즉 자기를 순종하는 모든 자에게 영원한 구원의 근원이 되시고.

인간의 의로는 아무리 많은 선을 행해도 결코 구원받지 못하지만, 하나님의 명령에 따라 이삭을 번제로 드리려 한 아브라함과 같은 순종(하나님 뜻대로 행함)으로는 구원받는다.

(설명을 위해 '인간의 의로 행하는 선'을 여기에서만 선행이라 하겠다).

선행과 순종은 큰 차이가 있다. 선행은 인간의 의(義)가 개입되어 행하는 것이지만, 순종은 하나님의 뜻대로 행하고 또 그의 계명을 지키는 것을 말한다. 예를 들면, 우리가 불우한 이들을 돕는 것은 자기 의가 개입될 소지가 크므로 선행에 그치기 쉽지만, 형제를 사랑하는 것은 예수님의 계명이므로 순종이다. 또 십자가 강도가 이스라엘의 독립을 위해 목숨 걸고 로마 제국과 싸운 것은 그와 유대인들의 입장에서는 선행이 될 수 있겠지만, 하나님의 뜻은 아니므로 순종은 아닌 것이다. 그러나 십자가의 형벌이 자신의 죄로 인한 것임을 깨닫고 기꺼이 받은 것은 순종인 것이다.

그러므로 구원받은 십자가 강도는 단순히 예수를 믿어서 구원받은 것이 아니라, 예수께 자신을 비추어 봄으로써 자신의 죄를 깨닫고 철저히 회개했고, 이때 역사하신 하나님의 영에 자신을 굴복시켜 그 뜻에 순종함으로써 구원받은 것이다. 바로 구원에 이르게 하는 회개(고후 7:10)와 순종으로 구원받았던 것이다.

그러나 이 시대의 교회는 그와 같이 구원받으려 해도 죄를 깨닫는 것조차 못하니 회개와 순종은 꿈도 못 꿀 일 아니겠는가?

여러분은 자신을 어디에 비추어 보고 있는가?

자신보다 믿음이 약한 사람에게 자신을 비추어 보면 바리새인과 같이 자기 의에 사로잡혀 외식하는 믿음으로 전락하고 만다. 따라서 우리는 항상 예수님의 말씀에 자신을 비추어 보아야 할 것이다.

그래야 우리가 죄를 깨닫고 회개할 수 있고 그로 인해 성령의 충만하심을 받아 하나님의 뜻대로 행하는 삶을 살 수 있다.

※ [신앙개혁 8장]으로 가려면 ☞ p. 225

9

형제 사랑과 구원

예수께서는 다음 말씀을 통해 형제를 사랑하는 자는 구원받고, 형제를 사랑하지 않는 자는 구원받지 못함을 분명히 하셨다.

[마 25:31-45] ³¹ 인자가 자기 영광으로 모든 천사와 함께 올 때에 자기 영광의 보좌에 앉으리니 ³² 모든 민족을 그 앞에 모으고 각각 분별하기를 목자가 양과 염소를 분별하는 것 같이 하여 ³³ 양은 그 오른편에 염소는 왼편에 두리라 ³⁴ 그 때에 임금이 그 오른편에 있는 자들에게 이르시되 내 아버지께 복 받을 자들이여 나아와 창세로부터 너희를 위하여 예비된 나라를 상속하라 ³⁵ 내가 주릴 때에 너희가 먹을 것을 주었고 목마를 때에 마시게 하였고 나그네 되었을 때에 영접하였고 ³⁶ 벗었을 때에 옷을 입혔고 병들었을 때에 돌아보았고 옥에 갇혔을 때에 와서 보았느니라 ³⁷ 이에 의인들이 대답하여 가로되 주여 우리가 어느 때에 주의 주리신 것을 보고 공궤하였으며 목마르신 것을 보고 마시게 하였나이까 ³⁸ 어느 때에 나그네 되신 것을 보고 영접하였으며 벗으신 것을 보고 옷 입혔나이까 ³⁹ 어느 때에 병드신 것이나 옥에 갇히신 것을 보고 가서 뵈었나이까 하리니 ⁴⁰ 임금이 대답하여 가라사대 내가 진실로 너희에게 이르노니 너희가 여기 내 형제 중에 지극히 작은 자 하나에게 한 것이 곧 내게 한 것이니라 하시고 ⁴¹ 또 왼편에 있는 자들에게 이르시되 저주를 받은 자들아 나를 떠나 마귀와 그 사자들을 위하여 예비된 영영한 불에 들어가라 ⁴² 내가 주릴 때에 너희가 먹을 것을 주지 아니하였고 목마를 때에 마시게 하지 아니하였고 ⁴³ 나그네 되었을 때에 영접하지 아니하였고 벗었을 때에 옷 입히지 아니하였고 병들었

을 때와 옥에 갇혔을 때에 돌아보지 아니하였느니라 하시니 **44** 저희도 대답하여 가로되 주여 우리가 어느 때에 주의 주리신 것이나 목마르신 것이나 나그네 되신 것이나 벗으신 것이나 병드신 것이나 옥에 갇히신 것을 보고 공양치 아니하더이까 **45** 이에 임금이 대답하여 가라사대 내가 진실로 너희에게 이르노니 이 지극히 작은 자 하나에게 하지 아니한 것이 곧 내게 하지 아니한 것이니라 하시니(※ 약 1:22-27).

야고보서와 요한일서에서는 이 말씀을 다음과 같이 요약해 이야기했다.

[약 2:13-17] **13** 긍휼을 행하지 아니하는 자에게는 긍휼 없는 심판이 있으리라 긍휼은 심판을 이기고 자랑하느니라 **14** 내 형제들아 만일 사람이 믿음이 있노라 하고 행함이 없으면 무슨 이익이 있으리요 그 믿음이 능히 자기를 구원하겠느냐 **15** 만일 형제나 자매가 헐벗고 일용할 양식이 없는데 **16** 너희 중에 누구든지 그에게 이르되 평안히 가라 더웁게 하라 배부르게 하라 하며 그 몸에 쓸 것을 주지 아니하면 무슨 이익이 있으리요 **17** 이와 같이 행함이 없는 믿음은 그 자체가 죽은 것이라.

[요일 3:14-15] **14** 우리가 형제를 사랑함으로 사망에서 옮겨 생명으로 들어간 줄을 알거니와 사랑치 아니하는 자는 사망에 거하느니라 **15** 그 형제를 미워하는 자마다 살인하는 자니 살인하는 자마다 영생이 그 속에 거하지 아니하는 것을 너희가 아는 바라.

위 세 말씀을 종합하면 "예수 믿는다고 해서 다 구원받는 것이 아니라, 형제를 사랑하는 자라야 구원받는다"이다. 이 중 위에서 언급된 요한일서 3:15 말씀은 다음 말씀을 연상하게 한다.

[마 5:22-24] **22** … 형제에게 노하는 자마다 심판을 받게 되고 형제에 대하여 라가라 하는 자는 공회에 잡히게 되고 미련한 놈이라 하는 자는 지옥 불에 들어가게 되리라 **23** 그러므로 예물을 제단에 드리다가 거기서 네 형제에게 원망 들을만한 일이 있는 줄 생각나거든 **24** 예물을 제단 앞에 두고 먼저 가서 형제와 화목하고 그 후에

와서 예물을 드리라.

이것을 쉽게 말하자면 "형제와 화목하지 않는 자는 현세와 내세에 심판이 있을 것이다"라는 이야기다. 그러하기에 위 말씀과 다음 말씀에서 보듯 사도들은 하나같이 형제를 사랑해야 구원받음과 사랑이 없는 믿음은 헛된 것이라는 점을 가르쳤다.

[벧전 3:8-9] **8** 마지막으로 말하노니 너희가 다 마음을 같이 하여 체휼하며 형제를 사랑하며 불쌍히 여기며 겸손하며 **9** 악을 악으로 욕을 욕으로 갚지 말고 도리어 복을 빌라 이를 위하여 너희가 부르심을 입었으니 이는 복을 유업으로 받게 하려 하심이라.

[히 6:9-10] **9** 사랑하는 자들아 우리가 이같이 말하나 너희에게는 이보다 나은 것과 구원에 가까운 것을 확신하노라 **10** 하나님이 불의치 아니하사 너희 행위와 그의 이름을 위하여 나타낸 사랑으로 이미 성도를 섬긴 것과 이제도 섬기는 것을 잊어버리지 아니하시느니라.

[고전 13:2] … 산을 옮길만한 모든 믿음이 있을지라도 사랑이 없으면 내가 아무 것도 아니요.

이는 형제 사랑이 하나님 사랑 다음가는 최고의 계명이자 예수님의 계명이기 때문이다.

[막 12:28-31] **28** 서기관 중 한 사람이 저희의 변론하는 것을 듣고 예수께서 대답 잘하신 줄을 알고 나아와 묻되 모든 계명 중에 첫째가 무엇이니이까 **29** 예수께서 대답하시되 첫째는 이것이니 이스라엘아 들으라 주 곧 우리 하나님은 유일한 주시라 **30** 네 마음을 다하고 목숨을 다하고 뜻을 다하고 힘을 다하여 주 너의 하나님을 사랑하라 하신 것이요 **31** 둘째는 이것이니 네 이웃을 네 몸과 같이 사랑하라 하신 것

이라 이에서 더 큰 계명이 없느니라.

[요 13:34] 새 계명을 너희에게 주노니 서로 사랑하라 내가 너희를 사랑한 것 같이 너희도 서로 사랑하라.

하나님께서는 형제를 사랑하게 하기 위해 우리에게 다른 이의 잘못을 용서하라고 명하셨지만, 정작 우리는 이를 대수롭지 않게 생각하고 아무도 지키지 않고 있다.

[마 6:14-15] **14** 너희가 사람의 과실을 용서하면 너희 천부께서도 너희 과실을 용서하시려니와 **15** 너희가 사람의 과실을 용서하지 아니하면 너희 아버지께서도 너희 과실을 용서하지 아니하시리라.

이 시대의 그리스도인들은 모두 사탄에게 속고 있다. 우리는 예수 그리스도를 믿음으로 과거의 죄는 모두 사함받지만, 믿은 후 지은 죄는 다른 이의 잘못을 용서함으로 사함받는다는 것을 알아야 한다. 이는 형제가 우리에게 저지른 잘못을 우리가 용서해야 형제를 사랑할 수 있기 때문이다. 요한도 다음과 같이 이야기했다.

[요일 1:7] 저가 빛 가운데 계신 것 같이 우리도 빛 가운데 행하면 우리가 서로 사귐이 있고 그 아들 예수의 피가 우리를 모든 죄에서 깨끗하게 하실 것이요.

빛 가운데 행한다는 것은 곧 형제를 사랑하는 것이다.

[요일 2:10-11] **10** 그의 형제를 사랑하는 자는 빛 가운데 거하여 자기 속에 거리낌이 없으나 **11** 그의 형제를 미워하는 자는 어두운 가운데 있고 또 어두운 가운데 행하며 갈 곳을 알지 못하나니 이는 어두움이 그의 눈을 멀게 하였음이라.

우리 믿는 형제자매들이 서로 사랑해야 하는 것은 우리가 그리스도의 지체이기 때문이다.

[고전 12:12-27] **12** 몸은 하나인데 많은 지체가 있고 몸의 지체가 많으나 한 몸임과 같이 그리스도도 그러하니라 **13** … **18** … 하나님이 그 원하시는 대로 지체를 각각 몸에 두셨으니 **19** 만일 다 한 지체뿐이면 몸은 어디뇨 **20** 이제 지체는 많으나 몸은 하나라 **21** 눈이 손더러 내가 너를 쓸데없다 하거나 또한 머리가 발더러 내가 너를 쓸데 없다 하거나 하지 못하리라 **22** 이뿐 아니라 몸의 더 약하게 보이는 지체가 도리어 요긴하고 **23** 우리가 몸의 덜 귀히 여기는 그것들을 더욱 귀한 것들로 입혀 주며 우리의 아름답지 못한 지체는 더욱 아름다운 것을 얻고 **24** 우리의 아름다운 지체는 요구할 것이 없으니 오직 하나님이 몸을 고르게 하여 부족한 지체에게 존귀를 더하사 **25** 몸 가운데서 분쟁이 없고 오직 여러 지체가 서로 같이하여 돌아 보게 하셨으니 **26** 만일 한 지체가 고통을 받으면 모든 지체도 함께 고통을 받고 한 지체가 영광을 얻으면 모든 지체도 함께 즐거워하나니 **27** 너희는 그리스도의 몸이요 지체의 각 부분이라.

형제를 사랑하지 않고 미워하면 다툼과 분열이 일어나 피차 멸망한다.

[갈 5:14-15] **14** 온 율법은 네 이웃 사랑하기를 네 몸 같이 하라 하신 한 말씀에 이루었나니 **15** 만일 서로 물고 먹으면 피차 멸망할까 조심하라.

그런데 이 시대는 예수님의 계명을 지키지 않아 불법이 성하고 사랑이 식은 시대가 되고 말았다. 끝까지 인내하며 서로 사랑해야 구원 얻을 수 있다.

[마 24:12-13] **12** 불법이 성하므로 많은 사람의 사랑이 식어지리라 **13** 그러나 끝까지 견디는 자는 구원을 얻으리라.

※ [신앙개혁 9장]으로 가려면 ☞ p. 234

10

예수 그리스도의 구원관

[마 25:1-13] **1** 그 때에 천국은 마치 등을 들고 신랑을 맞으러 나간 열 처녀와 같다 하리니 **2** 그 중에 다섯은 미련하고 다섯은 슬기 있는지라 **3** 미련한 자들은 등을 가지되 기름을 가지지 아니하고 **4** 슬기 있는 자들은 그릇에 기름을 담아 등과 함께 가져갔더니 **5** 신랑이 더디 오므로 다 졸며 잘 새 **6** 밤중에 소리가 나되 보라 신랑이로다 맞으러 나오라 하매 **7** 이에 그 처녀들이 다 일어나 등을 준비할 새 **8** 미련한 자들이 슬기 있는 자들에게 이르되 우리 등불이 꺼져가니 너희 기름을 좀 나눠 달라하거늘 **9** 슬기 있는 자들이 대답하여 가로되 우리와 너희의 쓰기에 다 부족할까 하노니 차라리 파는 자들에게 가서 너희 쓸 것을 사라 하니 **10** 저희가 사러 간 동안에 신랑이 오므로 예비하였던 자들은 함께 혼인 잔치에 들어가고 문은 닫힌지라 **11** 그 후에 남은 처녀들이 와서 가로되 주여 주여 우리에게 열어 주소서 **12** 대답하여 가로되 진실로 너희에게 이르노니 내가 너희를 알지 못하노라 하였느니라 **13** 그런즉 깨어 있으라 너희는 그 날과 그 시를 알지 못하느니라.

성경학자들은 본문 말씀에서 상징하고 있는 바를 다음과 같이 본다. 신랑은 '예수 그리스도'를, 열 처녀는 '그리스도를 믿는 모든 성도'를, 이들 중 슬기 있는 다섯 처녀는 '구원받은 성도'를, 미련한 다섯 처녀는 '구원받지 못한 성도'를 가리킨다고 본다. 또 등(燈)은 예배드리고, 하나님을 찬양하고, 말씀을 공부하고, 기도하고, 십일조와 헌금을 드리는 등의 신앙의 외적 모습을, 기름은 '성령 충만함', '구원받을 만한 믿음', '거룩함' 등 신앙의 내적 모습을, 혼인 잔칫집의 문은 '구원'을 상징한다고 보았다.

이 중 기름에 대해서는 위에서 언급한 견해 외에도 '선행', '인간의 책임', '하나님의 은혜' 등 다양한 견해가 있지만, 어떤 견해도 이 기름에 대해서 완전하게 설명해 주지 못하고 있다. 따라서 이 장에서는 이 기름에 대해서 논의해 보도록 하겠다.

먼저 본문에서 "미련한 다섯 처녀"와 "슬기 있는 다섯 처녀"를 비교해 보자. 본문을 보면 열 처녀 모두 등을 들고 신랑을 맞이하러 나갔으며(마 25:1), 신랑이 더디 오자 모두 졸며 잠이 들었다(마 25:5). 그리고 "보라 신랑이로다 맞으러 나오라"는 소리에 모두 일어나 신랑을 맞을 준비를 했다(마 25:6). 이것으로 볼 때 열 처녀는 모두 예수 그리스도를 믿는 성도임이 분명하다.

그러나 결정적 차이가 하나 있으니 슬기 있는 다섯 처녀는 신랑이 늦게 올 것에 대비해 그릇에 기름을 담아 등과 함께 가져갔지만, 미련한 다섯 처녀는 등은 가졌지만 여분의 기름은 가지지 않았다는 것이다. 그릇에 담은 기름이 구원받는 성도와 구원받지 못하는 성도를 가르는 기준이 된 것이다. 이것을 전통적인 견해에 따라 '성령'이라 하는 것이 타당할 것 같으나, 하나님께서 주시는 성령을 다른 사람들에게 나눠 달라고 하는 것이나 파는 자에게 사러 간다는 것은 이치에 맞지 않는 말이다. 게다가 성령을 여분으로 준비한다는 것도 말이 되지 않는다.

그렇다면 기름은 무엇을 의미할까?

예수께서 하신 여러 구원에 대한 말씀으로 이에 대한 답을 찾아보자.

[마 7:16-21] 16 그의 열매로 그들을 알지니 가시나무에서 포도를 또는 엉겅퀴에서 무화과를 따겠느냐 17 이와 같이 좋은 나무마다 아름다운 열매를 맺고 못된 나무가 나쁜 열매를 맺나니 18 좋은 나무가 나쁜 열매를 맺을 수 없고 못된 나무가 아름다운 열매를 맺을 수 없느니라 19 아름다운 열매를 맺지 아니하는 나무마다 찍혀 불에 던지우느니라 20 이러므로 그의 열매로 그들을 알리라 21 나더러 주여 주여 하는 자마다 천국에 다 들어갈 것이 아니요 다만 하늘에 계신 내 아버지의 뜻대로 행하는 자라야 들어가리라.

위 말씀을 요약하면 "예수 믿는다고 해서 다 구원받는 게 아니라, 하나님 뜻대로 행해 아름다운 열매를 맺어야 구원받을 수 있다"이다. 이 "하나님의 뜻대로 행해서 맺은 아름다운 열매"를 앞으로는 "믿음으로 맺은 열매"란 의미로 믿음의 열매라 하겠다.

열 처녀 비유의 기름은 올리브(감람) 열매로 짠 것이다.

기름과 열매!

서로 일맥상통하지 않은가?

열 처녀 비유에서 "우리 등불이 꺼져가니"(마 25:8)라는 표현을 보면 열 처녀의 등에는 처음부터 어느 정도의 기름이 있었음을 알 수 있다. 필자는 이 "등에 있는 기름"을 믿음으로, 슬기 있는 다섯 처녀가 등과 함께 가져간 "그릇에 담은 기름"을 믿음의 열매라고 제안하겠다. 그리고 이것을 다음 말씀들을 통해 증명해 보이겠다.

먼저, 씨 뿌리는 비유(마 13:3-23; 막 4:2-20; 눅 8:4-15)를 살펴보자.

① 길가에 떨어진 씨는 발에 밟히거나 새들이 와서 다 먹어 버려 싹이 날 틈조차 없었다(믿음 전혀 없음).
② 돌밭에 떨어진 씨는 싹은 났으나(믿음이 생김) 해가 돋자 곧 말라 버렸다(믿음이 사라짐).
③ 가시떨기에 떨어진 씨는 싹이 나고(믿음이 생김) 자랐지만(믿음이 성장함) 가시도 함께 자라므로 가시에 막혀 결실하지 못했다(믿음의 열매는 맺지 못함).
④ 좋은 땅에 떨어진 씨는 싹이 나고(믿음이 생김) 무성하게 자라(믿음이 많이 성장함) 많은 열매를 맺었다(믿음의 열매를 맺음).

'씨 뿌리는 비유'에서 ① 길가에 떨어진 씨와 ② 돌밭에 떨어진 씨 비유는 믿음이 없는 자에 관한 말씀이므로 열 처녀 비유와는 무관하다. 그러나 ③ 가시떨기에 떨어진 씨와 ④ 좋은 땅에 떨어진 씨 비유는 믿음이 생기고 믿음이 자란 자에 관한 말씀이므로 각각 미련한 다섯 처녀와 슬기 있는 다섯 처녀에 비유할 수 있다. 여기서 가시떨기에 뿌려진 것은 "세상의 염려와 재물의 유혹에 말씀이 막혀 결실하지 못하는 자"라고 했고(마 13:22), 좋은 땅에 있다는 것은 "말씀을 듣고 지키어 인내로 결실하는 자"라고 했다(눅 8:15).

그렇다면 열 처녀 비유도 믿음과 믿음의 열매로 설명해 보겠다. 미련한 자들의 등(燈)에 어느 정도의 기름이 있었다는 것은 이들도 믿음이 있음을 의미한다. 이는 가시떨기에 떨어진 씨가 어느 정도 자란 것 곧 믿음이 성장함에 비유할 수 있다. 또 미련한 자들이 "그릇에 담은 기름"을 갖지 못했다는 것은 결실하지 못했음을 의미한다. 이는 미련한 자들은 믿음은 있지만 하나님의 뜻대로 행하지 않아 믿음의 열매를 맺지 못했다는 뜻이다.

이것을 다음 말씀에도 적용해 보겠다.

> [마 7:21-23] **21** 나더러 주여 주여 하는 자마다 천국에 다 들어갈 것이 아니요 다만 하늘에 계신 내 아버지의 뜻대로 행하는 자라야 들어가리라 **22** 그 날에 많은 사람이 나더러 이르되 주여 주여 우리가 주의 이름으로 선지자 노릇하며 주의 이름으로 귀신을 쫓아내며 주의 이름으로 많은 권능을 행치 아니하였나이까 하리니 **23** 그 때에 내가 저희에게 밝히 말하되 내가 너희를 도무지 알지 못하니 불법을 행하는 자들아 내게서 떠나가라 하리라.

위 12절 "나더러 주여 주여 하는 자"는 예수 믿는 모든 이를 말하는데 열 처녀 비유의 열 처녀 모두가 이에 해당된다. 그리고 "하늘에 계신 내 아버지의 뜻대로 행하는 자"는 믿음의 열매를 맺은 자로 열 처녀 비유의 "슬기 있는 자"가 이에 해당된다. 그 중 "주여 주여 우리가 주의 이름으로 선지자 노릇하며 주의 이름으로 귀신을 쫓아내며 주의 이름으로 많은 권능을 행치 아니하였나이까"라고 말한 이들에게 예수께서 "불법을 행하는 자들아"라고 했는데 이는 이들이 열 처녀 비유의 "미련한 자"와 같이 하나님 뜻대로 행하지 않아 믿음의 열매를 맺지 못했기 때문이다(※ 고전 13:1-3).

그리고 다음 말씀도 위 말씀들과 동일하게 말하고 있다.

[눅 13:24-27] ²⁴ 좁은 문으로 들어가기를 힘쓰라 내가 너희에게 이르노니 들어가기를 구하여도 못하는 자가 많으리라 ²⁵ 집 주인이 일어나 문을 한번 닫은 후에 너희가 밖에 서서 문을 두드리며 주여 열어 주소서 하면 저가 대답하여 가로되 나는 너희가 어디로서 온 자인지 알지 못하노라 하리니 ²⁶ 그 때에 너희가 말하되 우리는 주 앞에서 먹고 마셨으며 주는 또한 우리를 길거리에서 가르치셨나이다 하나 ²⁷ 저가 너희에게 일러 가로되 나는 너희가 어디로서 왔는지 알지 못하노라 행악하는 모든 자들아 나를 떠나가라 하리라.

위에서 "좁은 문으로 들어가기"는 하나님 뜻대로 행하는 것을 말한다. 또 "들어가기를 구하여도 못하는 자"는 믿음이 있어 영생을 구하나 믿음의 열매를 맺지 못해 영생을 얻지 못하는 자 곧 '미련한 자'와 같다. 그리고 "우리는 주 앞에서 먹고 마셨으며 주는 또한 우리를 길거리에서 가르치셨나이다"는 이들이 그리스도인임을 나타낸다. 예수께서는 이들에게 "행악하는 모든 자"라고 하셨는데 이는 이들이 하나님 뜻대로 행하지 않아 믿음의 열매를 맺지 못한 자 곧 '미련한 자들'이기 때문이다.

여기서 주목해서 볼 것은 위 두 말씀(마 7:19-23; 눅 13:24-27)의 결론 부분(마 7:22-23; 눅 13:27)이 열 처녀 비유의 결론(마 25:11-12)과 동일하게 예수께서 "내가 너희를 알지 못하노라"라고 하셨다는 것이다. 왜냐하면, 그들은 예수님은 믿었지만, 예수님의 말씀은 행하지 않았기 때문이다.

[눅 6:46] 너희는 나를 불러 주여 주여 하면서도 어찌하여 나의 말하는 것을 행치 아니하느냐(※ 막 3:35 = 눅 8:21; 마 21:28-31).

다음 말씀도 그렇다. 여기서는 믿음의 열매를 임금이 베푼 혼인잔치에 입고 갈 예복에 비유했다.

> [마 22:11-14] **11** 임금이 손을 보러 들어올 새 거기서 예복을 입지 않은 한 사람을 보고 **12** 가로되 친구여 어찌하여 예복을 입지 않고 여기 들어왔느냐 하니 저가 유구무언이어늘 **13** 임금이 사환들에게 말하되 그 수족을 결박하여 바깥 어두움에 내어던지라 거기서 슬피 울며 이를 갊이 있으리라 하니라 **14** 청함을 받은 자는 많되 택함을 입은 자는 적으니라.

위에서 "예복을 입지 않은 한 사람"은 믿음의 열매를 맺지 못한 자 곧 그릇에 담은 기름을 가지지 않은 미련한 자와 같다. 또 "어찌하여 예복을 입지 않고 여기 들어왔느냐"는 '어찌하여 그릇에 담은 기름(믿음의 열매) 없이 여기 들어 왔느냐'라는 질문과도 같다. 그리고 "청함을 받은 자"는 열 처녀 곧 모든 그리스도인을 말하며, "택함을 입은 자"는 슬기 있는 자 곧 믿음의 열매를 맺은 그리스도인을 말한다. 다음 말씀에서는 이 예복을 "성도들의 옳은 행실"이라고 말씀한다.

> [계 19:7-8] **7** 우리가 즐거워하고 크게 기뻐하여 그에게 영광을 돌리세 어린 양의 혼인 기약이 이르렀고 그 아내가 예비하였으니 **8** 그에게 허락하사 빛나고 깨끗한 세마포를 입게 하셨은즉 이 세마포는 성도들의 옳은 행실이로다 하더라.

지금까지의 말씀이 무엇을 말하고 있는가?

예수께서 각기 다른 비유로 말씀하셨지만 모두 동일한 내용의 말씀이다. 즉, 구원받고 영생에 이르기 위해서는 믿음이 생기고 믿음이 자라는 것만으로는 부족하고 반드시 하나님 뜻대로 행해 믿음의 열매를 맺어야 한다는 것이다. 이는 믿음은 있지만, 하나님의 뜻에(예수님의 말씀에) 순종하지 못하는 사람은 구원받지 못한다는 말과 같다. 또한, 이것은 믿음이 있어 성령께서 내주하고 계시지만 육체의 소욕(所欲)을 따라 행해 성령의 열매를 맺지 못한 자와 성령을 따라 행해 성령의 열매를 풍성히 맺은 이에 비유할 수 있다(갈 5:16-26).

[요 4:36] 거두는 자가 이미 삯도 받고 영생에 이르는 열매를 모으나니 이는 뿌리는 자와 거두는 자가 함께 즐거워하게 하려 함이니라.

[롬 6:22] 그러나 이제는 너희가 죄에게서 해방되고 하나님께 종이 되어 거룩함에 이르는 열매를 얻었으니 이 마지막은 영생이라.

[갈 6:8] 자기의 육체를 위하여 심는 자는 육체로부터 썩어진 것을 거두고 성령을 위하여 심는 자는 성령으로부터 영생을 거두리라.

우리는 이것을 알아야 한다. 예배를 잘 드리고, 말씀을 잘 알고, 하나님을 뜨겁게 찬양하고, 십일조를 드리고, 열심을 내어 기도하는 등 믿음의 모습은 있으면서 하나님 뜻대로 행하지 않아 믿음의 열매를 맺지 못한 사람은 다음과 같은 사람이 된다.

[히 6:7-8] ⁷ 땅이 그 위에 자주 내리는 비를 흡수하여 밭가는 자들의 쓰기에 합당한 채소를 내면 하나님께 복을 받고 ⁸ 만일 가시와 엉겅퀴를 내면 버림을 당하고 저주함에 가까와 그 마지막은 불사름이 되리라.

이제 우리는 '이 믿음의 열매를 얼마만큼 또 어떻게 맺어야 할까'라는 의문에 도달하게 된다. 이에 대해서는 예수께서 '열 처녀 비유'(마 25:1-13)에 연이어 말씀하신 '달란트 비유'(마 25:14-30)와 '양과 염소의 비유'(마 25:31-46)에 그리고 요한복음 15:1-17에 잘 나타나 있다.

그리스도인은 누구나 하나님께 받은 달란트(이것의 참 의미에 대해서는 뒤에서 다룰 것이다)가 있다. 그러나 이것을 그냥 묵혀서는 안 된다. 하나님 뜻대로 행해서 각자가 받은 만큼 더 남겨야 한다. 다섯 달란트 받은 자는 다섯 달란트만큼 더, 두 달란트 받은 자는 두 달란트만큼 더 남겨야 한다. 남기는 방법은 예수께서 '양과 염소의 비유'에서 말씀하셨듯이 믿는 형제자매들을 주를 섬기듯 사랑으로 섬기면 된다.

여기서 오해하지 말아야 할 것은 '양과 염소의 비유'는 구제(남을 돕거나 남에게 베푸는 행위)를 말한 것이 아니라, 예수님과 사도들이 그토록 강조했던 '형제 사랑'을 말하는 것이다(예를 들면, 교인들이 낸 헌금으로 목사가 가난한 이를 돕고, 선교를 지원했다고 해서 믿음의 열매를 맺을 수 있는 것은 아니다. 이는 자기 의를 세우기 위해서도 얼마든지 할 수 있는 일이기 때문이다. 그러나 믿는 형제자매들을 사랑하고 섬기는 일은 예수님의 계명이며 자아[自我]와 치열하게 싸워 이겨야 가능하기에 반드시 믿음의 열매를 맺는다). 다음 말씀을 보라.

(가) 믿음의 열매를 맺으려면 예수 안에 거해야 한다.

[요 15:1-9] **1** 내가 참 포도나무요 내 아버지는 그 농부라 **2** 무릇 내게 있어 과실을 맺지 아니하는 가지는 아버지께서 이를 제해 버리시고 무릇 과실을 맺는 가지는 더 과실을 맺게 하려하여 이를 깨끗케 하시느니라 **3** 너희는 내가 일러 준 말로 이미 깨끗하였으니 **4** 내 안에 거하라 나도 너희 안에 거하리라 가지가 포도나무에 붙어 있지 아니하면 절로 과실을 맺을 수 없음 같이 너희도 내 안에 있지 아니하면 그러하리라 **5** 나는 포도나무요 너희는 가지니 저가 내 안에, 내가 저 안에 있으면 이 사람은 과실을 많이 맺나니 나를 떠나서는 너희가 아무 것도 할 수 없음이라 **6** 사람이 내 안에 거하지 아니하면 가지처럼 밖에 버리워 말라지나니 사람들이 이것을 모아다가 불에 던져 사르느니라 **7** 너희가 내 안에 거하고 내 말이 너희 안에 거하면 무엇이든지 원하는 대로 구하라 그리하면 이루리라 **8** 너희가 과실을 많이 맺으면 내 아버지께서 영광을 받으실 것이요 너희가 내 제자가 되리라 **9** 아버지께서 나를 사랑하신

것 같이 나도 너희를 사랑하였으니 나의 사랑 안에 거하라.

위 말씀을 요약하면 "가지가 포도나무에 붙어 있어야 열매를 맺을 수 있듯이, 우리가 예수 안에 거해야 믿음의 열매를 맺을 수 있다"라고 말할 수 있다.

(나) 예수 안에 거하기 위해서는 '서로 사랑하라'는 그의 계명을 지켜야 한다.

> [요 15:10-17] **10** 내가 아버지의 계명을 지켜 그의 사랑 안에 거하는 것 같이 너희도 내 계명을 지키면 내 사랑 안에 거하리라 **11** 내가 이것을 너희에게 이름은 내 기쁨이 너희 안에 있어 너희 기쁨을 충만하게 하려 함이니라 **12** 내 계명은 곧 내가 너희를 사랑한 것 같이 너희도 서로 사랑하라 하는 이것이니라 **13** 사람이 친구를 위하여 자기 목숨을 버리면 이에서 더 큰 사랑이 없나니 **14** 너희가 나의 명하는 대로 행하면 곧 나의 친구라 **15** 이제부터는 너희를 종이라 하지 아니하리니 종은 주인의 하는 것을 알지 못함이라 너희를 친구라 하였노니 내가 내 아버지께 들은 것을 다 너희에게 알게 하였음이니라 **16** 너희가 나를 택한 것이 아니요 내가 너희를 택하여 세웠나니 이는 너희로 가서 과실을 맺게 하고 또 너희 과실이 항상 있게 하여 내 이름으로 아버지께 무엇을 구하든지 다 받게 하려 함이니라 **17** 내가 이것을 너희에게 명함은 너희로 서로 사랑하게 하려 함이로라.

예수께서 이와 같이 길게 말씀하셨지만, 위 말씀은 "우리가 '서로 사랑하라'라는 예수님의 계명을 지키면 예수님의 사랑 안에 거하므로 믿음의 열매를 맺을 수 있고 또 그로 인해 하나님께 무엇을 구하든 다 받을 수 있다"라고 요약할 수 있다.

즉, 위 (1), (2) 말씀은 우리가 예수 안에 거하며 '서로 사랑하라'는 그의 계명을 지켜야 믿음의 열매를 맺을 수 있다는 말씀으로, 필자가 앞에서 이야기한 예수 그리스도를 믿고 또 그의 말씀을 행해야 구원받는다는 말과 일치하는 것이다.

이제 열 처녀 비유의 남은 의문점을 해결해 보자. 미련한 자들이 슬기 있는 자들에게 기름을 나눠 달라고 했을 때 슬기 있는 자들이 "우리와 너희가 함께 쓰기에 부족할까 염려하노니"(KJV 흠정역)하며 거절한 것은 이들이 맺은 믿음의 열매로는 다른 사람까지 구원하기에 부족했기 때문이다 (겔 14:12-20).

[겔 14:20] 비록 노아 다니엘 욥이 거기 있을지라도 나의 삶을 두고 맹세하노니 그들은 자녀도 건지지 못하고 자기의 의로 자기의 생명만 건지리라 나 주 여호와의 말이니라.

이것이 이들의 공의(公義)가 부족해서이겠는가?
이는 다음과 같은 이유에서다.

[눅 12:48b] … 무릇 많이 받은 자에게는 많이 찾을 것이요 많이 맡은 자에게는 많이 달라 할 것이니라.

노아, 다니엘, 욥은 남들은 누리지 못한 큰 은혜를 하나님께 받아 누린 사람들이다. 그러하기에 남들보다 더 많은 믿음의 열매를 맺어야 한다. 이것은 받은 달란트만큼 남겨야 한다는 말씀과도 일치한다. 이제 마지막 의문점까지도 남김없이 풀어보자.

그렇다면 미련한 자들이 파는 자들에게 기름을 사러 갔다는 것은 무엇을 의미할까?

이는 '양과 염소의 비유'에서 암시하듯 그릇에 담은 기름 곧 믿음의 열매는 하나님의 일꾼들인 믿는 형제자매들을 주를 대하듯 섬기고 사랑함으로 맺는 것이다. 예수께서는 부활하신 후 베드로를 찾아가 "내 양을 먹이라", "내 양을 치라" 하시며 세 번씩이나 당부하셨다(요 21:15-17). 또 제자들에게 "가서 모든 민족을 제자 삼으라"(마 28:19; 행 14:21) 그리고 "땅 끝까지 이르러 내 증인이 되리라"(행 1:8)라고 말씀하셨다.

따라서 믿음의 열매 곧 그릇에 담은 기름은 베드로나 바울처럼 모든 걸 버리고 오직 복음을 위해 사는 이들을 자신과 같이 섬기며 사랑함으로써, 또 우리가 복음을 전하고 제자로 삼은 이들을 주를 대하듯 사랑으로 섬기고 양육함으로써 마련할 수 있는 것이다. 미련한 자들은 뒤늦게 이것을 행하러 갔다가 혼인 잔칫집의 문(구원)이 닫혀 버렸던 것이다. 마지막 때(역사적 종말뿐 아니라 개인의 종말 때도 마찬가지다)가 다 되어서 믿음의 열매를 맺으려 한다면 때는 늦을 것이다. 이는 씨를 뿌린 후 물을 주고, 김을 매고, 거름을 주는 수고를 하며 기다려야 열매를 맺듯 사랑과 섬김도 소망을 가지고 참고 인내하며 기다려야 비로소 열매 맺기 때문이다.

이제 결론을 맺어보자. 열 처녀 비유는 우리 그리스도인에게 다음을 말씀한다.

등(燈)에 기름이 없으면 등을 밝힐 수가 없지만, 기름이 있으면 등을 환하게 밝힐 수가 있다. 이것은 예수 그리스도를 믿지 않는 사람은 결코 구원받지 못하지만, 예수 그리스도를 믿는 사람은 하나님께 의롭다 하심을 받는다는 것을 상징한다. 그러나 그릇에 담은 여분의 기름이 없으면 그 등은 얼마 못 가서 꺼지게 된다. 이것은 예수 그리스도를 믿지만, 예수님의 말씀을 행하지 않아 아름다운 열매를 맺지 못하면 구원받지 못함을 상징한다. 이것이 열 처녀 비유가 우리에게 말하고자 하는 것이다.

그러므로 "오직 믿음으로 구원받는다.", "한 번 받은 구원은 결코 잃어버리지 않는다"는 이야기는 이제 잊으라. 마태복음 25장은 분명 우리에게 예수 그리스도를 믿는다 할지라도 좋은 열매를 맺지 못해 그릇에 담을 기름을 준비하지 못했거나, 받은 달란트를 땅에 묻어 두고 아무것도 하지 않았거나, 형제를 외면한 자는 결코 구원받지 못함을 말씀하고 있다.

우리는 이것을 알아야 한다. 바울 서신은 당시 할례와 율법을 전하며 교회를 어지럽히고 있던 유대주의자들의 주장을 반박하기 위해 쓴 글이므로 이후 세대에게 적용할 때에는 주의를 기울여야 하지만, 복음서에서 예수께서 직접 말씀하신 구원에 관한 말씀들은 모든 세대, 모든 그리스도인을 대상으로 한 말씀이다.

따라서 복음서에서 나온 구원론만이 진정한 구원론이라 할 수 있다. 예수 그리스도를 믿는다면 그의 말씀도 행하자.

이 땅의 그리스도인이여, 깨어나라!

※ [신앙개혁 10장]으로 가려면 ☞ p. 241

11

달란트 비유와 므나 비유의 교훈

[마 25:14-30] **14** 또 어떤 사람이 타국에 갈 제 그 종들을 불러 자기 소유를 맡김과 같으니 **15** 각각 그 재능대로 하나에게는 금 다섯 달란트를 하나에게는 두 달란트를 하나에게는 한 달란트를 주고 떠났더니 **16** 다섯 달란트 받은 자는 바로 가서 그것으로 장사하여 또 다섯 달란트를 남기고 **17** 두 달란트 받은 자도 그같이 하여 또 두 달란트를 남겼으되 **18** 한 달란트 받은 자는 가서 땅을 파고 그 주인의 돈을 감추어 두었더니 **19** 오랜 후에 그 종들의 주인이 돌아와 저희와 회계할 새 **20** 다섯 달란트 받았던 자는 다섯 달란트를 더 가지고 와서 가로되 주여 내게 다섯 달란트를 주셨는데 보소서 내가 또 다섯 달란트를 남겼나이다 **21** 그 주인이 이르되 잘 하였도다 착하고 충성된 종아 네가 작은 일에 충성하였으매 내가 많은 것으로 네게 맡기리니 네 주인의 즐거움에 참예할지어다 하고 **22** 두 달란트 받았던 자도 와서 가로되 주여 내게 두 달란트를 주셨는데 보소서 내가 또 두 달란트를 남겼나이다 **23** 그 주인이 이르되 잘 하였도다 착하고 충성된 종아 네가 작은 일에 충성하였으매 내가 많은 것으로 네게 맡기리니 네 주인의 즐거움에 참예할지어다 하고 **24** 한 달란트 받았던 자도 와서 가로되 주여 당신은 굳은 사람이라 심지 않은데서 거두고 헤치지 않은데서 모으는 줄을 내가 알았으므로 **25** 두려워하여 나가서 당신의 달란트를 땅에 감추어 두었나이다 보소서 당신의 것을 받으셨나이다 **26** 그 주인이 대답하여 가로되 악하고 게으른 종아 나는 심지 않은 데서 거두고 헤치지 않은데서 모으는 줄로 네가 알았느냐 **27** 그러면 네가 마땅히 내 돈을 취리하는 자들에게나 두었다가 나로 돌아 와서 내 본전과 변리를 받게 할 것이니라 하고 **28** 그에게서 그 한 달란트를 빼앗아 열

달란트 가진 자에게 주어라 [29] 무릇 있는 자는 받아 풍족하게 되고 없는 자는 그 있는 것까지 빼앗기리라 [30] 이 무익한 종을 바깥 어두운 데로 내어 쫓으라 거기서 슬피 울며 이를 갊이 있으리라 하니라.

하나님께서는 2,000년 전부터 복음이 전해지는 곳에는 항상 그곳 사람들에게 예수 그리스도를 믿는 믿음을 주셨고 또 그들의 믿음에 걸맞는 인적, 물적 부흥도 함께 주셨다. 가장 먼저 유럽 땅에 그리하셨다. 또 400년 전에는 청교도들을 북미 대륙으로 보내셔서 세계 선교의 기초를 닦으셨고, 그 땅을 세계 복음화를 위해 쓰시려고 수많은 믿음의 사람을 보내셔서 교회를 부흥시키셨으며 거기에 물질적 풍요까지 더하셨다. 한국과 중국도 이와 마찬가지다. 이와 같이 하나님께서는 복음이 전해지는 곳에는 항상 그곳 사람들에게 믿음을 주시고, 또 하나님의 일을 감당할 수 있도록 그들의 믿음의 분량에 맞는 능력을 주신다.

달란트 비유는 '하나님께서 각자에게 주신 능력으로 좋은 열매를 맺느냐, 아니면 그냥 묵혀 두어 아무 열매도 맺지 못하느냐'에 관한 말씀이다.

그런데 받은 달란트로 장사한다는 말씀은 무슨 의미일까?

받은 달란트로 장사한다는 것은 하나님께 받은 능력으로 다음과 같이 행하는 것이다. 돈은 있지만 돈을 사랑하지 않고, 재물은 있지만 하나님만을 의지해 예수께서 명하신 것 곧 모든 민족을 제자로 삼아 예수께서 분부한 모든 것을 가르쳐 지키게 하며(마 28:19-20), 양과 염소의 비유에서 이르신 것 같이 믿는 형제자매들을 잘 섬기고 도와 그들이 하나님의 일을 수행하는데 어려움이 없도록 하는 것이다(마 25:34-40; 요 13:20). 반대로 하나님께 큰 은혜를 입었음에도, 이런 말씀을 행하지 않는 이가 바로 땅을 파서 달란트를 묻어둔 자인 것이다.

달란트 비유와 유사한 비유가 바로 다음의 므나 비유다. 이 둘의 내용은 비슷하지만 몇 가지 차이가 있다.

[눅 19:11-27] **11** 저희가 이 말씀을 듣고 있을 때에 비유를 더하여 말씀하시니 이는 자기가 예루살렘에 가까이 오셨고 저희가 하나님의 나라가 당장에 나타날 줄로 생각함이러라 **12** 가라사대 어떤 귀인이 왕위를 받아 가지고 오려고 먼 나라로 갈 때에 **13** 그 종 열을 불러 은 열 므나를 주며 이르되 내가 돌아오기까지 장사하라 하니라 **14** 그런데 그 백성이 저를 미워하여 사자를 뒤로 보내어 가로되 우리는 이 사람이 우리의 왕 됨을 원치 아니하노이다 하였더라 **15** 귀인이 왕위를 받아 가지고 돌아와서 은 준 종들의 각각 어떻게 장사한 것을 알고자 하여 저희를 부르니 **16** 그 첫째가 나아와 가로되 주여 주의 한 므나로 열 므나를 남겼나이다 **17** 주인이 이르되 잘하였다 착한 종이여 네가 지극히 작은 것에 충성하였으니 열 고을 권세를 차지하라 하고 **18** 그 둘째가 와서 가로되 주여 주의 한 므나로 다섯 므나를 만들었나이다 **19** 주인이 그에게도 이르되 너도 다섯 고을을 차지하라 하고 **20** 또 한 사람이 와서 가로되 주여 보소서 주의 한 므나가 여기 있나이다 내가 수건으로 싸두었었나이다 **21** 이는 당신이 엄한 사람인 것을 내가 무서워함이라 당신은 두지 않은 것을 취하고 심지 않은 것을 거두나이다 **22** 주인이 이르되 악한 종아 내가 네 말로 너를 판단하노니 너는 내가 두지 않은 것을 취하고 심지 않은 것을 거두는 엄한 사람인 줄을 알았느냐 **23** 그러면 어찌하여 내 은을 은행에 두지 아니하였느냐 그리하였으면 내가 와서 그 변리까지 찾았으리라 하고 **24** 곁에 섰는 자들에게 이르되 그 한 므나를 빼앗아 열 므나 있는 자에게 주라 하니 **25** 저희가 가로되 주여 저에게 이미 열 므나가 있나이다 **26** 주인이 가로되 내가 너희에게 말하노니 무릇 있는 자는 받겠고 없는 자는 그 있는 것도 빼앗기리라 **27** 그리고 나의 왕 됨을 원치 아니하던 저 원수들을 이리로 끌어다가 내 앞에서 죽이라 하였느니라.

달란트 비유는 세 명의 종에게 차등해서 달란트를 주었지만, 므나 비유에서는 모두에게 같은 금액을 주었다. 또 달란트 비유의 한 달란트는 일반 노동자의 6,000일치 임금으로 굉장히 큰 금액이지만, 므나 비유는 노동자의 60일치 임금으로 비교적 적은 금액이다. 그리고 므나 비유에서는 귀인이 왕위를 받아 오려고 먼 나라로 갈 때 백성이 그것을 반대했는데, 왕이 돌아와서 그들을 모두 죽이는 이야기가 첨가되어 있다.

므나 비유의 귀인이 왕위를 받아 오는 이야기는 실제 있었던 이야기로 헤롯 대왕의 아들 아켈레오가 유대 지역의 왕권을 물려받기 위해 황제의 승인을 받으러 로마로 떠났던 이야기다. 이 때 유대인들은 이것을 극렬히 반대해 로마에 밀사를 보내 아켈라오의 왕위 취득을 저지하려 했으나 결국 실패하고 말았다. 왕위를 받은 아켈라오가 그것을 알고 유대로 돌아와 반대한 이들을 색출해서 모두 죽였다. 예수께서는 이 이야기를 하나님의 아들이요, 유대인의 왕이신 예수님을 거부한 것에 빗대어 말씀하신 것이다.

그러므로 므나 비유는 1차적으로는 유대인들에게 하신 이야기이다. 사도들을 비롯한 믿는 유대인은 각각 한 므나(성령 또는 능력)를 받아 예루살렘과 유대, 사마리아 그리고 로마 제국 곳곳에 이르러 복음을 전했지만, 예수께서 유대인의 왕이 되는 것을 반대한 이들은 A.D. 70년에 모두 멸망하고 말았다. 열 고을 권세는 열 개 지역에 교회를, 다섯 고을 권세는 다섯 지역에 교회를 세운다고 이해해도 큰 무리는 없을 것이다. 또한, 이것은 예언의 이중적 조명(照明)으로 당시뿐 아니라 마지막 때에 성취될 예언일 수도 있다.

지금 이 시대는 어떤가?

예수님을 믿는다고 하면서 예수께서 하신 말씀은 전혀 행하지 않는다. "하나님과 재물을 겸하여 섬길 수 없다", "용서하라", "서로 사랑하라 …." 이 시대에는 예수님의 말씀은 뒷전이고 오직 자신의 안위를 위해 재물만을 섬기고, 형제를 용서하지 않고 서로 사랑하지 않아 그리스도의 몸 된 교회를 갈기갈기 찢어 버렸다. 이런 행위가 바로 예수님의 말씀을 땅에 묻거나 수건에 싸 두는 행위다.

위 두 비유에서 주인에게 받은 달란트나 므나로 장사한다는 것은 각자가 받은 은사로 예수께서 하신 말씀들을 행한다는 의미다.

그런데 장사는 하지 않고 받은 것을 땅에 묻어 두거나 수건에 싸 둔 자와 같이 예수님의 말씀이 지키기 어렵다고 그것을 행하지 않는다면 어떻게 되겠는가?

하나님의 뜻대로 하지 않고 구원을 바라겠는가?

[마 21:28-32] **28** 그러나 너희 생각에는 어떠하뇨 한 사람이 두 아들이 있는데 맏아들에게 가서 이르되 얘 오늘 포도원에 가서 일하라 하니 **29** 대답하여 가로되 아버지여 가겠소이다 하더니 가지 아니하고 **30** 둘째 아들에게 가서 또 이같이 말하니 대답하여 가로되 싫소이다 하더니 그 후에 뉘우치고 갔으니 **31** 그 둘 중에 누가 아비의 뜻대로 하였느뇨 가로되 둘째 아들이니이다 예수께서 저희에게 이르시되 내가 진실로 너희에게 이르노니 세리들과 창기들이 너희보다 먼저 하나님의 나라에 들어가리라 **32** 요한이 의의 도로 너희에게 왔거늘 너희는 저를 믿지 아니하였으되 세리와 창기는 믿었으며 너희는 이것을 보고도 종시 뉘우쳐 믿지 아니하였도다.

위 말씀은 세리들과 창녀들은 요한의 말을 듣고 회개했지만, 백성의 인도자들은 회개하지 않았기에 회개한 세리들과 창녀들이 먼저 하나님 나라에 들어갈 것이라는 말씀이다. 이는 백성의 인도자들도 자신의 죄를 회개한다면 하나님 나라에 들어갈 수 있음을 암시하는 말이다. 이 시대에도 예수님의 말씀을 행하지 않은 것을 먼저 회개해야 한다.

※ [신앙개혁 11장]으로 가려면 ☞ p. 247

12

세 부류의 그리스도인

성경 말씀을 읽으면 우리는 다음과 같은 의문에 빠지게 된다. 이 세상 곳곳을 보면 어떤 나라는 복음이 일찍 전해져서 일찌감치 기독교 국가가 된 반면, 어떤 나라, 어떤 민족은 지리적, 종교적, 사회적, 정치적 문제 등으로 아직도 복음을 들을 수가 없다. 이것은 너무 불공평해 보인다. 왜냐하면, 누구는 구원받을 기회가 거저 주어지는데, 누구는 그런 기회조차 주어지지 않기 때문이다.

이에 대해 지금까지 우리가 알고 있는 대답은 "그것은 하나님의 절대 주권이므로 이에 대해 그 누구도 이의를 제기할 수 없다"이다. 그러나 이렇게 말하는 것은 구원을 마치 복불복(福不福-타고난 운수)인 양 오해하게 만들고, 하나님을 아무런 기준도 없이 자기 마음대로 결정하는 독재자로 인식하게 만들 수 있다.

공의와 정의의 하나님께서 한 영혼의 생명이 달린 문제를 아무런 기준도 없이 처리하실 리 있겠는가?

사실 이 문제는 대단히 복잡하고 어려운 과제다. 따라서 필자는 짐 엘리엇(Jim Elliot, 1927-1956) 선교사의 예화를 통해 이 문제의 첫 단추를 풀어 보겠다.

짐 엘리엇은 1927년 미국의 오리건 주(州)의 포틀랜드에서 태어났다. 기독교 명문 휘튼대학(Wheaton College)을 졸업한 짐(Jim)은 자신의 진로에 대해 하나님의 뜻을 구했고, 당시 복음의 불모지였던 남미를 향한 하나님의 부르심을 느꼈다. 그는 1952년부터 남미 에콰도르에서 인디언 부족을 대상으로 사역하다가 1955년부터 외부인에 대해 적대적이고 호전적이어서 한 번도 복음이 전해진 적이 없는 아우카 부족에 주목하고 그들에게 들어갈 계획을 세웠다. 그래서 그와 그의 동료 선교사는 몇 달간 비행기를 이용해 그들에게 선교 방송을 하고 선물꾸러미를 투하하며 그들과 접촉할 준비를 했다.

그리고 1956년 1월 8일, 짐을 비롯한 5명의 젊은 선교사는 소형 비행기를 타고 아우카 족이 사는 마을 해변에 내려서 그곳 부족민들과 접촉을 시도했다. 그러나 외부인에 대해 적대적인 그곳 원주민들의 공격을 받아 전원 순교했다. 그런데 한 가지 이상한 점이 있었다. 그들은 세 자루의 권총을 가지고 있었지만 공포탄으로 쏜 한발을 제외하고는 총알이 모두 그대로 있었던 것이다. 다섯 명의 선교사는 차마 그들을 죽일 수가 없어 그들의 공격을 그대로 받아들이기로 한 것이다.

당시 미국 신문들은 이 사실을 대대적으로 보도하며 다음과 같이 보도(報道)했다.

"이 얼마나 헛된 낭비인가(What a unnecessary waste), 장래가 촉망되는 젊은 이들이 도대체 무엇 때문에 먼 남미까지 가서 제대로 일도 못 해 보고 이같이 헛된 죽음을 당해야만 하는가?"

한 기자가 짐 엘리엇의 아내인 엘리자베스 엘리엇에게 찾아가 인터뷰하면서 이 기사를 인용해 "이 얼마나 헛된 낭비인가"라고 말했을 때 당시 20대 초반의 그의 아내는 그 기자에게 다음과 같이 말했다.

"낭비라니요?"

"왜 그런 말을 합니까?"

"내 남편은 어렸을 때부터 이 순간을 위해 준비했던 사람입니다. 내 남편은 이제야 그 꿈을 이룬 것뿐입니다. 다시는 내 남편의 죽음을 낭비라고 말하지 마십시오."

실제 짐 엘리엇이 생전에 썼던 일기에는 다음과 같은 말이 쓰여 있었다.

"He is no fool who gives what he can not keep to gain what he cannot lose"
(잃어버릴 수 없는 것[구원, 영생]을 얻기 위해 지킬 수 없는 것[언젠가는 잃어버릴 목숨]을 포기하는 사람은 결코 어리석은 자가 아니다).

이 이야기는 여기서 끝나지 않는다. 그 후 짐 엘리엇의 아내 엘리자베스 엘리엇은 1년 동안 간호사 훈련을 받은 후 짐이 순교한 지 3년째 되던 1958년에 짐과 함께 순교한 네이트 세인트 선교사의 누이인 레이첼과 함께 아우카 족이 사는 마을을 찾아가게 된다. 아우카 족은 여자를 해치는 일은 매우 비겁하고 부끄러운 일로 생각해 이 여자들은 해치지 않았다. 그리고 이 두 여인이 부족민들을 도우며 살 수 있도록 받아 주었다. 그래서 두 여인은 그곳에서 아우카 족을 섬기며 살게 되었다.

어느 날 아우카 족의 추장이 짐의 아내 엘리자베스에게 물었다.
"당신은 왜 이토록 우리를 위해 수고하고 애씁니까?"
"이유가 뭡니까?"
이에 엘리자베스는 대답했다.
"저는 5년 전에 당신들이 죽인 그 남자의 아내입니다. 그러나 하나님의 사랑 때문에 여기에 오게 되었습니다."

이 말을 듣고 감명을 받은 아우카 족은 추장을 비롯한 많은 부족민이 예수님을 영접하게 되었다. 그리고 다섯 명의 젊은 선교사 살해에 가담했던 사람 중 몇 명은 이후 부족의 목사와 장로가 되었다고 한다.

원래 아우카 부족은 외부인들을 일체 거부했으며, 외부인들이 오면 살상과 전쟁을 일삼는 그런 부족이었다. 그런데 짐과 엘리자베스에 의해 기독교로 개종한 후 그 땅은 '복음의 땅'으로 변했고 살인과 전쟁은 모두 사라졌다.

이것은 하나의 사례에 불과하지만, 복음이 전해지고 믿는 사람들이 생겨나는 것이 다 이런 원리에 의한다. 즉, 어떤 믿는 이가 하나님 뜻대로 행해 믿음의 씨앗을 심으면 하나님께서 그것을 자라게 하시고 믿음의 열매를 맺게 하신다. 그리고 때가 되면 하나님께서 거두는 자를 통해 믿음의 열매 된 자들에게 복음을 전하게 하시고 그들에게 믿음을 주셔서 하나님의 자녀로 삼으신다. 다음 말씀은 이 사실에 대해 언급하고 있다.

(아래에서 녹색은 심는 자, 파란색은 거두는 자, 분홍색은 믿음의 열매 된 자이다).

[요 4:35-38] 35 너희가 넉 달이 지나야 추수할 때가 이르겠다 하지 아니하느냐 내가 너희에게 이르노니 눈을 들어 밭을 보라 희어져 추수하게 되었도다 36 거두는 자가 이미 삯도 받고 영생에 이르는 열매를 모으나니 이는 뿌리는 자와 거두는 자가 함께 즐거워하게 하려 함이니라 37 그런즉 한 사람이 심고 다른 사람이 거둔다 하는 말이 옳도다 38 내가 너희로 노력지 아니한 것을 거두러 보내었노니 다른 사람들은 노력하였고 너희는 그들의 노력한 것에 참예하였느니라.

위 36절의 "열매"는 헬라어로 칼포스(καρπός)인데, 이는 과일 열매와 곡식을 총칭하는 말이다. KJV 성경에서는 fruit으로 번역하고 있으나, 위 말씀이 곡식에 관한 말씀이므로 NIV, 중국 성경은 the crop(농작물)과 五穀(오곡 : 곡식의 총칭, 번체로는 五穀이다)으로 번역하고 있다. 다음 말씀의 열매도 이와 같은 말이다.

[롬 6:22] 그러나 이제는 너희가 죄에게서 해방되고 하나님께 종이 되어 거룩함에 이르는 열매를 얻었으니 이 마지막은 영생이라.

위 말씀(요 4:35-38)이 전하는 메시지는 다음과 같다.

농부들은 씨를 뿌리고 난 후 넉 달이 지나야 추수한다. 그러나 예수께서는 뿌리지도 않은 자에게 추수할 때가 되었으니 추수하라고 하신다(요 4:38). 이는 누군가가 뿌려 놓은 것이 자라 열매를 맺었기 때문이다. 이 말은 뿌리는 자가 자신이 뿌린 것을 거두지 못하고 다른 이가 대신 거둘 수도 있음을 의미한다. 뿌리는 자가 뿌린 것이 자라 추수할 때가 되면 하나님께서는 거두는 자들에게 다 자란 영생에 이르는 열매를 거두도록 하셔서 뿌리는 자와 거두는 자가 함께 즐거워하게 하신다.

이 "영생에 이르는 열매"는 뿌리는 자들이 믿음으로 뿌린 것을 하나님께서 열매 맺게 하신 자들을 뜻하므로 여기서는 "믿음의 열매 된 자들"이라고 하겠다(이 이후부터는 "뿌리는" 또는 "뿌린"이라는 말을 "심는" 또는 "심은"으로 통일해서 사용하겠다).

우리가 불신자들에게 복음을 전한다고 해서 그들이 믿는 것은 아니다. 전도나 선교를 해 본 사람은 다 알 것이다. 아무리 복음을 전하고, 교회에 오게 해서 말씀을 듣게 해도 예수 그리스도를 믿게 할 수 없다. 우리가 복음을 전할 때 그들이 믿는 것은 그들의 선진들 중 누군가가 믿음으로 심은 것을 우리가 거두는 경우와 우리가 믿음으로 심어 열매 맺은 것을 우리가 거둘 때뿐이다.

즉, 짐을 비롯한 다섯 명의 선교사가 위험을 무릅쓰고 아우카 족을 찾아갔다가 순교당했는데, 하나님께서는 그들의 믿음을 귀히 보시고 아우카 족에게 믿음을 주시기로 작정하신 것이다. 그리고 엘리사벳과 레이첼을 거두는 자로 보내 아우카 족들의 완악한 마음을 부드럽게 하셔서(겔 36:26) 예수 그리스도를 믿게 하신 것이다.

개인 구원에 치중하는 현대 신학의 흐름 때문에 다소 생소하게 느껴지겠지만, 믿는 이라면 다들 정립되어 있는 개념이라 그리 어려운 이야기는 아니다. 이제부터 이 세 부류의 사람 곧 심는 자들, 거두는 자들, 믿음의 열매 된 자들에 대해 구체적으로 살펴보자.

첫 번째로 믿음의 씨앗을 심는 자들을 보자.

짐 엘리엇 선교사의 예화로 예를 들자면 짐을 비롯한 순교한 선교사들이 '심는 자'에 해당된다. 씨를 심을 때는 고통스럽지만 거둘 때는 기쁨으로 거두게 된다.

[시 126:5-6] **5** 눈물을 흘리며 씨를 뿌리는 자는 기쁨으로 거두리로다 **6** 울며 씨를 뿌리러 나가는 자는 정녕 기쁨으로 그 단을 가지고 돌아오리로다.

비록 짐은 한 알의 밀알이 되어 땅에 떨어져 죽었지만, 하나님께서는 그를 위해 아우카 족이라는 믿음의 열매를 맺게 하셨고 엘리자베스를 통해 그것을 거두게 하셨다. 씨를 뿌릴 때(짐의 순교, 바벨론 포로생활, 믿음을 지키기 위해 고난을 겪는 것 등)는 고통스럽지만 거둘 때의 기쁨은 실로 크다. 성경에서 심는 자의 대표적 인물로는 아브라함과 다윗이 있다. 하나님께서는 아브라함의 믿음의 열매인 그의 후손들을 하나님의 백성으로 삼으셨다. (아래에서 녹색 글자는 믿음의 씨앗을 심는 행위 또는 심는 자, 파란색은 심는 자가 받는 복, 분홍색은 믿음의 열매를 뜻한다)

[창 22:16-18] **16** 가라사대 여호와께서 이르시기를 내가 나를 가리켜 맹세하노니 네가 이같이 행하여 네 아들 네 독자를 아끼지 아니하였은즉 **17** 내가 네게 큰 복을 주고 네 씨로 크게 성하여 하늘의 별과 같고 바닷가의 모래와 같게 하리니 네 씨가 그 대적의 문을 얻으리라 **18** 또 네 씨로 말미암아 천하 만민이 복을 얻으리니 이는 네가 나의 말을 준행하였음이니라.

또한, 하나님께서는 다윗의 믿음의 열매인 유다와 그의 후손들을 항상 돌봐주셨다.

[왕하 8:19] 여호와께서 그의 종 다윗을 위하여 유다 멸하기를 즐겨하지 아니하셨으니 이는 그와 그의 자손에게 항상 등불을 주겠다고 말씀하셨음이더라.

심은 것을 반드시 후대에만 거두는 것은 아니다. 요셉, 다윗과 같이 심는 자가 자기 대에 거두는 것도 있다(창 45:5-8; 삼하 7:8-9).

두 번째로 믿음의 열매를 거두는 자들이다.

이들은 심는 자들이 심은 것을 거두는 자들이다. 짐 엘리엇의 예화로 비유한다면 그의 아내 엘리자베스가 '거두는 자'에 해당한다. 짐이 목숨을 바쳐도 전하지 못한 복음을 엘리자베스는 전하게 된다. 그러나 이것은 짐이 한 알의 밀알이 되어 심은 믿음의 씨앗을 자라게 하시고 열매 맺게 하신 하나님의 은혜가 있었기에 가능한 일이었다. 그래서 그녀는 영생에 이르는 열매를 모을 수 있었고 짐과 함께 구원의 기쁨을 누릴 수 있었다(요 4:36).

그러나 엘리자베스도 거저 거둔 것만은 아니다. 하나님의 뜻을 따라 위험을 무릅쓰고 그곳에 간 그녀의 신앙의 결단과 그들을 위해 헌신하며 사랑으로 섬긴 믿음이 있었기에 가능한 일이었다. 이것은 거두는 자도 하나님 뜻대로 행했음으로 그 또한 심는 자가 됨을 의미한다. 다음 말씀의 "물주는 이"가 바로 이에 해당될 것이다.

> [고전 3:6-7] ⁶ 나는 심었고 아볼로는 물을 주었으되 오직 하나님은 자라나게 하셨나니 ⁷ 그런즉 심는 이나 물주는 이는 아무 것도 아니로되 오직 자라나게 하시는 하나님뿐이니라.

여기서 알아야 할 것은 그들이 어떻게 심었느냐 하는 것이다. 대개 순교와 헌신에만 초점을 맞추기가 쉬운데 요지는 그게 아니다. 짐과 엘리자베스는 둘 다 하나님의 뜻에 순종함과 더불어 그들의 영혼을 사랑함으로써 심은 것이다. 짐은 땅끝까지 이르러 예수님의 증인이 되라는 명령에 순종해 위험을 무릅쓰고 아우카 부족민에게 복음을 전했고(그들의 영혼을 사랑했기에 가능한 일이었다), 엘리자베스는 하나님의 뜻에 따라 그들에게 몸소 찾아가 사랑으로 심었다는 것이 핵심이다. 원수 사랑을 몸소 실천한 것이다.

세 번째로 믿음의 열매 된 자들이다.

이들은 하나님의 은혜로 믿음을 갖게 된 사람들이다. '믿음의 열매 된 자들'을 짐 엘리엇 선교사의 예화로 비유한다면 심는 자 짐과 거두는 자 엘리자베스로 인해 믿게 된 인디언 부족민들이다. 인간의 방법으로는 결코 그들을 믿게 할 수 없을 것이다. 그러나 한 알의 밀알이 땅에 떨어져 심어진 짐 엘리엇 선교사의 순교를 헛되이 하지 않으시려는 신실하신 하나님께서 거두는 자인 엘리자베스를 사용하셔서 그들에게 복음을 전하게 하신 것이다. 그러므로 인디언 부족민들은 다음과 같이 고백할 수밖에 없을 것이다.

> 우리는 하나님의 은혜에 의하여 믿음으로 말미암아 구원을 받았으니, 이것이 우리에게서 난 것이 아니라 하나님의 선물입니다(※ 엡 2:8).
>
> (※ 에베소서 2:2-9을 보면 당시 에베소 교회도 세상 속에서 불신자로 있다가 이들과 같은 계기로 [심은 자 스데반의 순교, 거두는 자 바울의 헌신 등] 믿게 되었음을 알 수 있다).

여기서 기억해야 할 것은 하나님께서 이들에게 은혜를 베푸시어 믿게 하신 것은 심은 자 '짐'과 거두는 자이며 심은 자인 '엘리자베스'로 인함이다. 이것은 '심는 자'가 믿음으로 심은 것을 헛되지 않게 하시려는 하나님의 신실하심이 심는 자를 위해서 믿음의 열매를 맺게 하셨다는 말이다. 이 '믿음의 열매 된 자들'은 또한 '심는 자들과 거두는 자들'을 영생에 이르게 하는 열매이므로 하나님께서는 이들의 믿음을 붙잡아 주실 것이다(요 10:27-29). 이것이 성도의 견인이지만 예수님의 말씀을 행하지 않은 사람은 해당사항이 없다(벧전 5:8). 오직 예수님의 말씀을 듣고 행하는(마 7:24-25; 눅 6:46-48) 자만이 그리스도 안에서 이기는 자(요일 5:5; 계 2:7,11,17, 26-28; 3:5,12,21; 21:7 등)이므로 아무도 이들을 하나님께로부터 빼앗을 자가 없는 것이다.

이 세 부류의 사람 중 으뜸은 심는 자이다. 왜냐하면, 심는 자가 없으면 거두는 자도, 믿음의 열매 된 자도 있을 수 없기 때문이다.

[요 12:24] 내가 진실로 진실로 너희에게 이르노니 한 알의 밀이 땅에 떨어져 죽지 아니하면 한 알 그대로 있고 죽으면 많은 열매를 맺느니라.

그리고 심는 자의 믿음의 분량에 따라 믿음의 열매가 얼마나 맺어질지가 결정된다.

[마 13:23] 좋은 땅에 뿌리웠다는 것은 말씀을 듣고 깨닫는 자니 결실하여 혹 백 배, 혹 육십 배, 혹 삼십 배가 되느니라.

하나님께서는 심는 자들이 심은 '믿음의 분량'만큼 믿음의 열매될 자들을 택하신다. 그리고 그들을 '거두는 자들'에게 맡겨 그들에게 믿음을 주시고 또 믿음이 자라게 하신다. 그러나 믿음의 열매 된 자들의 수가 심는 자들이 심은 믿음의 분량에 이른 후에는 거두는 자가 아무리 열심히 전하고 가르쳐도 믿음의 열매 된 자들은 더 이상 생기지 않는다. 이때는 누군가가 다시 심어야 또 다른 믿음의 열매 된 자가 생겨나게 되는 것이다. 예수께서는 선대의 믿음의 열매 된 자와 거두는 자만 있을 뿐, 아무도 심지 않아 더 믿음의 열매 된 자가 나오지 않는 상황을 잎만 무성한 무화과나무에 비유하셨다.

[마 21:19] 길 가에서 한 무화과나무를 보시고 그리로 가사 잎사귀 밖에 아무 것도 얻지 못하시고 나무에게 이르시되 이제부터 영원토록 네게 열매가 맺지 못하리라 하시니 무화과나무가 곧 마른지라.

[눅 13:7] 과원지기에게 이르되 내가 삼 년을 와서 이 무화과나무에 실과를 구하되 얻지 못하니 찍어 버리라 어찌 땅만 버리느냐.

우리는 이것을 알아야 한다. 우리가 예수 믿게 된 것은 이 땅에 와서 복음을 전한 선교사들과 우리의 믿음의 선진들이 믿음으로 행해 심었기 때문이다. 따라서 우리도 그들과 같이 믿음으로 행해 심어야 할 것이다. 그러면 우리가 믿음의 열매를 많이 맺을 것이고 그로 인해 구원에 이를 것이다. 그리고 우리가 맺은 믿음의 열매들도 우리를 본받아 예수님의 말씀을 행해 그들도 구원에 이를 것이다.

이러할진데 우리가 어찌 예수님의 말씀을 행하지 않을 수 있겠는가?

이렇게 함으로써 우리가 하나님의 뜻을 이루어 드릴 수 있는 것이다. 하나님의 뜻은 나의 믿음으로 나만 구원받는 것이 아니라, 나의 믿음으로 나도 구원받고 또 믿음의 열매를 맺어 나의 믿음의 열매 된 자도 예수 믿고 구원에 이르게 하는 것이다.

[딤전 2:4] 하나님은 모든 사람이 구원을 받으며 진리를 아는데 이르기를 원하시느니라.

※ [신앙개혁 12장]으로 가려면 ☞ p. 256

13

요나단과 다윗으로 보는 심는 자의 영향력

요나단은 믿음의 사람이었다(삼상 4장; 19-20장; 23장). 믿음의 사람이라면 반드시 좋은 열매를 맺지만 사무엘서만 봐서는 그가 어떤 열매를 맺었는지 알 수 없다. 그러나 성경 전체를 살펴보면 분명히 알 수 있다. 여기서는 이것에 대해 함께 알아보자.

골리앗 사건 이후 사울과 요나단은 하나님께서 다윗을 왕으로 삼으실 것을 알았다. 그래서 사울은 다윗을 한사코 죽이려 했지만, 요나단은 하나님께서 차기 이스라엘의 왕으로 다윗을 세우셨음을 알고는 그 뜻에 순종해 자신에게 돌아올 왕의 자리를 포기하면서까지 전심으로 그를 보호하고 도왔다(삼상 19:1-7; 20:1-42; 23:16-18).

[삼상 18:28-29] ²⁸ 여호와께서 다윗과 함께 계심을 사울이 보고 알았고 사울의 딸 미갈도 그를 사랑하므로 ²⁹ 사울이 다윗을 더욱 더욱 두려워하여 평생에 다윗의 대적이 되니라.

[삼상 23:17] 곧 요나단이 그에게 이르기를 두려워 말라 내 부친 사울의 손이 네게 미치지 못할 것이요 너는 이스라엘 왕이 되고 나는 네 다음이 될 것을 내 부친 사울도 안다.

여기서 주목할 것은 하나님의 뜻에 절대복종한 요나단의 믿음이다. 하나님의 뜻은 요나단이 아니라 다윗이 이스라엘의 왕이 되는 것이었다. 이를 안 요나단은 자신의 권리까지 포기하며 하나님의 뜻에 순종해 도망자 다윗을 성심껏 도왔다. 하나님을 경외해 아들 이삭을 번제로 드리라는 명령에도 절대 복종한 아브라함처럼 "네 이웃 사랑하기를 네 자신과 같이 사랑하라"(레 19:18b)는 말씀에 절대 순종한 것이다. 하나님께서는 그의 이런 믿음을 보시고 그의 기도와 소원을 모두 들어 주셨다.

첫째, 다윗과 요나단의 맹세를 보자(이 두 구절을 기억해 두라).

[삼상 20:15] 여호와께서 너 다윗의 대적들을 지면에서 다 끊어버리신 때에도 너는 네 인자를 내 집에서 영영히 끊어 버리지 말라.

[삼상 20:42] 요나단이 다윗에게 이르되 평안히 가라 우리 두 사람이 여호와의 이름으로 맹세하여 이르기를 여호와께서 영원히 나와 너 사이에 계시고 내 자손과 네 자손 사이에 계시리라 하였느니라 ….

둘째, 왕이 된 다윗은 요나단의 아들 므비보셋(므립바알)을 찾아내 그를 돌봐 주고 또 그의 목숨을 구해 주기도 한다(삼하 9장; 21장). 다윗왕 때 삼년 연속 기근이 있자 다윗이 여호와께 물으니 죄 없는 기브온 사람을 살육한 사울의 죄 때문이라고 한다(삼하 21:1-2). 이에 기브온 사람을 불러 어떻게 속죄하면 될지를 물으니 그들은 사울의 자손 7명을 목매달아 죽이겠다고 말한다(삼하 21:3-6). 이때 다윗은 사울의 두 아들과 장녀 메랍에게서 난 다섯 아들을 내어 주고 요나단의 아들 므비보셋은 아껴 내어 주지 않는다(삼하 21:7). 이는 요나단이 다윗에게 맹세하게 한 사무엘상 20:15의 말씀 때문이다.

셋째, 베냐민 지파 사람들은 자신들의 지파에서 배출한 사울의 가문이 왕권을 이어가지 못하고 다윗왕조로 이어지자 유다 지파를 매우 적대시 했다. 그래서 솔로몬 사후 이스라엘이 북이스라엘과 남유다로 분열되자 베냐민 사람 대부분은 북이스라엘을 택했다. 그러나 다윗의 은혜를 입었던 므비보셋의 후손들은 유다를 택했다. 이후 북이스라엘은 B.C. 722년 앗수르의 침략을 받고 그들의 지배하에 혼혈인이 되면서 민족의 정체성을 완전히 잃어버리게 된다. 하지만 남유다에 속했던 요나단의 자손들은 하나님의 섭리하에 명맥을 유지하며 초대 교회 때까지 이어온다. 이는 바벨론 포로기 이후에 쓴 역대기상의 베냐민 지파의 족보를 보면 알 수 있다.

> [대상 8:33-40] ³³ 넬은 기스를 낳고 기스는 사울을 낳고 사울은 요나단과 말기수아와 아비나답과 에스바알을 낳았으며 ³⁴ 요나단의 아들은 므립바알이라 므립바알은 미가를 낳았고 ³⁵ … ⁴⁰ 울람의 아들은 다 큰 용사요 활을 잘 쏘는 자라 아들과 손자가 많아 모두 일백오십 인이었더라 베냐민의 자손들은 이러하였더라.

이는 분명 하나님께서 요나단으로 인해 그의 자손들에게 은혜를 베푸신 것이다.

이상으로 봤을 때 초대 교회 때의 사울 곧 사도 바울이 바로 요나단의 후손일 것이다. 즉, 바울은 사울왕의 죄(불신앙)의 열매이자, 동시에 요나단의 믿음의 열매인 것이다. 그래서 그의 인생이 그렇게 극명하게 나눠졌던 것이다. 이에 대한 근거는 다음과 같다.

첫째, 모세 이후 하나님께서 악인에게 친히 나타나 회심시켜 쓰신 경우는 오직 바울 밖에 없다(행 9:3-20). 모두 선지자를 통해 그들의 죄악과 다가올 심판을 듣고 스스로 회개해야 했다. 그런데 오직 바울에게만 이런 특별한 은혜가 있었다(갈 1:13-16).

[삼상 20:42] … 여호와께서 영원히 나와 너 사이에 계시고 내 자손과 네 자손 사이에 계시리라 하였느니라 … .

둘째, 사무엘서의 사울과 요나단의 행적과 사도행전의 사울(바울)의 행적이 일치한다. 사울이 다윗을 집요하게 박해했듯이, 회심 전의 사울(바울)도 예수 그리스도(그리스도인)를 열심으로 박해했다. 또 요나단이 다윗을 자기 생명같이 사랑하고 그가 차기 왕이 될 것이라 시인했듯이, 회심 후의 사울(바울)은 예수를 자기 생명과 같이 사랑해 예수께서 우리의 구주(왕)가 되심을 선포하며 온갖 고난과 박해를 견디며 복음을 전했다.

[삼상 18:1] 다윗이 사울에게 말하기를 마치매 요나단의 마음이 다윗의 마음과 연락되어 요나단이 그를 자기 생명 같이 사랑하니라(= 삼상 20:17)(※ "연락되어" → [개정] "하나가 되어").

[행 21:13] 바울이 대답하되 … 나는 주 예수의 이름을 위하여 결박 받을 뿐 아니라 예루살렘에서 죽을 것도 각오하였노라 하니(= 행 20:24).

즉, 사울왕의 행실을 따라 악을 행하는 그에게 하나님께서 그런 큰 은혜를 베푸신 것은 믿음으로 심은 요나단 때문이다. 이유 없는 은혜는 없다. 하나님께서 이스라엘과 바울과 유대인들에게 베푸신 은혜를 베푸신 것은 아브라함과 요나단과 다윗 때문이다.

또한, 이것은 하나님께서 사울과 요나단의 이야기로 그들의 후손인 바울의 이야기를 써 내려가신 것이라 할 수 있다(하나님께서 그들의 후손들 중에 왜 바울을 택했는지에 대해서는 "성경적 예정론[2]"를 참고하라). 이런 원리는 예수께도 그대로 적용된다. 성경은 예수 그리스도에 대한 증언이다(요 5:39). 그런데 이것을 역으로 보면 하나님께서 성경의 믿음의 사람들 이야기로 예수 그리스도의 이야기를 써 내려가신 것이라 할 수 있다.

아브라함이 이삭을 번제로 드린 곳은 모리아 산인데, 훗날 이곳에 예루 살렘 성전이 세워졌다는 것(창 22:2; 대하 3:1)은 다들 아는 사실일 것이다. 이곳에서 이삭이 자신을 죽여 번제로 드리려는 아버지에게 아무런 저항 없이 순종했듯이, 예수께서도 그곳에서 아버지의 뜻에 온전히 순종해 십자가에서 자신을 드렸던 것이다.

다윗 이야기도 이와 마찬가지다. 다윗은 왕이 되기 전 사울왕에게 아무런 죄도 짓지 않았음에도 사울과 그의 하수인들에게 쫓기며 갖은 핍박과 고난을 받았다. 그런데 죄 없으신 예수께서도 유대인들에게 온갖 핍박과 고난을 다 받으셨다. 즉, 하나님께서 아브라함에게 온전히 순종한 이삭과 고난받은 다윗의 행적으로 예수 그리스도의 이야기를 쓰신 것이다.

한 예로 시편 22편은 다윗이 자신의 경험을 바탕으로 쓴 것이지만, 하나님께서 그것을 예수 그리스도께 그대로 이루어지게 하셨다. 시편 22편의 주요 부분을 읽어 보자.

[시편 22편] **1** (다윗의 시) 내 하나님이여 내 하나님이여 어찌 나를 버리셨나이까 어찌 나를 멀리하여 돕지 아니하옵시며 내 신음하는 소리를 듣지 아니하시나이까(마 27:45-46) **2** 내 하나님이여 내가 낮에도 부르짖고 밤에도 잠잠치 아니하오나 응답지 아니하시나이다(마 26:36-44) **3** … **6** 나는 벌레요 사람이 아니라 사람의 훼방거리요 백성의 조롱거리니이다 **7** 나를 보는 자는 다 비웃으며 입술을 비쭉이고 머리를 흔들며 말하되 **8** 저가 여호와께 의탁하니 구원하실 걸 저를 기뻐하시니 건지실 걸 하나이다(마 27:39-43) **9** … **11** 나를 멀리하지 마옵소서 환난이 가깝고 도울 자 없나이다 **12** 많은 황소가 나를 에워싸며 바산의 힘센 소들이 나를 둘렀으며 **13** 내게 그 입을 벌림이 찢고 부르짖는 사자 같으니이다 **14** 나는 물 같이 쏟아졌으며 내 모든 뼈는 어그러졌으며 내 마음은 촛밀 같아서 내 속에서 녹았으며 **15** 내 힘이 말라 질그릇 조각 같고 내 혀가 잇틀에 붙었나이다 주께서 또 나를 사망의 진토에 두셨나이다 **16** 개들이 나를 에워쌌으며 악한 무리가 나를 둘러 내 수족을 찔렀나이다 **17** 내가 내 모든 뼈를 셀 수 있나이다 (막 15:6-25; 마 27:15-36) 저희가 나를 주목하여 보고(요

19:37) **18** 내 겉옷을 나누며 속옷을 제비 뽑나이다(마 27:35; 요 19:24)···.

그러므로 예정은 역사의 주관자이신 하나님께서 '선대의 행실을 보시고 써내려 가신 후대의 이야기'라 할 수 있다.

그렇지 않고 이것을 하나님의 주권에 의한 것이라고만 한다면 예정이 아니라 팔자나 운명이 아니겠는가?

※ [신앙개혁 13장]으로 가려면 ☞ p. 263

14

인도자들의 죄를 책망하라

[삼하 21:1-9] ¹ 다윗의 시대에 연부년(연이은) 삼년 기근이 있으므로 다윗이 여호와 앞에 간구하매 여호와께서 가라사대 이는 사울과 피를 흘린 그 집을 인함이니 저가 기브온 사람을 죽였음이니라 하시니라 ² 기브온 사람은 이스라엘 족속이 아니요 아모리 사람 중에서 남은 자라 이스라엘 족속들이 전에 저희에게 맹세하였거늘 사울이 이스라엘과 유다 족속을 위하여 열심이 있으므로 저희 죽이기를 꾀하였더라 이에 왕이 기브온 사람을 불러 물으니라 ³ 다윗이 저희에게 묻되 내가 너희를 위하여 어떻게 하랴 내가 어떻게 속죄하여야 너희가 여호와의 기업을 위하여 복을 빌겠느냐 ⁴ 기브온 사람이 대답하되 사울과 그 집과 우리 사이의 일은 은금에 있지 아니하오나 이스라엘 가운데서 사람을 죽이는 일은 우리에게 있지 아니하니이다 왕이 가로되 너희의 말하는 대로 시행하리라 ⁵ 저희가 왕께 고하되 우리를 학살하였고 또 우리를 멸하여 이스라엘 경내에 머물지 못하게 하려고 모해한 사람의 ⁶ 자손 일곱을 내어 주소서 여호와의 빼신 사울의 고을 기브아에서 우리가 저희를 여호와 앞에서 목매어 달겠나이다 왕이 가로되 내가 내어 주리라 하니라 ⁷ 그러나 다윗과 사울의 아들 요나단 사이에 서로 여호와를 가리켜 맹세한 것이 있으므로 왕이 사울의 손자 요나단의 아들 므비보셋은 아끼고 ⁸ 이에 아야의 딸 리스바에게서 난 자 곧 사울의 두 아들 알모니와 므비보셋과 사울의 딸 메랍에게서 난 자 곧 므홀랏 사람 바실래의 아들 아드리엘의 다섯 아들을 잡고 ⁹ 저희를 기브온 사람의 손에 붙이니 기브온 사람이 저희를 산 위에서 여호와 앞에 목매어

달매 저희 일곱 사람이 함께 죽으니 죽은 때는 곡식 베는 처음 날 곧 보리 베기 시작하는 때더라.

위 기브온 사람은 여호수아 때에 이스라엘과 화친해 이스라엘 사람들과 함께 살던 이들이었다(수 9장). 그런데 사울이 이들을 이스라엘에서 몰아내려고 누명을 씌워 학살한 것이다(삼하 21:5). 본문을 보면 몇 가지 의문이 생긴다.

첫째, 사울왕이 저지른 죄인데 왜 한참 뒤인 다윗왕 시대에 삼 년 기근이라는 큰 재앙을 당해야 했을까?
둘째, 사울이 저지른 일인데 왜 그의 두 아들과 외손자가 죽임을 당해야 할까?
셋째, 사울의 친손자인 므비보셋이 목숨을 구한 것은 하나님의 섭리였을까?

이에 대해 생각해 보자.

첫째, 사울이 저지른 죄악으로 이스라엘 전체가 큰 재앙을 당한 것은 그의 악행을 보고도 책망하지 않는 제사장, 선지자, 장로들과 이를 방관한 백성들의 죄가 크기 때문이다. 하나님께서는 죄를 보고도 책망하지 않은 이의 죄는 반드시 물으신다.

[레 19:17b] … 이웃을 인하여 죄를 당치 않도록 그를 반드시 책선하라 (= 겔 33:2-9).

"책선"은 꾸짖어 선을 행하도록 하라는 말이다. 이 시대의 교회가 점점 쇠퇴해 가는 것은 돌아올 박해가 두려워 인도자들의 죄를 보고도 침묵했기 때문이다. 그러나 죄를 책망하지 않으면 그 죄가 누룩같이 번져 교회에 악영향을 미치게 되므로 그 죄를 묵인한 이들까지도 형벌을 받게 된다. 이에 대해서는 뒤에서 상세히 다룰 것이다.

둘째, 사울이 저지른 죄악을 그뿐만 아니라, 그의 아들과 외손자까지 죽음으로 치른 것은 하나님의 뜻을 거스른 자의 죄악은 그 당사자뿐 아니라 그의 후손에게까지 이르러 반드시 갚게 하시기 때문이다(이것을 '죄[불신앙]의 열매를 맺었다'라고 정의하겠다).

[출 34:7] 인자를 천대까지 베풀며 악과 과실과 죄를 용서하나 형벌 받을 자는 결단코 면죄하지 않고 아비의 악을 자여손 삼사 대까지 보응하리라.

[삼하 12:7-11] ⁷ … 여호와께서 이처럼 이르시기를 … ⁸ … ⁹ … 어찌하여 네가 여호와의 말씀을 업신여기고 나 보기에 악을 행하였느뇨 네가 칼로 헷 사람 우리아를 죽이되 암몬 자손의 칼로 죽이고 그 처를 빼앗아 네 처를 삼았도다 ¹⁰ 이제 네가 나를 업신여기고 헷 사람 우리아의 처를 빼앗아 네 처를 삼았은즉 칼이 네 집에 영영히 떠나지 아니하리라 하셨고 ¹¹ 여호와께서 또 이처럼 이르시기를 내가 네 집에 재화를 일으키고 내가 네 처들을 가져 네 눈앞에서 다른 사람에게 주리니 그 사람이 네 처들로 더불어 백주에 동침하리라.

위 10-11절 말씀은 훗날 암논의 근친상간과 그의 죽음(삼하 13장), 압살롬의 반란과 그의 죽음(삼하 15장-18장), 아도니야의 죽음(왕상 2:24-25) 등을 통해 모두 이루어졌는데, 이는 다윗의 죄가 자녀들에게 전가되었기 때문이다. 이런 예는 신약에도 나온다.

[계 2:20-23] ²⁰ 그러나 네게 책망할 일이 있노라 자칭 선지자라 하는 여자 이세벨을 네가 용납함이니 그가 내 종들을 가르쳐 꾀어 행음하게 하고 우상의 제물을 먹게 하는도다 ²¹ 또 내가 그에게 회개할 기회를 주었으되 그 음행을 회개하고자 아니하는도다 ²² 볼지어다 내가 그를 침상에 던질 터이요 또 그로 더불어 간음하는 자들

도 만일 그의 행위를 회개치 아니하면 큰 환난 가운데 던지고 ²³ 또 내가 사망으로 그의 자녀를 죽이리니 모든 교회가 나는 사람의 뜻과 마음을 살피는 자인 줄 알지라 내가 너희 각 사람의 행위대로 갚아 주리라.

대개 자기가 지은 죄에 대한 형벌은 오직 자신이 받는다고 말한다. 그러나 무죄한 이들을 살상하거나, 성도들에게 믿음의 본을 보여 그들을 생명의 길로 이끌어야 할 인도자가 도리어 죄를 범하고 불의를 행해 성도들에게 죄악의 본을 보임으로 그들을 사망의 길로 인도한 죄에 대한 형벌은 다르다. 이런 경우 하나님께서는 죄를 범한 당사자뿐 아니라 그 자손에게까지 그의 죄를 갚게 하신다.

앞에서 본 사울과 다윗과 선지자 이세벨의 예가 그것을 말씀하고 있으며, 하나님을 믿지 않았던 다른 민족들과는 달리 하나님의 백성이었던 이스라엘은 그들의 죄로 인해 A.D. 70년에 혹독한 심판을 받고 그들의 후손이 이천년에 걸친 오랜 징계를 받은 것이 그것을 얘기하고 있다.

셋째, 사울의 손자 므비보셋에게는 사울의 죄에 대한 형벌이 임하지 않고 하나님의 은혜가 임한 것은 그의 아버지 요나단의 믿음 때문이었다. 요나단은 하나님의 뜻에 순종해 차기 왕으로서의 권리를 포기하면서까지 다윗을 보호했다. 그런 그의 믿음이 사울의 죄로 인해 므비보셋에게 임할 형벌마저 사함받게 만든 것이다(출 20:6=신 5:10).

예나 지금이나 하나님의 백성들이 타락하는 원인은 부패한 인도자들에게 있다.

[마 23:15] 화 있을진저 외식하는 서기관들과 바리새인들이여 너희는 교인 하나를 얻기 위하여 바다와 육지를 두루 다니다가 생기면 너희보다 배나 더 지옥 자식이 되게 하는도다.

일반 성도의 죄는 대부분 사적인 것이어서 다른 이들에게 미치는 영향이 미미하므로 하나님께서는 온유한 마음으로 그 사람과만 상대해 훈계하고 권고하라 하셨다.

> [딤후 2:25] 거역하는 자를 온유함으로 징계할지니 혹 하나님이 저희에게 회개함을 주사 진리를 알게 하실까 하며.

> [마 18:15] 네 형제가 죄를 범하거든 가서 너와 그 사람과만 상대하여 권고하라 만일 들으면 네가 네 형제를 얻은 것이요.

그러나 인도자의 죄는 모든 사람 앞에서 엄히 책망하라 하셨다.

> [딤전 5:19-20] [19] 장로에 대한 송사는 두 세 증인이 없으면 받지 말 것이요 [20] 범죄한 자들을 모든 사람 앞에 꾸짖어 나머지 사람으로 두려워하게 하라.

> [갈 2:11-14] [11] 게바가 안디옥에 이르렀을 때에 책망할 일이 있기로 내가 저를 면책하였노라 [12] 야고보에게서 온 어떤 이들이 이르기 전에 게바가 이방인과 함께 먹다가 저희가 오매 그가 할례자들을 두려워하여 떠나 물러가매 [13] 남은 유대인들도 저와 같이 외식하므로 바나바도 저희의 외식에 유혹되었느니라 [14] 그러므로 나는 저희가 복음의 진리를 따라 바로 행하지 아니함을 보고 모든 자 앞에서 게바에게 이르되 네가 유대인으로서 이방을 좇고 유대인답게 살지 아니하면서 어찌하여 억지로 이방인을 유대인답게 살게 하려느냐 하였노라.

위 말씀과 같이 인도자의 죄를 모든 사람 앞에서 책망한다는 것은 결코 쉬운 일이 아니다. 일반 성도들은 죄를 책망받는다고 해서 책망한 이를 심하게 박해하지는 않지만, 높은 지위와 명예를 가진 인도자들은 지켜야 할 것도 많고, 의식할 시선도 많아 자신의 죄악을 숨기려는 욕구가 매우 강하며, 힘과 권력까지 가지고 있으므로 그들의 죄를 책망하는 이들에게 혹독하리만큼 심한 박해를 가한다. 그러나 그들을 책망한 이들은 하나님의 뜻을 행한 것이므로 큰 상(賞)이 있게 된다.

[마 5:10-12] **10** 의를 위하여 핍박을 받은 자는 복이 있나니 천국이 저희 것임이라 **11** 나를 인하여 너희를 욕하고 핍박하고 거짓으로 너희를 거슬려 모든 악한 말을 할 때에는 너희에게 복이 있나니 **12** 기뻐하고 즐거워하라 하늘에서 너희의 상이 큼이라 너희 전에 있던 선지자들을 이같이 핍박하였느니라.

하나님께서는 하나님의 백성들이 그들의 인도자들의 죄를 방관하는 것을 보시고 이를 무섭고 놀라운 일(NIV : A horrible and shocking thing)이라 하셨다.

[렘 5:30-31] **30** 이 땅에 기괴하고 놀라운 일이 있도다 **31** 선지자들은 거짓을 예언하며 제사장들은 자기 권력으로 다스리며 내 백성은 그것을 좋게 여기니 그 결국에는 너희가 어찌 하려느냐(※ 대하 32:24-26 → 히스기야의 죄에 대한 징계가 유다와 예루살렘에도 내려졌다).

인도자들의 죄를 엄히 견제해야 하는 이유는 이렇다.

첫째, 그들의 죄를 방관하면 그들의 죄가 점점 커져 수많은 사람을 멸망의 길로 이끈다.

둘째, 그렇게 되면 그것을 방관한 우리의 죄도 그만큼 커지게 되어 우리뿐 아니라 우리 후손까지도 그 죄를 갚아야 한다. 실제 예수님 때의 이스라엘이 인도자들의 죄악을 방관하며 동조했다가 엄청난 <u>죄의 열매</u>를 맺어 그들뿐 아니라 그들의 후손들까지 혹독한 대가를 치렀다.

[마 27:20-25] **20** 대제사장들과 장로들이 무리를 권하여 바라바를 달라 하게 하고 예수를 멸하자 하게 하였더니 **21** 총독이 대답하여 가로되 둘 중에 누구를 너희에게 놓아 주기를 원하느냐 가로되 바라바로소이다 **22** 빌라도가 가로되 그러면 그리스도라 하는 예수를 내가 어떻게 하랴 저희가 다 가로되 십자가에 못 박혀야 하겠나이다 **23** 빌라도가 가로되 어찜이뇨 무슨 악한 일을 하였느냐 저희가 더욱 소리 질러 가로되 십자가에 못 박혀야 하겠나이다 하는지라 **24** 빌라도가 아무 효험도 없이 도리어 민란이 나려는 것을 보고 물을 가져다가 무리 앞에서 손을 씻으며 가로되 이 사람의 피에 대하여 나는 무죄하니 너희가 당하라 **25** 백성이 다 대답하여 가로되 그 피를 우리와 우리 자손에게 돌릴지어다 하거늘.

이들 중 회개하고 돌이켜 예수 그리스도를 믿고 그의 말씀을 행한 이들은 그의 영혼을 구원받음은 물론 그 죄가 모두 사해져(막 1:4; 행 2:38; 출 34:7a; 요일 1:7; 마 6:14) 죄의 열매를 맺지 않음으로 그 후손들에게는 형벌이 미치지 않았을 것이다.

[행 2:36-40] **36** … 이스라엘 온 집이 정녕 알지니 너희가 십자가에 못 박은 이 예수를 하나님이 주와 그리스도가 되게 하셨느니라 하니라 **37** 저희가 이 말을 듣고 마음에 찔려 베드로와 다른 사도들에게 물어 가로되 형제들아 우리가 어찌할꼬 하거늘 **38** 베드로가 가로되 너희가 회개하여 각각 예수 그리스도의 이름으로 세례를 받고 죄 사함을 얻으라 … **39** … **40** 또 … 권하여 가로되 너희가 이 패역한 세대에서 구원을 받으라.

예수님을 못 박게끔 무리를 선동한 대제사장들과 장로들처럼 이 시대의 인도자들도 여러분을 죄악의 길로 이끌고 있다. 그들의 범죄와 불순종을 책망하지 않으면 그들이 자신의 권위를 악용해 진리의 말씀을 짓밟고 돌이켜 여러분을 찢어 상하게 할 것이다.

[마 7:6] 거룩한 것을 개에게 주지 말며 너희 진주를 돼지 앞에 던지지 말라 저희가 그것을 발로 밟고 돌이켜 너희를 찢어 상할까 염려하라.

지금 이 시대에도 장로들의 전통이 성경 말씀 위에 있다. 그것으로부터 깨어나야 산다.

※ [신앙개혁 14장]으로 가려면 ☞ p. 272

15

인간의 본능을 초월한 신앙과 그 영향력

예수께서는 우리에게 다음과 같은 절대 순종을 명하셨다.

[눅 17:7-10] ⁷ 너희 중에 뉘게 밭을 갈거나 양을 치거나 하는 종이 있어 밭에서 돌아오면 저더러 곧 와 앉아서 먹으라 할 자가 있느냐 ⁸ 도리어 저더러 내 먹을 것을 예비하고 띠를 띠고 나의 먹고 마시는 동안에 수종들고 너는 그 후에 먹고 마시라 하지 않겠느냐 ⁹ 명한 대로 하였다고 종에게 사례하겠느냐 ¹⁰ 이와 같이 너희도 명령 받은 것을 다 행한 후에 이르기를 우리는 무익한 종이라 우리의 하여야 할 일을 한 것뿐이라 할지니라.

우리가 이렇게까지 순종해야 하는 이유는 개인의 구원을 넘어선 하나님의 더 큰 뜻이 있기 때문이다. 하나님께서는 아브라함에게도 이런 순종을 요구하셨다.

[창 22:1-5] ¹ 그 일 후에 하나님이 아브라함을 시험하시려고 그를 부르시되 아브라함아 하시니 그가 가로되 내가 여기 있나이다 ² 여호와께서 가라사대 네 아들 네 사랑하는 독자 이삭을 데리고 모리아 땅으로 가서 내가 네게 지시하는 한 산 거기서 그를 번제로 드리라 ³ 아브라함이 아침에 일찌기 일어나 나귀에 안장을 지우고 두 사환과 그 아들 이삭을 데리고 번제에 쓸 나무를 쪼개어 가지고 떠나 하나님의 자기에게 지시하시는 곳으로 가더니 ⁴ 제 삼일에 아브라함이 눈을 들어 그곳을 멀리 바

라본지라 **⁵** 이에 아브라함이 사환에게 이르되 너희는 나귀와 함께 여기서 기다리라 내가 아이와 함께 저기 가서 경배하고 너희에게로 돌아오리라.

인간의 본성으로는 제아무리 하나님께서 명하셨다 하더라도 아들을 번제로 드릴 수는 없다. 설사 드리기로 굳게 결심했다 할지라도 아들과 동행하는 그 사흘 길은(창 22:4) 마음이 수백 번도 더 변덕을 부리다 결국 포기하고 되돌아오게 되는 먼 거리와 긴 시간이다.

또 이런 시험을 이기고 목적지까지 갔다 하더라도 인간의 본성은 종(사환)들을 번제 드리는 곳에 데려가서 "저는 하나님의 명령을 이행하려 했지만, 이들의 방해 때문에 도저히 할 수가 없었습니다"라고 변명하려 할 것이다. 그러나 하나님을 절대적으로 신뢰한 아브라함은 이런 인간의 본성을 이기고 하나님의 명령에 절대복종했다.

[창 22:9-12] **⁹** … 이에 아브라함이 그곳에 단을 쌓고 나무를 벌여놓고 그 아들 이삭을 결박하여 단 나무 위에 놓고 **¹⁰** 손을 내밀어 칼을 잡고 그 아들을 잡으려 하더니 **¹¹** … **¹²** 사자가 가라사대 그 아이에게 네 손을 대지 말라 아무 일도 그에게 하지 말라 네가 네 아들 네 독자라도 내게 아끼지 아니하였으니 내가 이제야 네가 하나님을 경외하는 줄을 아노라.

순종은 곧 하나님 사랑이다.
여러분은 아브라함처럼 순종할 수 있겠는가?
그렇다면 예수께서 명하신 "용서하라", "서로 사랑하라", "원수를 사랑하라"는 말씀을 행해 보라. 이것에 순종하지 못하면 여러분은 하나님을 사랑하는 것이 아니다(요일 4:20-21).
성경에는 "네 이웃을 네 자신과 같이 사랑하라"(레 19:18b)는 계명을 실천한 이도 있다. 사울왕의 아들 요나단이 그렇다. 골리앗 사건 이후 사울은 다윗이 차기 왕이 될 것을 직감하고 한사코 그를 죽이려 했지만, 요나단은 자신에게 돌아올 왕의 자리를 포기하면서까지 다윗을 보호하고 그를 전심으로 도왔다(삼상 19:1-7; 20:1-42; 23:16-18).

[삼상 20:30-32] **30** 사울이 요나단에게 노를 발하고 그에게 이르되 패역부도의 계집의 소생아 네가 이새의 아들을 택한 것이 네 수치와 네 어미의 벌거벗은 수치 됨을 내가 어찌 알지 못하랴 **31** 이새의 아들이 땅에 사는 동안은 너와 네 나라가 든든히 서지 못하리라 그런즉 이제 보내어 그를 내게로 끌어오라 그는 죽어야 할 자니라 **32** 요나단이 그 부친 사울에게 대답하여 가로되 그가 죽을 일이 무엇이니이까 무엇을 행하였나이까.

[삼상 23:16-17] **16** 사울의 아들 요나단이 일어나 수풀에 들어가서 다윗에게 이르러 그로 하나님을 힘 있게 의지하게 하였는데 **17** 곧 요나단이 그에게 이르기를 두려워 말라 내 부친 사울의 손이 네게 미치지 못할 것이요 너는 이스라엘 왕이 되고 나는 네 다음이 될 것을 내 부친 사울도 안다.

대부분의 사람은 하나님의 뜻을 어겨가면서 자신의 경쟁자를 짓밟으려 할 것이다. 그런데 성경은 요나단이 자기 생명을 사랑함 같이 다윗을 사랑했다고 기록하고 있고, 다윗 또한 그의 사랑은 여인의 모성애보다도 더한 기이한 사랑이었다고 고백했다.

[삼상 20:17] 요나단이 다윗을 사랑하므로 그로 다시 맹세케 하였으니 이는 자기 생명을 사랑함 같이 그를 사랑함이었더라.

[삼하 1:26] 내 형 요나단이여 내가 그대를 애통함은 그대는 내게 심히 아름다움이라 그대가 나를 사랑함이 기이하여 여인의 사랑보다 승하였도다.

인간의 본성은 이기적이고 자기 밖에 모르지만, 요나단의 믿음은 본성마저 이겼다.

다음으로 다윗을 살펴보자. 다윗의 믿음은 골리앗과의 싸움에서부터 엿볼 수 있다.

[삼상 17:37] … 여호와께서 나를 사자의 발톱과 곰의 발톱에서 건져내셨은즉 나를 이 블레셋 사람의 손에서도 건져내시리이다 ….

인간의 본능은 그와 같은 상황이 되면 누구나 큰 두려움을 느끼지만 하나님을 절대적으로 신뢰한 다윗은 인간의 본능을 이겨냈다. 하지만 어릴 적 다윗은 어릴 적 요셉이나 이 시대의 우리들처럼 형제 사랑은 등한시했다. 이는 다음을 보면 짐작할 수 있다.

[삼상 17:28] 장형 엘리압이 다윗의 사람들에게 하는 말을 들은지라 그가 다윗에게 노를 발하여 가로되 네가 어찌하여 이리로 내려왔느냐 들에 있는 몇 양을 뉘게 맡겼느냐 나는 네 교만과 네 마음의 완악함을 아노니 네가 전쟁을 구경하러 왔도다.

대개 큰형 엘리압의 악함을 탓하겠지만 다윗도 한낱 인간에 불과하다. 형제를 사랑하는 마음은 애쓴다고 나오는 것이 아니다. 오랜 고난과 많은 신앙의 체험을 통해서 깨닫고 터득하게 되는 것이다. 십여 년의 긴 고난을 통해 다윗은 부하들의 도움이 없이는 왕이 되어도 나라를 잘 다스릴 수 없음과 부하들을 자신과 같이 사랑해야 그들이 그와 한마음과 한뜻이 되어 하나님의 뜻을 이루어 드릴 수 있음을 깨닫게 된 것이다.

이웃 사랑이 왜 최고의 법(약 2:8)이며, 예수님의 계명이 왜 "서로 사랑하라"이겠는가?

이는 믿는 형제자매들이 한마음과 한뜻이 되어야 하나님의 뜻을 이루어 드릴 수 있기 때문이다. 이런 다윗에게 두 번의 시험이 오지만(삼상 24장;

26장), 그는 그것을 모두 이겨낸다.

[삼상 26:8-10] **8** 아비새가 다윗에게 이르되 하나님이 오늘날 당신의 원수를 당신의 손에 붙이셨나이다 그러므로 청하오니 나로 창으로 그를 찔러서 단번에 땅에 꽂게 하소서 내가 그를 두 번 찌를 것이 없으리이다 **9** 다윗이 아비새에게 이르되 죽이지 말라 누구든지 손을 들어 여호와의 기름 부음을 받은 자를 치면 죄가 없겠느냐 **10** 또 가로되 여호와께서 사시거니와 여호와께서 그를 치시리니 혹 죽을 날이 이르거나 혹 전장에 들어가서 망하리라.

다윗의 이런 행위는 인간의 본능을 깨고 성경 최고의 계명을 지킨 것이다.

[레 19:18] 원수를 갚지 말며 동포를 원망하지 말며 네 이웃 사랑하기를 네 자신과 같이 사랑하라 나는 여호와이니라.

아브라함의 순종으로 이스라엘은 하나님의 백성이 되었다. 또 요나단의 믿음은 그의 후손들이 유다 지파에 남아 초대 교회 때까지 하나님의 백성으로 남아 있도록 했으며, 다윗으로 인해 수많은 죄악 가운데서도 유대인들이 하나님의 백성으로 남아 있을 수 있었다(왕하 8:19). 하나님께서는 오직 믿음의 열매 된 자들에게만 은혜를 베푸신다.

[출 33:19b] … 나는 은혜 줄 자에게 은혜를 주고 긍휼히 여길 자에게 긍휼을 베푸느니라.

그러나 그들은 지속적으로 하나님께 불순종함으로 선대가 맺은 믿음의 열매를 그들이 맺은 죄의 열매로 온통 뒤덮어 결국 그 후손들까지 하나님께 버림받고 말았다.

이 시대 우리도 하나님께 순종한 우리의 선진들의 믿음의 열매다(신약 때는 예수를 믿고 그의 말씀에 순종하면 조상으로부터 전가된 죄의 사슬이 모두 끊기므로, 구약과는 달리 믿음의 열매 된 자가 혈연관계가 아니어도 된다). 그러하기에 하나님께서 우리에게 은혜를 베푸신 것이다.
　그러나 이 시대 우리는 예수님의 말씀에 순종하지 않음으로 믿음의 열매를 맺지 못해 더 이상 복음이 확장되지 못하고 있다. 아니 도리어 죄의 열매를 맺어 불신앙이 도처에서 번져가고 있다. 그래서는 안 된다. "재물을 섬기지 마라", "용서하라", "서로 사랑하라"는 예수님의 말씀에 순종해야 나뿐만 아니라 우리 믿음의 후진(後進)들도 살 수가 있다. 성령께서 도우시면 이런 본능을 초월한 순종도 가능하다.

※ [신앙개혁 15장]으로 가려면 ☞ p. 278

16

믿음의 열매와 죄의 열매

[롬 5:18-19, KJV 흠정역] **18** 그러므로 한 사람의 범죄로 말미암아 심판이 모든 사람에게 임하여 정죄에 이른 것 같이 한 사람의 의로 말미암아 이 거저 주시는 선물이 모든 사람에게 임하여 생명의 칭의에 이르렀나니 **19** 한 사람의 불순종으로 말미암아 많은 사람이 죄인이 된 것 같이 한 사람의 순종으로 말미암아 많은 사람이 의로운 자가 되리라.

(※ 개역한글판과 개역개정판 성경은 18절 부분에서 칭의가 구원과 직결된다고 생각해 의역을 하여 원문의 뜻이 훼손되었으므로 원문을 직역한 KJV 흠정역 성경을 인용했다).

위 말씀은 인류의 대표인 아담과 예수 그리스도에 관한 말씀이다. 즉, 아담 한 사람의 범죄로 모든 사람이 정죄에 이른 것 같이, 예수 그리스도 한 분으로 모든 사람이 생명을 얻게 하는 칭의(稱義)에 이르렀다는 말이다. 그런데 바울은 "이 거저 주시는 선물이 예수 그리스도를 믿는 사람에게 임하여 생명의 칭의에 이르렀다"라고 하지 않고, "이 거저 주시는 선물이 모든 사람에게 임하여 생명의 칭의에 이르렀다"라고 했다.

이것이 무슨 의미이겠는가?

이것은 죄로 인해 멸망할 수밖에 없었던 인류에게 예수 그리스도의 피로 말미암은 죄 사함으로 인해 영생의 길이 열렸다는 의미인 것이다(여기서 우리가 알아야 할 것은 예수 그리스도의 피로 말미암은 죄 사함은 ① 불신자가 예수를 믿을 때뿐 아니라 ② 신자가 지은 죄를 회개할 때[요일 1:9]와 ③ 빛 가운데 행할 때[요일 1:7]도 받는데 이 셋을 만족해야 영생에 이를 수 있다는 것이다).

아담의 경우 인류의 조상이기에 그의 범죄와 불순종이 모든 사람에게 영향을 미친 것이다. 또한, 예수 그리스도께서도 온 인류의 죄를 위해 십자가의 고난을 받으셨기에 그를 믿고 그에게 순종하는 모든 자에게 구원의 근원이 되시는 것이다.

[히 5:8-9] **8** 그가 아들이시면서도 받으신 고난으로 순종함을 배워서 **9** 온전하게 되셨은즉 자기에게 순종하는 모든 자에게 영원한 구원의 근원이 되시고.

그런데 위 로마서 5:19 말씀은 아담과 예수님뿐 아니라 우리에게도 적용할 수 있는 말씀이다. 즉, "나 한 사람의 불순종으로 인해 많은 사람이 죄의 열매 된 자가 되며, 또 나 한 사람의 순종으로 말미암아 많은 사람이 믿음의 열매 된 자가 된다"라고도 할 수 있다는 것이다. 이와 같은 말씀은 구약 성경 곳곳에 나와 있다.

(아래 말씀에서 분홍색[ⓒ-원인]은 악인과 그의 불순종[불신앙]을, 빨간색[ⓔ-결과]은 악인의 죄의 열매가 된 자들과 그들이 받는 저주를 의미하고, 녹색[ⓒ-원인]은 의인과 그의 순종[믿음]을, 파란색[ⓔ-결과]은 의인의 믿음의 열매 된 자들과 그들이 받는 은혜를 의미한다).

[출 20:5b, 6 = 신5:9b, 10] … 나 여호와 너의 하나님은 질투하는 하나님인즉 ⓒ 나를 미워하는 자의 ⓔ 죄를 갚되 아비로부터 아들에게로 삼사 대까지 이르게 하거니와 ⓒ 나를 사랑하고 내 계명을 지키는 자에게는 ⓔ 천 대까지 은혜를 베푸느니라(=출 34:6-7).

혹자는 위 말씀의 전반부를 죄의 영향력의 심각성을 묘사한 말이지 실제 죄가 아들과 자손에게는 전가되지 않는다고 주장한다. 그러나 아담의 죄(罪)나 아브라함의 의(義)가 후대에 전가된 것 같이 위 말씀대로 이루어

진 것은 성경 곳곳에서 볼 수 있다. 이것은 다음 두 경우로 나눠진다

(아래 성경 구절들을 찾아서 직접 읽어 보라).

첫째, 하나님께서 ⓒ 하나님의 뜻에 순종한 이에게 ⓔ 그의 자손 대대로 은혜를 베푸시는 경우를 보면 아브라함의 자손(창 22:16-18), 갈렙의 자손(민 14:24), 아론의 손자 비느하스의 후손(민 25:10-13), 다윗의 자손(삼하 7:15-16; 22:51; 시 18:50; 왕상 2:4; 왕하 8:19) 등을 들 수 있다.

둘째, 하나님께서 ⓒ 범죄하거나 불순종한 이의 ⓔ 자손까지 벌하시는 경우는 함의 후손들(창 9:18-25), 불의한 아들들을 책망하지 않은 엘리 제사장으로 인해 저주받은 그의 후손(삼상 2:27-34; 4:10-11; 22:16-20; 왕상 2:26-27), 사울의 죄로 인해 죽은 그의 자손(삼하 21:1-9), 밧세바를 취하고 그 남편 우리아를 죽인 다윗으로 인해 저주받은 그의 자식들(삼하 12:9-14), 의인을 살해한 요압의 죄로 인해 저주 받은 그의 자손(삼하 3:28-30; 왕상 2:32-33), 엘리사의 종 게하시로 인해 저주 받은 그의 후손(왕하 5:27) 등이 있다.

먼저, 하나님께서 순종한 이의 자손에게 베푸시는 은혜에 관한 말씀을 보자.

> [신 4:40] 오늘 내가 네게 명하는 ⓒ 여호와의 규례와 명령을 지키라 너와 ⓔ 네 후손이 복을 받아 네 하나님 여호와께서 네게 주시는 땅에서 한 없이 오래 살리라.

> [잠 20:7] 완전히 행하는 자가 ⓒ 의인이라 ⓔ 그 후손에게 복이 있느니라 (= 잠 11:21).

> [시 112:1-2] [1] 할렐루야 ⓒ 여호와를 경외하며 그 계명을 크게 즐거워하는 자는 복이 있도다 [2] ⓔ 그 후손이 땅에서 강성함이여 정직자의 후대가 복이 있으리로다.

또한, 성경은 조상의 죄가 그 후손들에게도 전가 됨도 말씀하고 있다(그러나 죄를 회개하고 돌이켜 의를 행한 사람의 경우 죄가 사해지므로 그것이 후손에게 전가되지 않는다[요일 1:7-9]).

[렘 32:18] 주는 은혜를 천만인에게 베푸시며 ⓒ 아비의 죄악을 ⓔ 그 후 자손의 품에 갚으시오니 크고 능하신 하나님이시요 이름은 만군의 여호와시니이다 (= 계 2:20-23).

[신 28:45-46] ⁴⁵ ⓒ 네가 네 하나님 여호와의 말씀을 순종치 아니하고 네게 명하신 그 명령과 규례를 지키지 아니하므로 이 모든 저주가 네게 임하고 너를 따르고 네게 미쳐서 필경 너를 멸하리니 ⁴⁶ ⓔ 이 모든 저주가 너와 네 자손에게 영원히 있어서 표적과 감계가 되리라.

[마 23:35-36] ³⁵ 그러므로 ⓒ 의인 아벨의 피로부터 성전과 제단 사이에서 너희가 죽인 바라가의 아들 사가랴의 피까지 땅 위에서 흘린 의로운 피가 다 너희에게 돌아가리라 ³⁶ 내가 진실로 너희에게 이르노니 ⓔ 이것이 다 이 세대에게 돌아가리라 (= 마 27:22-25).

위 말씀들을 살펴보면 하나님께서는 ⓒ 순종으로 심는 자의 의(義)는 그와 ⓔ 그의 자손에게 은혜를 베푸심으로 갚으시고, ⓒ 불순종으로 심는 자의 죄는 그와 ⓔ 그의 후손에게 저주로 갚으심을 알 수 있다. 이것을 달리 말하면 하나님을 아는 어떤 이가 ⓒ 순종으로 심으면 그 후손은 ⓔ 믿음의 열매 된 자가 되고, ⓒ 불순종으로 심으면 그 자손은 ⓔ 죄의 열매 된 자가 된다는 말이다.

따라서 선택(選擇)과 유기(遺棄-버림받음)는 하나님의 절대 주권에 의한 것도 아니고 불공평한 것도 아니다. 왜냐하면, 어떤 이가 '믿음의 열매 된 자'가 되어 하나님께 택함 받은 것도, 어떤 이가 '죄의 열매 된 자'가 되어 하나님께 저주받고(창 9:25; 49:5-7 등) 버림받은 것도 모두 그들의 선대 곧 우리 인간으로 인했기 때문이다. 하나님께서는 이것을 "주야와 맺은 언약"(변하지 않는 언약)이요, 당신께서 정하신 "천지의 법칙"이라고 말씀하셨다.

[렘 33:25-26, 개역개정] ²⁵ 여호와께서 이처럼 말씀하시니라 내가 주야와 맺은 언약이 없다든지 천지의 법칙을 내가 정하지 아니하였다면 ²⁶ 야곱과 내 종 다윗의 자손을 버리고 다시는 다윗의 자손 중에서 아브라함과 이삭과 야곱의 자손을 다스릴 자를 택하지 아니하리라 내가 그 포로 된 자를 돌아오게 하고 그를 불쌍히 여기리라.

그런데 다음 말씀들은 위 말씀과는 상충된 것처럼 보인다.

[렘 31:29-30] ²⁹ 그 때에 그들이 다시는 이르기를 아비가 신 포도를 먹었으므로 아들들의 이가 시다 하지 아니하겠고 ³⁰ 신 포도를 먹는 자마다 그 이가 심 같이 각기 자기 죄악으로만 죽으리라(=에스겔 18장).

[신 24:16] 아비는 그 자식들을 인하여 죽임을 당치 않을 것이요 자식들은 그 아비를 인하여 죽임을 당치 않을 것이라 각 사람은 자기 죄에 죽임을 당할 것이니라.

그런데 성경은 분명 다음과 같이 말씀하고 있다.

[레 26:38-42] ³⁸ 너희가 열방 중에서 망하리니 너희 대적의 땅이 너희를 삼킬 것이라 ³⁹ 너희 남은 자가 너희 대적의 땅에서 자기의 죄로 인하여 쇠잔하며 ⓒ 그 열조의 죄로 인하여 ⓔ 그 열조 같이 쇠잔하리라 ⁴⁰ 그들이 자기 죄와 그 열조의 죄와 및 그들이 나를 거스린 허물을 자복하고 또 자기들이 나를 대항하였으므로 ⁴¹ 나도 그들을 대항하여 그 대적의 땅으로 끌어갔음을 깨닫고 그 할례 받지 아니한 마음이 낮아져서 그 죄악의 형벌을 순히 받으면 ⁴² 내가 야곱과 맺은 내 언약과 이삭과

맺은 내 언약을 생각하며 아브라함과 맺은 내 언약을 생각하고 그 땅을 권고하리라 (※ 민 14:33).

[왕하 5:27] 그러므로 나아만의 문둥병이 네게 들어 ⓔ 네 자손에게 미쳐 영원토록 이르리라 ⓒ 게하시가 그 앞에서 물러나오매 문둥병이 발하여 눈같이 되었더라.

이것은 이렇게 이해하면 될 것이다. 조상의 죄로 인해 분명 그 후손이 전쟁, 포로생활, 식민지 지배, 기근, 전염병 등의 저주를 받는다. 그러나 그것이 영혼을 사망에 이르게 하지는 않는다. 만약 그들이 죄의 무서운 영향력을 깨닫고 하나님의 뜻에 순종하며 산다면 하나님께서 그의 영혼 구원은 물론 그의 후손들에게까지 은혜를 베푸실 것이다.

우리는 이것을 알아야 한다. 하나님께서는 아브라함의 순종으로 이스라엘에게 은혜를 베푸시어 그들을 백성으로 삼으셨다. 그런데 북쪽 이스라엘은 악을 자행하면서도 죄를 회개하고 돌이키지 않아 B.C. 722년에 멸망시키셨다. 그러나 남쪽 유다는 그들의 악행에도 예수님 때까지 하나님의 백성으로 남아 있었는데, 이는 다윗의 순종으로 하나님께서 그들에게는 은혜를 베푸셨기 때문이다(왕하 8:19).

이 시대에는 어떨까?

이 시대의 우리는 선교사들과 믿음의 선진들의 믿음의 열매다. 그들로 인해 하나님께서 우리에게 믿음을 주셨고 우리가 예수를 믿음으로 우리의 과거의 죄와 조상으로부터 전가된 죄를 모두 사함받아 하나님 자녀가 되었다. 그러나 예수를 믿은 후에 지은 죄는 희생제사만 필요 없을 뿐, 구약과 동일하게 우리 죄를 자백하거나 예수님의 말씀에 순종해야 죄를 사함을 받는다.

[요일 1:7, 9] ⁷ 저가 빛 가운데 계신 것 같이 우리도 빛 가운데 행하면 우리가 서로 사귐이 있고 그 아들 예수의 피가 우리를 모든 죄에서 깨끗하게 하실 것이요 / ⁹ 만

일 우리가 우리 죄를 자백하면 저는 미쁘시고 의로우사 우리 죄를 사하시며 모든 불의에서 우리를 깨끗케 하실 것이요.

그런데 이 시대는 예수님의 말씀에 전혀 순종하지 않으면서도 결코 회개하지 않는다. 그러나 그렇게 하면 자신의 구원을 잃어버림은 물론 죄의 열매만 맺게 된다. 회개하고 돌이키자.

※ [신앙개혁 16장]으로 가려면 ☞ p. 287

17

성경적 예정론 (1):
조상에 의한 예정과 창세 전 예정

1) 예정에 대한 바른 이해 (1) – 조상의 순종과 불순종으로 인한 예정

다음은 예정에 관한 성경 말씀이다.
우리는 이것을 어떻게 이해해야 할까?

> [시 71:6] 내가 모태에서부터 주의 붙드신바 되었으며 내 어미 배에서 주의 취하여 내신바 되었사오니 나는 항상 주를 찬송하리이다.

> [렘 1:5] 내가 너를 복중에 짓기 전에 너를 알았고 네가 태에서 나오기 전에 너를 구별하였고 너를 열방의 선지자로 세웠노라 하시기로.

> [벧전 1:2] 곧 하나님 아버지의 미리 아심을 따라 성령의 거룩하게 하심으로 순종함과 예수 그리스도의 피 뿌림을 얻기 위하여 택하심을 입은 자들에게 편지하노니 은혜와 평강이 너희에게 더욱 많을지어다.

> [갈 1:15] 그러나 내 어머니의 태로부터 나를 택정하시고 은혜로 나를 부르신 이가.

> [롬 8:29-30] [29] 하나님이 미리 아신 자들로 또한 그 아들의 형상을 본받게 하기 위하여 미리 정하셨으니 이는 그로 많은 형제 중에서 맏아들이 되게 하려 하심이니라

³⁰ 또 미리 정하신 그들을 또한 부르시고 부르신 그들을 또한 의롭다 하시고 의롭다 하신 그들을 또한 영화롭게 하셨느니라.

이런 말씀들로 인해 신학자들은 하나님께서 구원할 자와 유기할(버릴) 자를 예정해 두셨다고 주장하고 이를 하나님의 절대 주권이라고 말한다. 만약 그렇다면 하나님께서 구약 때에 구태여 이스라엘에서만 사람들을 택하실 필요가 없었다. 아무 나라, 아무 민족에서 택하셔도 된다. 하나님의 주권이라면 아무나 택할 수 있는데 굳이 이스라엘 백성 중에서만 택하신 것은 하나님께서는 믿음의 열매 된 자들만 택해 쓰심을 말하는 것이다.

이스라엘은 그들의 조상 아브라함이 인간의 본능을 초월한 순종으로 심어서 맺은 믿음의 열매지만(창 22:15-18; 왕하 13:23), 그 외 민족은 그들의 조상 중에 믿음으로 심은 자가 전혀 없었다. 그래서 구약 시대에는 하나님께서 믿음의 열매 된 자들인 이스라엘 백성들만 택해 쓰신 것이다. 이것은 하나님께서 선택할 자와 유기할 자를 정하실 때 주권에 의해서만이 아니라, 언약하신 바와 정하신 법칙에 따라 공정하게 처리하신다는 말이다(렘 33:25-26).

그렇다면 위 예정에 관한 말씀들은 어떻게 이해하면 좋을까?

지난 "요나단과 다윗으로 보는 심는 자의 영향력" 편에서 필자는 사울왕이 다윗을 박해하듯 예수 그리스도(그리스도인들)를 열심으로 박해했던 사울(바울)이 회심 후에는 요나단이 다윗을 사랑하듯 기이하리만치 예수를 사랑한 것은 하나님께서 그의 조상 사울과 요나단의 이야기로 그의 이야기를 써 내려가셨기 때문이라고 말했다. 그렇다면 이것은 하나님께서 바울이 태어나기 훨씬 전부터 다음과 같은 일들을 하시기로 예정하신 것이라 할 수 있다.

먼저 하나님께서는 다윗과 요나단의 믿음과 사랑을 보시고 예수 그리스도와 바울을 동시대에 태어나도록 예정하셨다. 또 사울이 다윗을 박해하는 것을 보시고 그의 후손인 사울(바울)이 다윗의 자손인 예수 그리스도(그리스도인들)를 박해하도록 예정하셨다. 또한, 요나단이 다윗을 자기 생명 같이 사랑하는 것을 보시고 요나단의 후손 사울(바울)을 극적으로 회심시켜 다윗의 자손인 예수 그리스도를 자기 목숨 같이 사랑하도록 예정하셨다.

하나님의 주권이로되 공의롭고 정의롭지 않은가?

이 모든 일을 바울이 태어나기 훨씬 전에 하나님께서 예정하셨던 것이다. 바울도 분명 이것을 느끼고 있었을 것이다(롬 9:18; 엡 1:11). 예정된 모든 것이 순종과 불순종의 결과인 것이다.

> [갈 1:11-17] **11** 형제들아 내가 너희에게 알게 하노니 내가 전한 복음이 사람의 뜻을 따라 된 것이 아니라 **12** 이는 내가 사람에게서 받은 것도 아니요 배운 것도 아니요 오직 예수 그리스도의 계시로 말미암은 것이라 **13** 내가 이전에 유대교에 있을 때에 행한 일을 너희가 들었거니와 하나님의 교회를 심히 핍박하여 잔해하고 **14** 내가 내 동족 중 여러 연갑자보다 유대교를 지나치게 믿어 내 조상의 유전에 대하여 더욱 열심이 있었으나 **15** 그러나 <u>내 어머니의 태로부터 나를 택정하시고</u> 은혜로 나를 부르신 이가 **16** 그 아들을 이방에 전하기 위하여 그를 내 속에 나타내시기를 기뻐하실 때에 내가 곧 혈육과 의논하지 아니하고 **17** 또 나보다 먼저 사도 된 자들을 만나려고 예루살렘으로 가지 아니하고 오직 아라비아로 갔다가 다시 다메섹으로 돌아갔노라.

> [롬 11:1-2] **1** 그러므로 내가 말하노니 하나님이 자기 백성을 버리셨느뇨 그럴 수 없느니라 나도 이스라엘인이요 아브라함의 씨에서 난 자요 베냐민 지파라 **2** 하나님이 <u>그 미리 아신 자기 백성</u>을 버리지 아니하셨나니 ….

그러므로 하나님께서는 바울을 모태에 짓기 전부터 알고 계셨고, 배에서 나오기 전 태(胎)에서부터 성별하셔서 택하셨다(렘 1:5, 갈 1:15, 시 71:6). 이는 바울뿐 아니라 당시 교회 지도자들이 다 그러했을 것이다. 그래서 그들은 하나님께서 "미리 정하신 자들"이요, "미리 아심을 따라 택하심을 입은 자들"인 것이다(롬 8:29-30; 벧전 1:2).

2) 예정에 대한 바른 이해 (2) – 창세전 예정

위와는 전혀 다른 개념의 예정도 있다. 신학적 해석이 잘못된 경우의 대부분은 성경을 자기중심적으로 해석했기 때문이다. 구원론이 변질된 것도 신학자들이 자신도 구원받을 수 있는 구원론을 만들었기 때문이다.

이렇듯 인간의 이기심은 말씀을 늘 자기중심적으로 해석하게 만든다. 예정론이 운명론으로 변질된 것은 하나님께서는 누구도 차별하지 않으시는 공의로우신 분이심을 망각했기 때문이다. 아래 말씀의 "우리"를 '우리 그리스도인'으로 생각하고 읽어 보라. 전혀 다르게 느껴질 것이다.

> [엡 1:4-5] ⁴ 곧 창세전에 그리스도 안에서 우리를 택하사 우리로 사랑 안에서 그 앞에 거룩하고 흠이 없게 하시려고 ⁵ 그 기쁘신 뜻대로 우리를 예정하사 예수 그리스도로 말미암아 자기의 아들들이 되게 하셨으니(※ 행 3:20-21).

이 말씀의 우리를 나로 보게 되면 하나님께서 나를 창세 전에 이미 택하셨다는 말이 되기에 운명론이 되어 버린다.

그러나 이것을 "하나님께서 창세 전에 이미 그리스도를 통해 우리를 자녀로 삼을 계획을 세우셨다"는 뜻으로 봐 하나님께서는 창세 전에 이미 그리스도 안에서 우리 그리스도인을 택해 자녀로 삼기로 예정하셨다라고 이해하면 어떤가?

다음 말씀을 보자.

> [딤후 1:9] 하나님이 우리를 구원하사 거룩하신 부르심으로 부르심은 우리의 행위대로 하심이 아니요 오직 자기 뜻과 영원한 때 전부터 그리스도 예수 안에서 우리에게 주신 은혜대로 하심이라.

영혼 구원은 하나님의 뜻대로 행해서 받는 것이므로(마 7:21) 위 "하나님이 우리를 구원하사"는 "하나님이 우리의 영혼을 구원하사"로 이해하지 말고 다음 말씀과 같이 "하나님이 우리를 죄에서 구원하사"로 이해해야 한다.

> [마 1:21] 아들을 낳으리니 이름을 예수라 하라 이는 그가 자기 백성을 저희 죄에서 구원할 자이심이라 하니라.

따라서 위 말씀을 하나님께서 우리 그리스도인을 죄에서 구원하시고 소명을 위해 부르신 것은 우리 그리스도인의 행위 때문이 아니요, 그분의 뜻에 의해 영원 전부터 그리스도 예수 안에서 우리 그리스도인에게 은혜를 주시기로 예정하셨기 때문이다라고 이해하면 어떤가?

이와 같이 해석해야 옳은 것은 아브라함의 믿음의 열매인 이스라엘과 요나단의 믿음의 열매인 바울의 예에서 보듯 하나님의 부르심을 받기 위해서는 반드시 누군가의 믿음의 열매 된 자여야 되기 때문이다. 요즘 시대 우리가 예수 그리스도를 믿게 된 것도 이와 같다. 우리의 믿음의 선진들이 순종으로 심어 우리가 그들의 믿음의 열매 된 자가 되었기에 하나님께서 우리에게 믿음을 주신 것이다.

따라서 위 두 말씀은 우리 그리스도인이 하나님의 자녀가 된 것은 구원을 계획하시고 주관하시는 하나님의 사랑과 우리의 죄를 대속하신 예수 그리스도의 은혜가 있었기 때문이라는 점을 강조하기 위한 말일 뿐인 것이다. 이렇게 해석해야 "우리가 하나님의 자녀가 된 것은 우리의 믿음의 선진들이 순종으로 심어 우리가 그들의 믿음의 열매가 되었기 때문이며, 하나님의 자녀 된 우리가 영혼 구원을 받기 위해서는 하나님의 뜻대로 행해 믿음의 열매를 맺어야 한다"라는 성경 정신에 합치될 것이다.

※ [신앙개혁 17장]으로 가려면 ☞ p. 292

18

성경적 예정론 (2) :
선택(選擇)과 유기(遺棄)에 대한 바른 이해

여기서는 선택과 유기에 대해 함께 생각해 보자. 성경학자들은 다음 말씀이 선택과 유기가 하나님의 절대 주권임을 나타내는 대표적 성경 구절이라 말한다.

> [롬 9:10-13] [10] 이뿐 아니라 또한 리브가가 우리 조상 이삭 한 사람으로 말미암아 잉태하였는데 [11] 그 자식들이 아직 나지도 아니하고 무슨 선이나 악을 행하지 아니한 때에 택하심을 따라 되는 하나님의 뜻이 행위로 말미암지 않고 오직 부르시는 이에게로 말미암아 서게 하려 하사 [12] 리브가에게 이르시되 큰 자가 어린 자를 섬기리라 하셨나니 [13] 기록된바 내가 야곱은 사랑하고 에서는 미워하였다 하심과 같으니라(※ 창 25:23; 말 1:2-3).

하나님께서 야곱과 에서 중 야곱을 택하신 이유는 무엇일까?

그들은 쌍둥이고, 태(胎) 속에 있을 때 우열이 가려졌으므로 하나님의 주권 외에는 생각하기 어렵다. 그런데 이렇게 생각해 보자. 조상의 순종과 불순종은 후손들에게 그대로 전가된다. 하나님께서는 야곱과 에서의 윗대 곧 아브라함과 이삭이 순종하거나 불순종할 때마다 이들에게 자손을 몇 명이나 주실지 또 이들의 순종과 불순종을 어느 자손에게, 어떤 비율로, 어떻게 전가시킬지 예정하셨다. 그리고 거기에 따라 이들의 자손인 야곱과 에서의 기질과 행실을 결정하셨다(그들에게서 아브라함과 이삭의 기질과 행실이 연상된다 아브람과 이삭이 아내를 누이라 속였듯이 야곱도 이삭과 에서를 속였고 이스마엘이 아브람에게 들나귀 기질을 이어받았듯이 에서에게도 아브라함의 그런 기질이 전가되어 들사람[사냥꾼]이 되었으며, 아브라함 같이 이방 여자들과 결혼했다[창 16:2; 25:1]).

에서의 경우 경솔하고 자기감정대로 행동하는 성격이다. 배고픔을 참지 못해 장자의 명분을 팔았고(창 25:29-34), 아내들도 자기 눈에 좋은 대로 골라 이방 여자들과 결혼함으로써 그의 부모가 심히 근심할 정도였다(창 26:34-35; 27:46; 28:8). 그러므로 종교적 순수성을 유지해야 하는 구속사적 사역에는 쓰임받기 어려웠을 것이다. 하나님께서는 그들이 잉태되기 전부터 이미 그들의 기질과 성격, 미래의 행실까지 모두 알고 계셨으므로 둘 중 하나님의 사역에 더 적합한 야곱을 택하셨을 것이다(에서 쪽에 불신앙의 행실이 더 많이 전가된 것이다).

사울과 요나단의 수많은 후손 중에서 하필이면 바울이 선택된 것도 이와 같을 것이다. 하나님께서 그들의 기질 및 불순종과 순종의 행실들을 그들의 후손들에게 전가시켰는데, 그 중 초대 교회 때의 유대주의자들에게 맞서 복음을 변론하기에 가장 적합한 기질을 가진 바울이 선택되었을 것이다.

여기서 우리는 구속사적 사역에 선택받지 못한 자라고 해서 하나님께 버림받은 것이 아니라는 사실을 알아야 한다. 이것은 야곱의 아들들을 보면 알 수 있다. 하나님께서는 야곱의 아들 중에 특별히 요셉을 택해 애굽의 총리로 삼아 이스라엘 자손들이 애굽에서 민족을 이루는데 큰 역할을 하도록 하셨다. 그러나 그 일에 선택받지 못한 야곱의 다른 아들들도 크게 사용하셨다. 그의 형제 유다(대상 5:1-2)와 베냐민이 특히 그렇다. 이들은 다윗과 예수 그리스도 그리고 요나단과 바울이라는 걸출한 믿음의 열매들을 맺은 사람들이다. 또한, 택함 받았다고 다 구원받는 것은 아니다.

사울왕과 가룟 유다가 그 대표적인 예가 아니던가?

문제는 많은 이가 하나님께서 야곱의 후손인 이스라엘 백성들만 택하셨고, 에서의 후손인 에돔 족속은 완전히 버렸다고 생각하는 것이다. 그러나 꼭 그렇지만은 않다. 출애굽 때의 이스라엘 백성들은 순수한 이스라엘 혈통만 있는 것이 아니었다.

[출 12:37-38] ³⁷ 이스라엘 자손이 라암셋에서 발행하여 숙곳에 이르니 유아 외에 보행하는 장정이 육십만 가량이요 ³⁸ 중다한 잡족과 양과 소와 심히 많은 생축이 그들과 함께 하였으며.

이는 하나님께서 이스라엘 백성들에게 종교적 순수성을 유지할 것을 요구하셨지, 혈통적 순수성을 요구하신 것은 아니었음을 말해 준다(마 1:5; 룻 1:4; 4:9-10). 즉, 이스라엘이 우상을 섬기는 이방 족속에 동화되어 불신앙을 저지르는 것을 특별히 경계하셨을 뿐 이방 족속도 이스라엘 백성의 일원이 되어 하나님을 섬기는 것을 조건적으로 허용하셨다는 말이다.

[신 23:7-8] ⁷ 너는 에돔 사람을 미워하지 말라 그는 너의 형제니라 애굽 사람을 미워하지 말라 네가 그의 땅에서 객이 되었음이니라 ⁸ 그들의 삼대 후 자손은 여호와의 총회에 들어올 수 있느니라.

이는 이방인은 이스라엘 공동체가 된 후 그의 삼대 이후 자손부터 하나님의 백성이 될 수 있다는 말이다. 삼대 후 자손인 것은 다음 말씀에 근거한 것이다.

[출 20:5 = 신5:9] … 나를 미워하는 자의 죄를 갚되 아비로부터 아들에게로 삼사대까지 이르게 하거니와(= 출 34:7).

예를 들면, 출애굽 때의 갈렙은 유다 지파지만, 그나스(그니스) 사람이다(민 32:12; 수 14:6). 그나스는 에서의 손자이므로(창 36:11,15) 갈렙은 곧 에돔 족속이라는 말이다. 아마 갈렙의 윗대 중 누군가가 이스라엘에 귀화해서 유다 지파의 일원이 되었을 것이다.

이와 유사한 예가 이삭과 이스마엘이다. 많은 사람이 하나님께 선택받지 못한 이스마엘은 하나님께서 버렸다고 생각하지만, 성경은 하나님께서

하갈과 아브라함의 소원을 들어 주셔서 이스마엘에게도 큰 복을 주셨다고 말씀하고 있다(창 16:10-11; 17:20-21). 아마도 이스마엘 족속 중에서도 많은 사람이 이스라엘 공동체로 귀화해서 하나님의 백성이 되었을 것이다. 그러나 이스마엘 후손 대다수가 버림받은 것은 하나님의 뜻에 순종하지 않아서였을 것이다.

하나님의 선민(選民)이라고 자부하던 이스라엘도 지속적인 불순종으로 결국 하나님께 버림받지 않았던가?

구약 시대의 하나님의 뜻은 모든 아브라함의 자손이 이스라엘 공동체 안에 들어와 하나님의 백성이 되는 것이었다. 신약 시대에도 하나님의 뜻은 여전히 모든 사람이 예수 그리스도를 믿고 아브라함의 영적 자손이 되는 것이다(창 22:18).

[갈 3:7-8] **7** 그런즉 믿음으로 말미암은 자들은 아브라함의 아들인 줄 알지어다 **8** 또 하나님이 이방을 믿음으로 말미암아 의로 정하실 것을 성경이 미리 알고 먼저 아브라함에게 복음을 전하되 모든 이방이 너를 인하여 복을 받으리라 하였으니.

여기서 우리는 구약 시대의 선교에 대해 엿볼 수 있다. 흔히 선교는 신약에 와서야 시작되었다고 알고 있지만, 앞에서 보았듯이 구약 시대에도 선교는 있어 왔다(말 1:11).

[시 67:2-3, 7] **2** 주의 도를 땅 위에 주의 구원을 만방 중에 알리소서 **3** 하나님이여 민족들로 주를 찬송케 하시며 모든 민족으로 주를 찬송케 하소서 / **7** 하나님이 우리에게 복을 주시리니 땅의 모든 끝이 하나님을 경외하리로다.

[마 23:15] 화 있을진저 외식하는 서기관들과 바리새인들이여 너희는 교인 하나를 얻기 위하여 바다와 육지를 두루 다니다가 생기면 너희보다 배나 더 지옥 자식이 되게 하는도다.

필자가 추측컨대 구약 시대의 선교는 다음과 같이 해서 이루어질 것이다. 개종해서 이스라엘 공동체에 들어온 이방인들이 삼대에 걸쳐 여호와를 섬김으로써 조상으로부터 전가된 죄를 씻어내고, 순종으로 심어 그들의 자손을 믿음의 열매로 거두는 것이다.

그렇다면 신약 시대 우리는 어떻게 예수 그리스도를 믿고 하나님의 자녀가 될 수 있었을까?

선대의 죄의 열매 된 자인 우리가 하나님의 자녀가 될 수 있었던 것은 예수 그리스도의 피로 말미암은 죄 사함으로 인해 선대로부터 전가된 죄를 모두 사함받았기 때문이다. 이런 죄 사함을 받기 위해서는 먼저 예수 그리스도를 믿어야 하는데 아무나 예수를 믿을 수 있는 게 아니다. 하나님께서 믿음을 주신 자만이 예수를 믿을 수 있다.

그런데 하나님께서는 수많은 불신자를 두고 하필 우리에게 믿음을 주셨을까?

그것은 짐 엘리엇의 예화에서 보았듯이 우리에게는 순종으로 심은 믿음의 선진들(선교사, 믿음의 선대 등)이 있었기 때문이다. 그러기에 하나님께서 우리에게 믿음을 주셨고, 그로 인해 우리가 예수 그리스도를 믿고 하나님의 자녀가 될 수 있었던 것이다.

지금까지 살펴본 바와 같이 선택(選擇)과 유기(遺棄)는 선대의 믿음의 열매 된 자는 택하심을 받아 하나님의 자녀가 되고, 죄의 열매 된 자는 하나님의 자녀가 되지 못함을 말하는 것이지, 영혼 구원의 여부(與否)를 말하는 것이 아니다. 영혼 구원은 믿음의 선진들의 순종으로 믿음의 열매가 된 자가 자신도 순종으로 심어 믿음의 열매를 맺음으로 받는다.

그러므로 선택과 유기와 구원은 하나님의 주권일 뿐만 아니라, 우리 인간의 책임이기도 한 것이다.

※ [신앙개혁 18장]으로 가려면 ☞ p. 298

19

예수 그리스도와 죄 사함

혹자는 예수 그리스도를 믿으면 현재와 과거 그리고 미래의 죄까지 모두 사함받는다고 말한다. 이것은 다음에 근거한 것이다.

[히 9:12] 염소와 송아지의 피로 아니하고 오직 자기 피로 영원한 속죄를 이루사 단번에 성소에 들어 가셨느니라.

이들은 "영원한 속죄"를 앞으로 지을 죄까지 모두 사함받는다는 의미로 여긴다. 그러나 "영원한 속죄"란 예수 그리스도의 피 흘리심으로 모든 인류가 세상 마지막 날까지 예수를 믿음으로 전에 지은 죄를 사함받을 수 있음을 말하는 것이다(롬 3:25). 예수만 믿으면 과거의 죄뿐 아니라 현재와 미래의 죄까지 모두 사함받는다는 망상은 버려야 한다.

만약 그렇다면 구약 이스라엘은 왜 심판받고 멸망했겠는가?

그들도 제사만 드리면 얼마든지 죄 사함을 받을 수 있었다.

[레 6:7] 제사장은 여호와 앞에서 그를 위하여 속죄한즉 그는 무슨 허물이든지 사함을 얻으리라.

예수를 믿는 자는 모든 죄를 다 사함받는다는 말과 제단에 제물을 드리고 제사장이 여호와 앞에서 그를 위해 속죄하면 무슨 죄든지 사함받는다는 말이 뭐가 다른가?

제사는 죄를 자백하고 회개하기 위해 있는 것이다.

이스라엘이 하나님께 심판을 받은 것이 제사를 소홀히 해 죄 사함을 받지 못해서인가 아니면 회개하고 돌이키지 않아서인가?

> [사 66:2-4] 2 ··· 무릇 마음이 가난하고 심령에 통회하며 나의 말을 인하여 떠는 자 그 사람은 내가 권고하려니와 3 소를 잡아 드리는 것은 살인함과 다름이 없고 어린 양으로 제사드리는 것은 개의 목을 꺾음과 다름이 없으며 드리는 예물은 돼지의 피와 다름이 없고 분향하는 것은 우상을 찬송함과 다름이 없이 하는 그들은 자기의 길을 택하며 그들의 마음은 가증한 것을 기뻐한즉 4 나도 유혹을 그들에게 택하여 주며 그 무서워하는 것을 그들에게 임하게 하리니 이는 내가 불러도 대답하는 자 없으며 내가 말하여도 그들이 청종하지 않고 오직 나의 목전에 악을 행하며 나의 기뻐하지 아니하는 것을 택하였음이니라.

위 말씀의 2절은 분명 회개를 말하는 것이다. 그리고 3절은 죄를 회개하지 않으면 그들이 드리는 제사는 이방 신을 섬기는 자들이 드리는 제사와 같을 뿐이라는 뜻이다. 그리고 4절은 회개하지 않는 자에게는 심판이 임할 것이라는 말씀이다. 성경은 분명 회개하지 않는 자에게는 심판이 있을 것이라고 말씀한다.

> [시 7:12] 사람이 회개치 아니하면 저가 그 칼을 갈으심이여 그 활을 이미 당기어 예비하셨도다.

> [시 32:3-5] 3 내가 토설치 아니할 때에 종일 신음하므로 내 뼈가 쇠하였도다 4 주의 손이 주야로 나를 누르시오니 내 진액이 화하여 여름 가뭄에 마름 같이 되었나이다 (셀라) 5 내가 이르기를 내 허물을 여호와께 자복하리라 하고 주께 내 죄를 아뢰고 내 죄악을 숨기지 아니하였더니 곧 주께서 내 죄의 악을 사하셨나이다 (셀라).

하나님께서는 공의와 정의의 하나님이요, 신약과 구약에 차별함이 없으신 분이시다. 신약에서도 회개하지 않고 죄 사함을 받는 방법은 없다.

> [눅 13:2-5] ² … 너희는 이 갈릴리 사람들이 이 같이 해 받음으로써 모든 갈릴리 사람보다 죄가 더 있는 줄 아느냐 ³ 너희에게 이르노니 아니라 너희도 만일 회개치 아니하면 다 이와 같이 망하리라 ⁴ 또 실로암에서 망대가 무너져 치어 죽은 열여덟 사람이 예루살렘에 거한 모든 사람보다 죄가 더 있는 줄 아느냐 ⁵ 너희에게 이르노니 아니라 너희도 만일 회개치 아니하면 다 이와 같이 망하리라.

그러나 성경 말씀에서 자기 마음에 흡족한 구절만 취하고 죄에 관한 말씀이나 심판에 관한 말씀은 애써 외면하며 자신을 속이는 이들이나 그들에게서 배운 이들은 이런 말씀들을 보고도 자신은 죄를 짓지 않았기 때문에 회개할 것도 없고, 예수를 믿기 때문에 구원받지 못할 이유가 전혀 없다고 생각할 것이다. 이런 자들을 위해서 하나님께서는 다음과 같은 말씀을 신약성경에 남기셨다.

> [요일 3:10] 이러므로 하나님의 자녀들과 마귀의 자녀들이 나타나나니 무릇 의를 행치 아니하는 자나 또는 그 형제를 사랑치 아니하는 자는 하나님께 속하지 아니하니라.

> [고전 13:2] … 산을 옮길만한 모든 믿음이 있을지라도 사랑이 없으면 내가 아무것도 아니요.

> [약 2:26] 영혼 없는 몸이 죽은 것 같이 행함이 없는 믿음은 죽은 것이니라.

> [히 12:14] 모든 사람으로 더불어 화평함과 거룩함을 좇으라 이것이 없이는 아무도 주를 보지 못하리라.

[갈 5:19-21] **19** 육체의 일은 현저하니 곧 음행과 더러운 것과 호색과 **20** 우상 숭배와 술수와 원수를 맺는 것과 분쟁과 시기와 분냄과 당 짓는 것과 분리함과 이단과 **21** 투기와 술 취함과 방탕함과 또 그와 같은 것들이라 전에 너희에게 경계한 것 같이 경계하노니 이런 일을 하는 자들은 하나님의 나라를 유업으로 받지 못할 것이요.

위 말씀을 마음에 새기고 의를 행하는 이가 이 시대에 있던가?

위 말씀은 "긍휼"과 "사랑"과 "다른 이와 화평함"이 없어 서로 원수 맺고, 분쟁하고, 시기하고, 분을 내며, 당을 지어 분리를 일삼으면 구원받지 못한다는 말이다.

이 세대 중 여기에 해당되지 않는 이가 있던가?

하나님께서는 이런 죄를 자백하고 회개하라고 하셨지만, 아무도 회개하지 않음으로 하나님의 진노를 쌓고 있다. 죄를 회개하면 하나님께서 우리의 죄를 사하심으로 성령께서 우리 마음을 부드럽게 하셔서 말씀을 행할 수 있는데도(겔 36:26-27), 아무도 회개하지 않음으로 그것을 행하지 못해 심판을 자초하고 있다.

명심할 것은 예수 그리스도를 믿음으로 받는 죄 사함은 믿기 전에 지은 죄와 조상으로부터 전가된 죄에만 해당된다는 것이다.

[롬 3:23-25] **23** 모든 사람이 죄를 범하였으매 하나님의 영광에 이르지 못하더니 **24** 그리스도 예수 안에 있는 구속으로 말미암아 하나님의 은혜로 값없이 의롭다 하심을 얻은 자 되었느니라 **25** 이 예수를 하나님이 그의 피로 인하여 믿음으로 말미암는 화목 제물로 세우셨으니 이는 하나님께서 길이 참으시는 중에 전에 지은 죄를 간과하심으로 자기의 의로우심을 나타내려 하심이니.

[벧전 1:18-19] **18** 너희가 알거니와 너희 조상의 유전한 망령된 행실에서 구속된 것은 은이나 금 같이 없어질 것으로 한 것이 아니요 **19** 오직 흠 없고 점 없는 어린양 같은 그리스도의 보배로운 피로 한 것이니라.

로마서 3:25의 "전에 지은 죄"란 믿기 전에 지은 죄뿐 아니라 조상으로부터 전가된 죄까지 말하는 것이며, 베드로전서 1:18의 "너희 조상의 유전한 망령된 행실"이란 바울이 예수 믿기 전 그의 조상 사울의 악한 행실을 답습했듯이, 또 에서와 야곱이 아브라함과 이삭의 나쁜 행실을 답습했듯이 자손들이 그의 조상들의 악한 행실을 물려받음을 말한다.

[레 26:39] 너희 남은 자가 너희 대적의 땅에서 자기의 죄로 인하여 쇠잔하며 그 열조의 죄로 인하여 그 열조 같이 쇠잔하리라.

[마 23:31-34] ³¹ 그러면 너희가 선지자를 죽인 자의 자손 됨을 스스로 증거함이로다 ³² 너희가 너희 조상의 양을 채우라 ³³ 뱀들아 독사의 새끼들아 너희가 어떻게 지옥의 판결을 피하겠느냐 ³⁴ 그러므로 내가 너희에게 선지자들과 지혜 있는 자들과 서기관들을 보내매 너희가 그 중에서 더러는 죽이고 십자가에 못 박고 그 중에 더러는 너희 회당에서 채찍질하고 이 동네에서 저 동네로 구박하리라.

이들은 회개하지 않음으로 죄 사함을 받지 못해 그들의 조상의 죄가 모두 그들에게 전가되고 말았다. 그리고 그들의 죄도 그들의 후손에게 모두 전가되고야 말았다.

[마 23:35-36] ³⁵ 그러므로 의인 아벨의 피로부터 성전과 제단 사이에서 너희가 죽인 바라갸의 아들 사가랴의 피까지 땅 위에서 흘린 의로운 피가 다 너희에게 돌아가리라 ³⁶ 내가 진실로 너희에게 이르노니 이것이 다 이 세대에게 돌아가리라.

[마 27:24-25] ²⁴ 빌라도가 … 가로되 이 사람의 피에 대하여 나는 무죄하니 너희가 당하라 ²⁵ 백성이 다 대답하여 가로되 그 피를 우리와 우리 자손에게 돌릴지어다.

이와 같이 죄를 회개하지 않으면 죄 사함을 받지 못하므로 성령의 도우심을 받지 못해 선을 행하지 못할 뿐 아니라, 조상의 죄까지 전가되어 더욱 악을 행하게 된다. 또한, 우리 죄가 후손과 후진(後進)들에게도 전가되어 그들도 악을 행해 모두 공멸하게 된다. 죄의 무서운 영향력에서 벗어나려면 다음과 같이 해야 한다.

[마 6:12, 14] ¹² 우리가 우리에게 죄 지은 자를 사하여 준 것 같이 우리 죄를 사하여 주 옵시고 / ¹⁴ 너희가 사람의 과실을 용서하면 너희 천부께서도 너희 과실을 용서하시려니와.

[요일 1:7, 9] ⁷ 저가 빛 가운데 계신 것 같이 우리도 빛 가운데 행하면 우리가 서로 사귐이 있고 그 아들 예수의 피가 우리를 모든 죄에서 깨끗하게 하실 것이요 / ⁹ 만일 우리가 우리 죄를 자백하면 저는 미쁘시고 의로우사 우리 죄를 사하시며 모든 불의에서 우리를 깨끗케 하실 것이요.

[행 3:19] 그러므로 너희가 회개하고 돌이켜 너희 죄 없이 함을 받으라 이같이 하면 새롭게 되는 날이 주 앞으로부터 이를 것이요.

이와 같이 믿은 후에는 의를 행하거나, 죄를 범했을 때 그 죄를 자백하고 회개해야 예수의 피가 우리의 죄를 깨끗하게 하신다. 그러면 성령께서 우리 안에서 역사하셔서 선을 행할 수 있게 되고, 지은 죄도 사해져 후손과 후진(後進)들에게 전가되지 않게 된다.

복음이 전파되는 원리는 이것의 역으로 보면 된다. 짐 엘리엇 선교사와 아우카 족의 예에서 본 바와 같이 어떤 이가 예수를 믿기 위해서는 그를 위해 심은 믿음의 선진들이 반드시 있어야 한다. 그래야 심는 자들의 순종의 의(義)가 그에게 덧입혀져 하나님께서 믿음을 주시는 것이다. 즉, 믿음의 선진들로부터 덧입혀진 순종의 의로 믿음이 생기고, 예수를 믿음으로 전에 지은 죄가 모두 사해져 하나님의 자녀가 된다는 말이다. 그리고 예수 그리스도의 십자가의 공로로 신약 시대에는 삼대 후 자손까지(신 23:7-8) 기다릴 필요 없이 믿는 즉시 하나님의 자녀가 될 수 있다.

왜 어떤 나라. 어떤 민족은 2천 년이나 지난 이제야 복음을 듣고 지금에야 예수를 믿게 되었는지 알겠는가?

그들을 위해 심는 자가 얼마 전에 생겼기 때문이다. 즉, 선교사들이 그곳까지 가서 피와 땀과 순종으로 심어 그들을 믿음의 열매 된 자로 거뒀기에 그들이 이제라도 믿게 된 것이다. 즉, 전한다고만 해서 되는 게 아니라 성령을 따라 행해 믿음으로 심어야 믿음의 열매 된 자들이 생겨나 그들이 믿게 된다는 것이다.

대개 복음만 전하면 믿는 자가 생겨난다고 생각하지만 그렇지 않다. 누군가가 순종으로 심었기에 하나님께서 그들에게 믿음을 주신 것이다. 이는 지금 우리가 거두는 것이 우리의 선진들이 심은 것일 수도 있다는 말이다. 따라서 우리는 거두지만 말고 순종으로 심는 자가 되어야 할 것이다. 그렇지 않으면 모래 위에 세운 집과 같이 되고 만다.

※ [신앙개혁 19장]으로 가려면 ☞ p. 305

우리의 불순종을 참소하는 사탄

사탄(마귀)은 하나님을 대적한 죄로 마지막 때에 지옥에 던져질 것이 예정된 자다(마 25:41; 계 20:10). 그러하기에 사탄은 하나라도 더 자기와 같은 처지가 되게 하려고 하나님께 우리 믿음을 시험할 것을 집요하게 요구한다(욥 1:6-12; 2:1-6).

[눅 22:31-32] ³¹ 시몬아 시몬아 보라 사단이 밀 까부르듯 하려고 너희를 청구하였으나 ³² 그러나 내가 너를 위하여 네 믿음이 떨어지지 않기를 기도하였노니 너는 돌이킨 후에 네 형제를 굳게 하라 (※ 계 12:9 "마귀 = 사탄 = 온 천하를 꾀는 자").

[마 4:1] 그 때에 예수께서 성령에게 이끌리어 마귀에게 시험을 받으러 광야로 가사.

이런 시험은 믿는 사람이라면 누구에게나 찾아온다. 그런데 예수께서는 이런 마귀의 시험을 능히 이기셨지만, 다윗과 베드로 그리고 아나니아는 이런 시험에서 패했다(삼하 11:2-4; 눅 22:54-62; 행 5:1-3). 이는 이런 시험이 이기기 쉽지 않다는 말이다.

그런데 오늘날 우리는 이런 시험이 있는 줄도 모르니 어찌 시험을 이길 수 있겠는가?

또한, 사탄은 우리의 죄와 허물을 하나님께 참소하는 자들이다.

[슥 3:1] 대제사장 여호수아는 여호와의 사자 앞에 섰고 사단은 그의 우편에 서서 그를 대적하는 것을 여호와께서 내게 보이시니라.

[계 12:10] 내가 또 들으니 하늘에 큰 음성이 있어 가로되 이제 우리 하나님의 구원과 능력과 나라와 또 그의 그리스도의 권세가 이루었으니 우리 형제들을 참소하던 자 곧 우리 하나님 앞에서 밤낮 참소하던 자가 쫓겨났고 (※ 삼하 12:13-14).

이처럼 사단은 우리를 시험할 뿐 아니라 우리가 시험에 패해 범죄하면 하나님께 우리의 범죄를 징계할 것을 집요하게 요구한다. 그러면 공의와 정의의 하나님께서는 사탄이 수긍할 수 있도록 인간이 지은 죄에 합당한 징계를 내리신다.

[삼하 12:14] 이 일로 인하여 여호와의 원수로 크게 훼방할 거리를 얻게 하였으니 당신의 낳은 아이가 정녕 죽으리이다.

[삼하 21:1] 다윗의 시대에 연부년 삼년 기근이 있으므로 다윗이 여호와 앞에 간구하매 여호와께서 가라사대 이는 사울과 피를 흘린 그 집을 인함이니 저가 기브온 사람을 죽였음이니라 하시니라.

[대상 21:1] 사단이 일어나 이스라엘을 대적하고 다윗을 격동하여 이스라엘을 계수하게 하니라 (※ 격동[激動] → [개역개정] 충동[衝動]).

[삼하 24:1] 여호와께서 다시 이스라엘을 향하여 진노하사 저희를 치시려고 다윗을 감동시키사 가서 이스라엘과 유다의 인구를 조사하라 하신지라 (※ 감동 → [개역개정] 격동[激動]).

같은 사건을 사무엘하 24:1에서는 여호와께서 하신 일로 묘사했으나, 역대상 21:1에서는 사탄이 한 일로 서술하고 있다. 이는 하나님께서 사탄의 참소를 받아들여 이스라엘의 죄(이스라엘이 압살롬 편에 서서 다윗을 대적한 죄[삼하 15:12]와 세바의 난[亂] 때 이스라엘이 다윗을 버리고 세바를 따른 죄[삼하 20:1-2]일 것이다)에 대해 사탄이 원대로 하도록 허락하셨음을 말하는 것이다.

우리는 다음과 같은 믿음의 시험에 늘 직면하고 있음을 알아야 한다.

[창 2:16-17] **16** 여호와 하나님이 그 사람에게 명하여 가라사대 동산 각종 나무의 실과는 네가 임의로 먹되 **17** 선악을 알게 하는 나무의 실과는 먹지 말라 네가 먹는 날에는 정녕 죽으리라 하시니라.

[창 3:1] 여호와 하나님의 지으신 들짐승 중에 뱀이 가장 간교하더라 뱀이 여자에게 물어 가로되 하나님이 참으로 너희더러 동산 모든 나무의 실과를 먹지 말라 하시더냐.

하나님의 말씀에 불순종해 이런 시험에 패하면 그에 합당한 징계가 반드시 따른다. 그러나 하나님의 말씀에 순종해 시험을 이기면 큰 축복이 따른다.

[창 22:1-2] **1** 그 일 후에 하나님이 아브라함을 시험하시려고 그를 부르시되 아브라함아 하시니 그가 가로되 내가 여기 있나이다 **2** 여호와께서 가라사대 네 아들 네 사랑하는 독자 이삭을 데리고 모리아 땅으로 가서 내가 네게 지시하는 한 산 거기서 그를 번제로 드리라.

[창 22:16-18] **16** … 여호와께서 이르시기를 내가 나를 가리켜 맹세하노니 네가 이같이 행하여 네 아들 네 독자를 아끼지 아니하였은즉 **17** 내가 네게 큰 복을 주고 네 씨로 크게 성하여 하늘의 별과 같고 바닷가의 모래와 같게 하리니 네 씨가 그 대적

의 문을 얻으리라 **18** 또 네 씨로 말미암아 천하 만민이 복을 얻으리니 이는 네가 나의 말을 준행하였음이니라.

우리는 언약이 순종으로 완성된다는 것을 알아야 한다. 요셉도 그랬다. 하나님께서 요셉을 애굽의 총리로 삼으신 것은 형들에게 미움을 사 종으로 팔려 종살이를 하든, 억울한 누명을 쓰고 옥에 갇히든 간에 그것이 다 하나님의 뜻이라 생각하고 맡은 바 일에 최선을 다한 것과 하나님 앞에 악을 행하지 않으려고 한 그의 순종 때문이었다.

[창 39:9] 이 집에는 나보다 큰이가 없으며 주인이 아무 것도 내게 금하지 아니하였어도 금한 것은 당신뿐이니 당신은 자기 아내임이라 그런즉 내가 어찌 이 큰 악을 행하여 하나님께 득죄하리이까.

이와 같이 하나님의 뜻에 순종하는 이는 사탄에게 참소할 빌미를 주지 않음으로 하나님께서 그에게 복을 주시고 그를 사용하실 수 있지만, 하나님의 말씀에 불순종하는 자는 사탄에게 참소거리와 하나님의 일을 훼방할 빌미를 주게 되므로 하나님께 쓰임받기는커녕 오히려 하나님의 진노를 사 하나님의 징계를 받게 된다.

[삼상 13:13-14] **13** 사무엘이 사울에게 이르되 왕이 망령되이 행하였도다 왕이 왕의 하나님 여호와께서 왕에게 명하신 명령을 지키지 아니하였도다 그리하였더면 여호와께서 이스라엘 위에 왕의 나라를 영영히 세우셨을 것이어늘 **14** 지금은 왕의 나라가 길지 못할 것이라 여호와께서 왕에게 명하신 바를 왕이 지키지 아니하였으므로 여호와께서 그 마음에 맞는 사람을 구하여 그 백성의 지도자를 삼으셨느니라.

[삼상 15:22-23] **22** 사무엘이 가로되 여호와께서 번제와 다른 제사를 그 목소리 순종하는 것을 좋아하심 같이 좋아하시겠나이까 순종이 제사보다 낫고 듣는 것이 수

양의 기름보다 나으니 ²³ 이는 거역하는 것은 사술의 죄와 같고 완고한 것은 사신 우상에게 절하는 죄와 같음이라 왕이 여호와의 말씀을 버렸으므로 여호와께서도 왕을 버려 왕이 되지 못하게 하셨나이다.

이에 반해 다윗은 하나님의 뜻에 순종해 자신의 손으로 사울을 치려 하지 않았다.

[삼상 26:11] 내가 손을 들어 여호와의 기름 부음을 받은 자를 치는 것을 여호와께서 금하시나니 너는 그의 머리 곁에 있는 창과 물병만 가지고 가자.

하나님께서 아브라함과 요셉과 다윗을 높이신 것은 그들이 하나님께 순종했기 때문이며, 아담과 하와와 사울이 하나님께 징계를 받은 것은 하나님의 뜻에 불순종했기 때문이다. 또한, 앞장에서 보았듯이 순종과 불순종은 후대에게까지 큰 영향을 미친다.

혹자는 예수 그리스도의 피로 인한 죄 사함을 들먹이며 반박하려 할 것이다. 누차 하는 이야기지만 예수 믿은 이후에 지은 죄는 "용서하라", "서로 사랑하라"는 예수님의 말씀을 행했을 때와 우리가 지은 죄를 자백했을 때에만 사함받을 수 있다(마 6:12,14; 요일 1:7-10; 행 3:19). 그리고 우리가 지은 죄를 자백하면 성령의 역사하심을 불러 예수님의 말씀을 행할 수 있게 된다. 예수께서는 우리에게 절대 순종을 요구하셨다.

[눅 17:10] 이와 같이 너희도 명령 받은 것을 다 행한 후에 이르기를 우리는 무익한 종이라 우리의 하여야 할 일을 한 것뿐이라 할지니라.

그런데 이 시대 우리는 왜 예수 그리스도를 믿기만 하고 아무도 순종하지 않는가?

불순종한 자의 마지막은 어떻게 될 것 같은가?

[눅 6:46, 49] **46** 너희는 나를 불러 주여 주여 하면서도 어찌하여 나의 말하는 것을 행치 아니하느냐 / **49** 듣고 행치 아니하는 자는 주초 없이 흙 위에 집 지은 사람과 같으니 탁류가 부딪히매 집이 곧 무너져 파괴됨이 심하니라.

[마 7:22-23] **22** 그 날에 많은 사람이 나더러 이르되 주여 주여 우리가 주의 이름으로 선지자 노릇 하며 주의 이름으로 귀신을 쫓아내며 주의 이름으로 많은 권능을 행하지 아니하였나이까 하리니 **23** 그 때에 내가 그들에게 밝히 말하되 내가 너희를 도무지 알지 못하니 불법을 행하는 자들아 내게서 떠나가라 하리라.

※ [신앙개혁 20장]으로 가려면 ☞ p. 313

21

칭의(稱義)와 성화(聖化)와 구원(救援)

앞에서도 칭의(의롭다 하심을 받음)에 대해 살펴보았지만 그것은 필자가 정의한 칭의였고, 여기서는 신학자들이 정립한 신학에 근거해 칭의와 성화와 구원에 대해 심층적으로 살펴보겠다. 다음 말씀들은 서로 상충되는 이야기를 하는 듯이 보인다.

[롬 3:23-24] **23** 모든 사람이 죄를 범하였으매 하나님의 영광에 이르지 못하더니 **24** 그리스도 예수 안에 있는 구속으로 말미암아 하나님의 은혜로 값없이 의롭다하심을 얻은 자 되었느니라.

[롬 5:18-19] **18** 그런즉 한 범죄로 많은 사람이 정죄에 이른 것 같이 의의 한 행동으로 말미암아 많은 사람이 의롭다하심을 받아 생명에 이르렀느니라 **19** 한 사람의 순종치 아니함으로 많은 사람이 죄인 된 것 같이 한 사람의 순종하심으로 많은 사람이 의인이 되리라.

[갈 6:8] 자기의 육체를 위하여 심는 자는 육체로부터 썩어진 것을 거두고 성령을 위하여 심는 자는 성령으로부터 영생을 거두리라.

[롬 2:6-8] **6** 하나님께서 각 사람에게 그 행한 대로 보응하시되 **7** 참고 선을 행하여 영광과 존귀와 썩지 아니함을 구하는 자에게는 영생으로 하시고 **8** 오직 당을 지어

진리를 좇지 아니하고 불의를 좇는 자에게는 노와 분으로 하시리라(=고후 5:10).

[롬 8:12-13] **12** 그러므로 형제들아 우리가 빚진 자로되 육신에게 져서 육신대로 살 것이 아니니라 **13** 너희가 육신대로 살면 반드시 죽을 것이로되 영으로써 몸의 행실을 죽이면 살리니.

위 말씀 중 앞의 로마서 3:23-24과 로마서 5:18-19는 칭의에 대해, 뒤의 갈라디아서 6:8, 로마서 2:6-8, 로마서 8:12-13은 성화와 구원에 대해 말씀한 것이다. 위 말씀 중 로마서 5:18의 하반절 말씀 "의의 한 행동으로 말미암아 많은 사람이 의롭다 하심을 받아 생명에 이르렀느니라"를 원문에 의거해 번역하면 "한 의로운 행위로 인해 모든 사람이 생명의 의롭다 하심에 이르렀느니라"이다(KJV, NIV는 이같이 번역하고 있다). 원문이 "많은 사람"이 아니라 "모든 사람이 생명의 의롭다 하심에 이르렀느니라"라고 한 것은 예수를 믿으면 누구나 죄 사함으로 인해 의롭다 하심을 받을 수 있기 때문이며, 아직도 믿지 않는 이가 여전히 훨씬 많은 것은 그들을 위해 심은 자가 아무도 없었기 때문이다.

다음도 칭의와 구원에 대해 오해하기 쉬운 말씀이다.

[롬 5:9-10] **9** 그러면 이제 우리가 그 피를 인하여 의롭다하심을 얻었은즉 더욱 그로 말미암아 진노하심에서 구원을 얻을 것이니 **10** 곧 우리가 원수 되었을 때에 그 아들의 죽으심으로 말미암아 하나님으로 더불어 화목되었은즉 화목된 자로서는 더욱 그의 살으심을 인하여 구원을 얻을 것이니라(※ 딛 3:7).

이는 우리가 예수의 피로 의롭다 하심을 얻고 진노하심에서 구원받았듯이 종국에도 예수로 인해(=예수께서 하신 말씀을 행함으로 인해) 영혼을 구원받을 것이라고 말한 것일뿐, 칭의가 영생을 보장해 준다는 말은 결코 아닙니다. 왜냐하면, 위 갈라디아서 6:8, 로마서 2:6-8, 로마서 8:12-13은 분명

성화되어야 영생을 얻을 수 있다고 말씀하고 있기 때문이다.

예수 그리스도를 믿는 것이 구원의 첫 번째 관문이라면, 회개가 구원의 두 번째 관문이라는 것을 알아야 한다.

[행 3:19a] 너희가 회개하고 돌이켜 너희 죄 없이 함을 받으라 ….

[요일 1:9] 만일 우리가 우리 죄를 자백하면 저는 미쁘시고 의로우사 우리 죄를 사하시며 모든 불의에서 우리를 깨끗케 하실 것이요.

[고후 7:10] 하나님의 뜻대로 하는 근심은 후회할 것이 없는 구원에 이르게 하는 회개를 이루는 것이요 세상 근심은 사망을 이루는 것이니라.

우리 죄를 회개해 죄 사함을 받으면 성령께서 우리 안에서 역사하신다.

[잠 1:23] 나의 책망을 듣고 돌이키라 보라 내가 나의 신을 너희에게 부어주며 나의 말을 너희에게 보이리라 (= 계 3:19-20) (※ 나의 신 [神] → [개역개정] 나의 영 [靈]).

성령께서 역사해 우리를 도우시면 선을 행해 구원에 이를 수 있다.

[빌 1:19b] … 예수 그리스도의 성령의 도우심으로 내 구원에 이르게 할 줄 아는 고로.

[딛 3:5] 우리를 구원하시되 우리의 행한바 의로운 행위로 말미암지 아니하고 오직 그의 긍휼하심을 좇아 중생의 씻음과 성령의 새롭게 하심으로 하셨나니 (= 요 3:5).

[살후 2:13b] … 하나님이 처음부터 너희를 택하사 성령의 거룩하게 하심과 진리를 믿음으로 구원을 얻게 하심이니 (※ 거룩하게 하심 = 성화 [聖化] : ἁγιασμός [하기아스모스]).

바울이 성령과 구원을 함께 언급한 것은 성령의 도우심을 받아야 우리가 예수님의 말씀을 행할 수 있기 때문이다. 그러므로 성화(聖化)란 스스로는 결코 선을 행할 수 없는 인간이 성령의 도우심을 받아 선을 행하는 것을 말한다.

[겔 36:26-27] **26** 또 새 영을 너희 속에 두고 새 마음을 너희에게 주되 너희 육신에서 굳은 마음을 제하고 부드러운 마음을 줄 것이며 **27** 또 내 신을 너희 속에 두어 너희로 내 율례를 행하게 하리니 너희가 내 규례를 지켜 행할지라(※ 내 신[神] → 성령[聖靈]).

[갈 5:16-18] **16** 내가 이르노니 너희는 성령을 좇아 행하라 그리하면 육체의 욕심을 이루지 아니하리라 **17** 육체의 소욕은 성령을 거스리고 성령의 소욕은 육체를 거스리나니 이 둘이 서로 대적함으로 너희의 원하는 것을 하지 못하게 하려 함이니라 **18** 너희가 만일 성령의 인도하시는 바가 되면 율법 아래 있지 아니하리라.

사도 바울은 성령을 따라 행하지 않으면 구원받지 못함을 분명히 하고 있다.

[갈 5:19-21] **19** 육체의 일은 현저하니 곧 음행과 더러운 것과 호색과 **20** 우상 숭배와 술수와 원수를 맺는 것과 분쟁과 시기와 분냄과 당 짓는 것과 분리함과 이단과 **21** 투기와 술 취함과 방탕함과 또 그와 같은 것들이라 전에 너희에게 경계한 것 같이 경계하노니 이런 일을 하는 자들은 하나님의 나라를 유업으로 받지 못할 것이요.

그러나 우리가 성령을 따라 행하면 사랑, 희락, 화평, 오래 참음, 자비, 양선, 충성, 온유, 절제의 열매를 맺음으로 하나님의 뜻을 이루어 드릴 수 있게 된다.

[갈 5:22-26] ²² 오직 성령의 열매는 사랑과 희락과 화평과 오래 참음과 자비와 양선과 충성과 ²³ 온유와 절제니 이 같은 것을 금지할 법이 없느니라 ²⁴ 그리스도 예수의 사람들은 육체와 함께 그 정과 욕심을 십자가에 못박았느니라 ²⁵ 만일 우리가 성령으로 살면 또한 성령으로 행할지니 ²⁶ 헛된 영광을 구하여 서로 격동하고 서로 투기하지 말지니라.

즉, 성령을 따라 행해 성령의 열매를 맺는 것을 성화라 하는데, 이것이 구원의 마지막 관문인 것이다. 칭의와 성화와 구원은 다음 말씀으로 정리할 수 있다.

[롬 6:22] 그러나 이제는 Ⓐ 너희가 죄에게서 해방되고 Ⓑ 하나님께 종이 되어 거룩함에 이르는 열매를 얻었으니 이 마지막은 Ⓒ 영생이라 (※ 거룩함[성화] = άγιασμός[하기아스모스])

(※ Ⓐ 불신자가 예수 그리스도를 믿음으로 그리고 신자가 죄를 자백하고 회개함으로 죄 사함을 받음[칭의] → Ⓑ 하나님께 순종해 거룩함에 이르는 열매를 맺음[성화] → Ⓒ 구원)

즉, 지은 죄를 자백해 죄를 사함받으면 성령께서 역사하시는데 그때 우리가 성령을 따라 행하면 성화에 이르러 영생을 얻을 수 있다는 말이다.

턱걸이 구원이나 부끄러운 구원은 없다. 반쪽 믿음만 있을 뿐이다. 반쪽 믿음은 미련한 처녀, 한 달란트 받은 자, 형제를 사랑하지 않아 염소로 분류된 자들 같이 칭의는 받았지만, 구원은 받지 못하는 안타까운 믿음이다. 의롭다 하심은 거저 받지만, 구원받기 위해서는 값없이 죄 사함을 받고 하나님의 자녀가 된 은혜를 후진(後進)들에게 반드시 갚아야만 한다. 그래서 한때 악인이었던 바울이 하나님의 은혜로 회심해 의롭다 하심을 받은 후에는 빚진 자가 되어 온갖 수고와 고난과 위험을 감수하면서까지 후진들에게 그 빚을 갚았던 것이다(고후 11:23-28). 그렇지 않으면 그에게 화가 있게 된다(고전 9:16).

따라서 구원은 ① 구원을 계획하시고 주관하시는 하나님의 사랑과 ② 우리의 죄를 대속하신 예수 그리스도의 은혜와 ③ 우리의 믿음의 선진들이 성령을 따라 행함으로 심음과 ④ 그 믿음의 열매인 우리가 성령을 위해 심어(갈 6:8) 믿음의 열매를 맺은 결과를 받는 것이다. 즉, 구원은 순종으로 심어 믿음의 열매를 맺은 것에 대한 상급인 것이다.

※ [신앙개혁 21장]으로 가려면 ☞ p. 325

22

상급(賞給)에 대한 바른 이해

상급도 상당한 논란이 있는 신학적 문제다. 먼저 상급에 관한 대표적 구절을 보자.

[눅 6:35] 오직 너희는 원수를 사랑하고 선대하며 아무 것도 바라지 말고 빌리라 그리하면 너희 상이 클 것이요 또 지극히 높으신 이의 아들이 되리니 ….

상급은 요셉과 다윗 같이 생전에 누리기도 하지만 스데반, 바울, 짐 엘리엇과 같이 생전에 누리지 못하는 경우도 있다. 그래서 상급은 천국에서나 받는 것이라고 주장하는 이들도 있다. 그러나 이것은 천국에서의 차별을 의미하므로 동의하지 않는 이들도 많다.
그렇다면 상급은 무엇을 의미할까?
상급은 현세에도 누릴 수 있지만, 궁극적인 상급은 믿음의 열매 된 자들이다. 왜냐하면, 이들로 인해 심는 자와 거두는 자가 내세에 영생을 얻기 때문이다(요 4:36).
아브라함과 다윗의 상급은 이스라엘 백성과 유다 백성 그리고 그들의 자손 예수 그리스도가 아니던가?
이렇듯 상급 중 최고의 상급은 믿음의 열매 된 자들이다.

[시 127:3] 자식은 여호와의 주신 기업이요 태의 열매는 그의 상급이로다.

"자식은 여호와의 주신 기업"이라는 말은 하나님께서 사랑하는 자의 자식은 하나님께서 거두는 자와 심는 자로 쓰신다는 뜻이며(얼마나 순종했느냐에 따라 자식에게 주어질 달란트의 양이 결정된다), "태의 열매가 그의 상급"이라는 말은 하나님께 순종하는 자는 하나님께서 태의 자식을 그의 믿음의 열매(상급)로 주시므로 그가 구원받을 것이라는 말로 볼 수 있다. 그러나 여태껏 믿음의 열매 된 자를 상급이라 여기지 않았던 것은 나만 구원받으면 그만이라는 자기중심적 구원관 때문이다. 하나님의 뜻은 모든 믿는 사람이 믿음의 열매를 맺는 데 있다.

위 내용을 다음 말씀에 적용해서 읽어 보라.

> [눅 18:29-30] ²⁹ 내가 진실로 너희에게 이르노니 하나님의 나라를 위하여 집이나 아내나 형제나 부모나 자녀를 버린 자는 ³⁰ 금세에 있어 여러 배를 받고 내세에 영생을 받지 못할 자가 없느니라 (※ 여러 배를 받고 → "여러 배의 복과 믿음의 열매를 받고"로 이해가능하다).

믿음의 열매는 후세대에 다음과 같이 확장된다.

첫째, 하나님께서는 심는 자가 순종으로 심는 만큼 그에게 믿음의 열매 된 자들을 상으로 주시고 또 그들에게 달란트를 주신다. 이는 하나님께서 유럽, 미국, 한국과 같이 믿음의 선진이 피와 땀으로 심은 나라는 기독교를 번성하게 하고 나라를 부강하게 해 다른 나라에 선교할 수 있는 능력을 주시는 것을 보면 알 수 있다. 나라와 민족뿐 아니라 개인도 그렇다. 큰 믿음으로 심으면 많은 달란트를 받는 믿음의 열매 된 자들이 생겨난다(롬 9:21; 딤후 2:20). 그렇다면 이들은 받은 달란트만큼 순종으로 심어야 할 것이다.

> [마 25:16-17] ¹⁶ 다섯 달란트 받은 자는 바로 가서 그것으로 장사하여 또 다섯 달란트를 남기고 ¹⁷ 두 달란트 받은 자도 그같이 하여 또 두 달란트를 남겼으되.

예를 들면, 요셉과 다윗 같은 경우 애굽의 총리와 이스라엘의 왕이라는 큰 직책을 받았다. 그런데 하나님께서 그들에게 큰 직책을 주신 것은 그들의 믿음이 그만한 일을 감당할 만하기 때문이다. 실제로 그들은 받은 만큼 하나님의 일을 수행했다. 이것은 다섯 달란트를 받은 자는 다섯 달란트를 남긴 것과 같은 이치다. 그러나 두 달란트 받은 이와 같이 더 적은 직분과 직책을 맡기셨더라도 그 일을 잘 수행하면 다섯 달란트 받은 이와 똑같은 칭찬을 받게 되고(마 25:20-23) 함께 구원의 복을 누릴 수 있을 것이다. 하나님의 일을 수행한다는 것은 곧 하나님 뜻을 행한다는 것이다. 한 달란트 받은 자와 같이 하나님께 많은 것을 받고도 하나님의 뜻을 행하지 않으면 구원받지 못한다.

둘째, 심는 자들이 얼마만큼 순종했느냐에 따라 믿음의 열매 된 자들의 수가 결정된다. 이는 적게 순종한 자는 적게 거두고 많이 순종한 자는 많이 거두게 된다는 말이다.

> [마 13:23] 좋은 땅에 뿌리웠다는 것은 말씀을 듣고 깨닫는 자니 결실하여 혹 백 배, 혹 육십 배, 혹 삼십 배가 되느니라.

위 말씀 같이 온전히 순종한 선진으로 인해 많은 달란트를 받은 이가 또 온전히 순종해 백배의 믿음의 열매를 맺으며 계속 확장해 나간다면 1→백→만→백만→일억→백억이 되어 모든 사람이 구원받을 수 있을 것이다. 이것이 하나님께서 원하시는 것이다.

> [딤전 2:4] 하나님은 모든 사람이 구원을 받으며 진리를 아는데 이르기를 원하시느니라.

그러나 현실은 전혀 그렇지 못하다(눅 18:8). 이는 한 달란트 받은 자나 가시떨기에 뿌려져 결실하지 못한 자같이 믿음의 열매를 맺지 못한 이들 때문이기도 하지만, 가룟 유다와 같이 하나님께 택함 받았지만 범죄한 이는 많은 죄의 열매를 맺음으로 마귀의 자녀를 양산해 복음 전파를 방해하기 때문이다(요 8:44; 마 23:15; 요일 3:10).

[마 13:24-30] **24** 예수께서 그들 앞에 또 비유를 베풀어 가라사대 천국은 좋은 씨를 제 밭에 뿌린 사람과 같으니 **25** 사람들이 잘 때에 그 원수가 와서 곡식 가운데 가라지를 덧뿌리고 갔더니 **26** 싹이 나고 결실할 때에 가라지도 보이거늘 **27** 집 주인의 종들이 와서 말하되 주여 밭에 좋은 씨를 심지 아니하였나이까 그러면 가라지가 어디서 생겼나이까 **28** 주인이 가로되 원수가 이렇게 하였구나 종들이 말하되 그렇다면 우리가 가서 이것을 뽑기를 원하시나이까 **29** 주인이 가로되 가만 두어라 가라지를 뽑다가 곡식까지 뽑을까 염려하노라 **30** 둘 다 추수 때까지 함께 자라게 두어라 추수 때에 내가 추숫군들에게 말하기를 가라지는 먼저 거두어 불사르게 단으로 묶고 곡식은 모아 내 곳간에 넣으라 하리라.

이런 관점으로 보면 그동안 난제로 남았던 신학적 문제들도 다 해결될 수 있다. 턱걸이 구원이나 부끄러운 구원의 근거 구절로 인용되어 왔던 다음 구절도 심는 자와 믿음의 열매와 죄의 열매라는 개념을 도입해 보면 전혀 다르게 보일 것이다.

[고전 3:9-15] **9** 우리는 하나님의 동역자들이요 너희는 하나님의 밭이요 하나님의 집이니라 **10** 내게 주신 하나님의 은혜를 따라 내가 지혜로운 건축자와 같이 터를 닦아 두매 다른 이가 그 위에 세우나 그러나 각각 어떻게 그 위에 세우기를 조심할지니라 **11** 이 닦아 둔 것 외에 능히 다른 터를 닦아 둘 자가 없으니 이 터는 곧 예수 그리스도라 **12** 만일 누구든지 금이나 은이나 보석이나 나무나 풀이나 짚으로 이 터 위에 세우면 **13** 각각 공력이 나타날 터인데 그 날이 공력을 밝히리니 이는 불로 나타내고 그 불이 각 사람의 공력이 어떤 것을 시험할 것임이니라 **14** 만일 누구든지 그 위에 세운 공력이 그대로 있으면 상을 받고 **15** 누구든지 공력이 불타면 해를 받으리

니 그러나 자기는 구원을 얻되 불 가운데서 얻은 것 같으리라.

　이것은 다음과 같이 볼 수 있다. 바울이 닦아놓은 예수 그리스도의 터 위에서, 다른 이가 복음을 전하고 말씀을 가르치겠지만, 그가 어떤 열매를 맺을지는 그가 무엇을 위해 심느냐에 달려 있다. 만약 그가 성령을 위해 심는다면 그가 가르치는 이들은 그의 믿음의 열매가 되겠지만, 육체를 위해 심는다면 그들은 그의 죄의 열매가 될 것이다. 그런데 평소에는 그것을 알 수 없다.
　그러나 환난과 고난과 시험이 오면 알 수 있다. 만약 그들이 그의 믿음의 열매라면 환난과 고난과 시험이 와도 끝까지 믿음을 지킬 것이므로 그가 상을 받게 될 것이지만, 그의 죄의 열매라면 환난과 고난이 오면 믿음을 배반하고, 시험이 오면 미혹을 받아 실족할 것이므로 그가 해를 받게 될 것이다. 만약 그가 죄의 열매보다 믿음의 열매를 더 많이 맺었다면 구원받게 될 것이지만, 반드시 이런 시련을 거쳐야 할 것이다.
　한 사람이 믿음의 열매와 죄의 열매를 함께 맺을 수 있음은 다윗을 보면 알 수 있다. 다윗은 많은 믿음의 열매를 거뒀지만, 밧세바를 취하고 그의 남편 우리야를 죽여 죄의 열매도 맺었다.
　기존 개인 중심적 구원론과 필자의 공동체적 구원론의 차이를 봤는가?
　우리가 복음을 열심히 전해서 믿는 사람들이 생겨나는 것이 아니라, 우리가 하나님의 뜻대로 행함으로 믿음의 씨앗이 뿌려지고, 그것을 하나님께서 자라게 하시고 열매 맺게 하심으로 수많은 믿음의 열매 된 자가 생겨나는 것이다. 이것이 복음 전파와 영혼 구원의 원리다. 반면 우리가 예수님을 믿으면서도 예수님의 말씀은 전혀 행하지 않는다면 우리 자신도 구원을 잃어버릴 뿐 아니라, 불순종의 열매를 맺어 복음전파를 훼방하는 이들이 수없이 생겨날 것이다. 특히, 인도자의 위치에 있으면서도 말씀에 순종하지 않아 수많은 사람을 불순종으로 이끈 이들은 그 자손까지 저주를 면하지 못할 것이다. 회개하라.

※ [신앙개혁 22장]으로 가려면 ☞ p. 332

23

기존 신학의 오류에 대한 질문과 대답

1) 예수께서 우리를 죄에서 구원하셨다(롬 12:1)**라는 말씀의 의미는?**

구약 때에는 아브라함의 자손인 이스라엘 백성 외에는 아무도 하나님의 백성이 될 수 없었다. 예외적으로 이스라엘 공동체에 들어와 하나님의 백성이 되는 경우도 간혹 있었지만, 이스라엘 공동체에 들어온 후 삼 대가 지나야 여호와의 총회에 들어갈 수가 있었다(신 28:3). 그렇기 때문에 이방 땅에 사는 사람이 하나님의 백성이 된다는 것은 불가능했다. 구약 백성들은 소, 양, 염소 등을 드리는 희생제사를 통해 자신의 죄를 자복했고 제사장이 속죄함으로 죄 사함을 받았다.

그러나 예수께서 이 땅에 오셔서 성전과 희생제물과 제사장이 필요한 속죄 제사를 폐하시고 단번에 자기를 제물로 드리심으로 자기의 피로 완전한 속죄를 이루셨다(히 7:27; 9:12,26). 예수께서 우리를 죄에서 구원하셨다는 것은 다음과 같은 의미가 있다.

첫째, 불신자가 예수 그리스도를 믿으면 전에 지은 죄를 모두 사함받게 된다.

둘째, 구약 성도는 희생제사를 통해서만이 죄 사함을 받을 수 있었다. 그리고 이스라엘이 가나안 땅에 정착한 후로는 반드시 예루살렘 성전에 가서 제사를 드려야 했다. 그러나 신약 성도는 그럴 필요 없이 예수 그리스도의 이름으로 하나님께 죄를 자백하기만 하면 죄 사함을 받을 수 있다 (요일 1:9). 죄를 자백함으로 받는 죄 사함은 성령의 역사하심을 부르므로 그 도우심을 받으면 누구나 예수님의 말씀을 행할 수 있다.

셋째, 예수께서 명하신 용서하라는 말씀과 예수님의 계명인 서로 사랑하라는 말씀을 행하면 모든 죄를 깨끗이 사함받는다(마 6:12,14; 요일 1:7 & 2:10).

위 둘째의 죄를 자백함으로 받는 죄 사함은 자백한 죄에 대해서만 받는 죄 사함이지만, 위 셋째의 "용서하라"와 "서로 사랑하라"는 말씀을 행하는 이는 부지중에 지은 죄나 미처 자백하지 못한 죄까지 모두 사함받는 완전한 죄 사함이다. 따라서 이것으로는 능히 구원받을 수 있다. 이는 제사가 폐해졌다는 것을 제외하고는 구약과 완전히 동일하다.

2) 혹자는 구원은 전적으로 하나님의 은혜이자 선물이므로 구원을 위해 우리가 할 일을 전혀 없다고 말한다. 이것이 맞는 주장인지?

그들은 다음과 같은 말씀으로 그와 같이 주장을 한다.

> [엡 2:8-9] **8** 너희는 그 은혜를 인하여 믿음으로 말미암아 구원을 얻었나니 이것이 너희에게서 난 것이 아니요 하나님의 선물이라 **9** 행위에서 난 것이 아니니 이는 누구든지 자랑치 못하게 함이라(※ 행위 = ἔργον[엘곤]) (※ 갈 2:16; 롬 3:23-26).

그들은 이 말씀을 곡해해서 다음과 같이 주장한다.

"세상 종교는 자력구원 종교여서 전적으로 자기의 피나는 고행과 수행으로 구원에 이르려고 하는 것이고, 기독교는 타력구원 종교로 자기 노력 없이 전적으로 하나님의 구원의 섭리 속에 의존하는 것이다. 따라서 구원은 믿기만 하면 공짜로 얻는 일종의 선물인 셈이다."

그렇다면 다음 말씀은 왜 위 말씀과 상충되는가?

[약 2:14] 내 형제들아 만일 사람이 믿음이 있노라 하고 행함이 없으면 무슨 이익이 있으리요 그 믿음이 능히 자기를 구원하겠느냐(※ 행함 = ἔργον[엘곤]).

또 위 에베소서 2:8-9에서 구원은 믿음으로 인한 것이지 행위에서 난 것이 아니라고 한 바울이 다음에서는 정반대되는 말을 한다.

[롬 2:7] 참고 선을 행하여 영광과 존귀와 썩지 아니함을 구하는 자에게는 영생으로 하시고(※ 행하여 → ἔργον[엘곤]).

[고전 13:2] … 산을 옮길만한 모든 믿음이 있을지라도 사랑이 없으면 내가 아무 것도 아니요(※ 사랑 = 형제 사랑[요일 3:14] = 야고보가 말한 행함[약 2:14-17]).

[딛 1:16] 그들이 하나님을 시인하나 행위로는 부인하니 가증한 자요 복종치 아니하는 자요 모든 선한 일을 버리는 자니라(※ "행위"="일" → ἔργον[엘곤]).

성경에서 행위(행함)로 구원받음을 말씀하는 구절은 많다.

[마 7:21] 나더러 주여 주여 하는 자마다 천국에 다 들어갈 것이 아니요 다만 하늘에 계신 내 아버지의 뜻대로 행하는 자라야 들어가리라(※ 눅 6:47-48).

[요 5:29] 선한 일을 행한 자는 생명의 부활로, 악한 일을 행한 자는 심판의 부활로 나오리라.

[요일 3:14] 우리가 형제를 사랑함으로 사망에서 옮겨 생명으로 들어간 줄을 알거니와 사랑치 아니하는 자는 사망에 거하느니라(= 마 25:31-46; 약 2:13-17; 고전 13:2).

성경이 말씀하는 믿음에는 아브라함, 다윗과 같이 하나님께 순종하는 믿음이 있는가 하면 사울, 요나와 같이 하나님은 믿으나 하나님께 불순종하는 믿음도 있다. 또한, 행위(행함)에도 하나님 뜻을 따르는 행위가 있고 하나님의 의를 따르지 않고 자기의 의로서 하는 행위가 있다. 또 하나님 사랑과 형제 사랑에 관련된 본질적 신앙 행위가 있고 예배, 말씀, 기도, 전도, 십일조 등과 같은 도구적 신앙 행위가 있다.

바울이 구원은 행위에서 난 것이 아니라 했는데 설마하니 위 행위 전부를 지칭해 말했겠는가?

기존 신학 중 특히 구원론은 문자적 해석과 자신의 마음에 합한 말씀만 취하고 꺼려지는 말씀은 버린 자기기만(自己欺瞞, self-deception)의 산물이다. 이런 행위는 하나님께서 금하신 일이며 이 세대에 진노하신 가장 큰 이유 중 하나다.

> [신 4:2] 내가 너희에게 명하는 말을 너희는 가감하지 말고 내가 너희에게 명하는 너희 하나님 여호와의 명령을 지키라(= 신 12:32).

예수께서 하신 다음 말씀이 위 말씀 전체를 잘 대변하고 있다.

> [마 7:21-23] 21 나더러 주여 주여 하는 자마다 천국에 다 들어갈 것이 아니요 다만 하늘에 계신 내 아버지의 뜻대로 행하는 자라야 들어가리라 22 그 날에 많은 사람이 나더러 이르되 주여 주여 우리가 주의 이름으로 선지자 노릇하며 주의 이름으로 귀신을 쫓아내며 주의 이름으로 많은 권능을 행치 아니하였나이까 하리니 23 그 때에 내가 저희에게 밝히 말하되 내가 너희를 도무지 알지 못하니 불법을 행하는 자들아 내게서 떠나가라 하리라.

★ 예수께 주여 주여 하는 자 → 믿음(○), 행위(○), 행함(?) → 믿음(?)

★ 하나님 뜻대로 행하는 자 → 믿음(○), 행위(○), 행함(○) → 믿음(○)

★ 불법을 행하는 자들   → 믿음(○), 행위(○), 행함(×) → 믿음(×)

  이것을 요즘 식으로 말하자면 예수를 믿고, 말씀을 잘 알고, 예배와 기도와 십일조를 드리면 믿음과 행위가 있는 것이고, 하나님의 뜻대로 행하면(=예수님의 말씀을 행하면 =순종하면) 믿음과 행함이 있는 것이다. 그러므로 구원은 행위에서 난 것이 아니지만 행함 없이는 구원받을 수 없으며, 믿음으로 구원받지만 믿음만으로는 구원받을 수 없다.

  그렇다면 예수 그리스도를 믿는 이는 자력으로 선(善)을 행할 수 있을까?

  못한다. 인간의 의지만으로는 결코 선을 행할 수 없다. 그러나 방법은 있다.

  하나님께서는 우리가 선을 행하지 못했을 때 그것을 책망하며 우리를 징계하신다.

> [히 12:6] 주께서 그 사랑하시는 자를 징계하시고 그의 받으시는 아들마다 채찍질하심이니라(=계 3:19; 잠 3:12).

  그때 우리가 선을 행하지 못한 죄를 자백하면 성령께서 우리에게 말씀이 생각하게 하시고 우리 마음을 부드럽게 하시므로 우리가 선을 행할 수 있다.

> [잠 1:23] 나의 책망을 듣고 돌이키라 보라 내가 나의 신을 너희에게 부어주며 나의 말을 너희에게 보이리라(=계 3:20; 요일 1:8-10) (※ 신[神] → [개역개정] 영[靈]).

[겔 11:19-20] **19** 내가 그들에게 일치한 마음을 주고 그 속에 새 신을 주며 그 몸에서 굳은 마음을 제하고 부드러운 마음을 주어서 **20** 내 율례를 좇으며 내 규례를 지켜 행하게 하리니 그들은 내 백성이 되고 나는 그들의 하나님이 되리라(=겔 36:26-27)(※ 신→영).

[빌 1:19] 이것이 너희의 간구와 예수 그리스도의 성령의 도우심으로 나를 구원에 이르게 할 줄 아는 고로(※ 계 3:21).

[롬 8:13] 너희가 육신대로 살면 반드시 죽을 것이로되 영으로써 몸의 행실을 죽이면 살리니.

따라서 기독교는 다음과 같은 원리로 구원받는다. 우리가 우리 죄를 자백해 죄 사함을 받으면 성령께서는 우리에게 필요한 말씀이 생각나게 하신다. 그때 우리가 성령을 따라 그것을 행하면 모든 죄를 사함받고 종국에는 구원에 이르게 된다. 바울은 이것을 구원에 이르게 하는 회개라 했다(고후 7:10). 일생에 걸쳐 이것을 해야 하지만, 처음 몇 번이 어렵지 행하면 행할수록 점점 더 수월해지므로 누구나 다 구원에 이를 수가 있다.

3) 하나님의 은혜로 택하심을 받았다는 말은 무엇을 말하는 것인가?

[롬 11:5-6] **5** 그런즉 이와 같이 이제도 은혜로 택하심을 따라 남은 자가 있느니라 **6** 만일 은혜로 된 것이면 행위로 말미암지 않음이니 그렇지 않으면 은혜가 은혜 되지 못하느니라.

하나님께서는 공의와 정의를 행하시는 분이시다. 이유 없이 누구는 은혜로 택하시고, 누구는 유기하실 분이 아니시다.

그렇다면 우리는 위 말씀을 이해해야 할까?

하나님께서는 다음의 두 경우에 해당되는 자에게 은혜를 베푸신다.

(1) 믿음의 열매 된 자

하나님께서는 순종으로 심은 자의 후손에게는 은혜와 긍휼을 베푸신다 (단, 신약 시대에는 예수 그리스도의 대속의 은혜로 혈연관계가 아닌 자도 믿음의 열매가 될 수 있다).

> [왕하 13:23] 여호와께서 아브라함과 이삭과 야곱으로 더불어 세우신 언약을 인하여 이스라엘에게 은혜를 베풀며 긍휼히 여기시며 권고하사 멸하기를 즐겨 아니하시고 이때까지 자기 앞에서 쫓아내지 아니하셨더라.

> [대하 20:7] 우리 하나님이시여 전에 이 땅 거민을 주의 백성 이스라엘 앞에서 쫓아내시고 그 땅으로 주의 벗 아브라함의 자손에게 영영히 주지 아니하셨나이까.

> [대하 21:7] 여호와께서 다윗의 집을 멸하기를 즐겨하지 아니하셨음은 이전에 다윗으로 더불어 언약을 세우시고 또 다윗과 그 자손에게 항상 등불을 주겠다고 허하셨음이더라.

하나님께서 이들에게 이런 은혜를 베푸신 것은 분명 이스라엘과 유다 백성(다윗의 집)의 행위로 말미암은 것이 아니지만, 이유 없이 은혜를 베푸신 것도 아니다. 그들의 조상 아브라함과 다윗이 순종으로 심었기 때문에 하나님께서 그들에게 은혜를 베푸신 것이다. 기존 신학이 이것을 간과한 것은 개인 중심적 구원관 때문이다. 우리는 우리의 순종이 우리 구원뿐 아니라 우리 후손에게까지 영향을 미친다는 사실을 알아야 한다. 우리가 순종하면 우리 후손은 하나님께 은혜와 긍휼히 여김을 받게 될 것이다.

[출 33:19] … 나는 은혜 줄 자에게 은혜를 주고 긍휼히 여길 자에게 긍휼을 베푸느니라.

여기서 한 가지 집고 넘어가야 할 것은 위 열왕기하 13:23, 역대하 21:7에서 말씀한 '언약'이다. 하나님께서 아브라함과 언약하신 것은 그가 노아와 셈의 믿음의 열매 된 자이기 때문이다. 또 다윗과 언약하신 것은 그가 아브라함과 유다의 믿음의 열매였기 때문이다. 하나님께서는 오직 믿음의 열매 된 자들만 택해서 사용하신다. 그래서 아브라함과 다윗의 믿음의 열매인 이스라엘 백성과 유다 백성을 택하신 것이다.

그렇다면 아브라함과 다윗은 어떻게 한 민족 전체를 믿음의 열매로 거둘 수 있었을까?

이는 이들이 하나님의 언약을 온전히 믿고 본능을 초월한 순종으로 하나님께 화답했기 때문이다. 그로 인해 하나님께서는 그들의 자손에게 은혜와 긍휼을 베푸신 것이다. 그러나 그 자손 곧 그들의 믿음의 열매 된 자들의 순종 여부에 따라 언약이 일부 또는 전부가 취소되기도 한다. 이는 솔로몬의 불순종으로 왕국이 둘로 나눠진 것과 북이스라엘의 멸망, 남유다의 바벨론 포로생활, A.D. 70년 예루살렘 성전 파괴와 유대의 멸망 등을 보면 알 수 있다. 조상의 순종 덕에 하나님께 은혜와 긍휼을 받은 자들이 불순종하고 죄악을 저질러 저주로 바꿔버린 것이다. 이런 말씀은 성경 곳곳에 나와 있다.

[신 4:40] 오늘 내가 네게 명령하는 여호와의 규례와 명령을 지키라 너와 네 후손이 복을 받아 네 하나님 여호와께서 네게 주시는 땅에서 한 없이 오래 살리라.

[신 28:45-46] 45 네가 네 하나님 여호와의 말씀을 순종치 아니하고 네게 명하신 그 명령과 규례를 지키지 아니하므로 이 모든 저주가 네게 임하고 너를 따르고 네게 미쳐서 필경 너를 멸하리니 46 이 모든 저주가 너와 네 자손에게 영원히 있어서 표

적과 감계가 되리라.

[시 112:1-2] **1** 할렐루야 여호와를 경외하며 그의 계명을 크게 즐거워하는 자는 복이 있도다 **2** 그 후손이 땅에서 강성함이여 정직자의 후대가 복이 있으리로다.

[렘 32:18] 주는 은혜를 천만인에게 베푸시며 아비의 죄악을 그 후 자손의 품에 갚으시오니 크고 능하신 하나님이시요 이름은 만군의 여호와시니이다(= 계 2:20-23).

이 시대도 그렇다. 순종으로 심은 자는 하나님께서 그의 자손과 후진들을 그의 믿음의 열매가 되게 하신다. 그리고 그에게는 믿음의 열매를 맺은 상으로 현세와 내세에 복과 영생을 주시며, 그의 믿음의 열매 된 자들에게는 은혜와 긍휼을 베푸신다. 지금 우리가 누리고 있는 축복이 그렇다. 우리의 믿음의 선진들이 순종으로 심었기에 하나님께서 그 믿음의 열매인 우리에게 믿음을 주시고, 부흥과 부유라는 은혜를 베푸신 것이다. 그런데 이 세대의 불순종이 그것을 다 갉아 먹고 있다. 우리는 우리의 불순종이 우리 자손과 후진들을 죄의 열매가 되게 한다는 사실을 알아야 한다. 죄의 열매 된 자들에게는 하나님의 은혜도, 긍휼도 없다. 하나님의 진노만 있을 뿐이다.

이스라엘에 내리신 진노가 어찌 이 세대에는 없겠는가(롬 11:17-22)?

(2) 하나님의 뜻에 순종하는 자

이것은 따로 설명이 필요 없는 것이다(레 26:3-45와 신 28:1-68을 꼭 읽어보라).

[신 28:1-6] **1** 네가 네 하나님 여호와의 말씀을 삼가 듣고 내가 오늘 네게 명하는 그 모든 명령을 지켜 행하면 네 하나님 여호와께서 너를 세계 모든 민족 위에 뛰어나게 하실 것이라 **2** 네가 네 하나님 여호와의 말씀을 순종하면 이 모든 복이 네게

임하며 네게 미치리니 **3** 성읍에서도 복을 받고 들에서도 복을 받을 것이며 **4** 네 몸의 소생과 네 토지의 소산과 네 짐승의 새끼와 우양의 새끼가 복을 받을 것이며 **5** 네 광주리와 떡 반죽 그릇이 복을 받을 것이며 **6** 네가 들어와도 복을 받고 나가도 복을 받을 것이니라.

[사 58:6-11] **6** 내가 기뻐하는 금식은 흉악의 결박을 풀어주며 멍에의 줄을 끌러 주며 압제 당하는 자를 자유케 하며 모든 멍에를 꺾는 것이 아니겠느냐 **7** 또 주린 자에게 네 식물을 나누어 주며 유리하는 빈민을 네 집에 들이며 벗은 자를 보면 입히며 또 네 골육을 피하여 스스로 숨지 아니하는 것이 아니겠느냐 **8** 그리하면 네 빛이 아침 같이 비칠 것이며 네 치료가 급속할 것이며 네 의가 네 앞에 행하고 여호와의 영광이 네 뒤에 호위하리니 **9** 네가 부를 때에는 나 여호와가 응답하겠고 네가 부르짖을 때에는 말하기를 내가 여기 있다 하리라 만일 네가 너희 중에서 멍에와 손가락질과 허망한 말을 제하여 버리고 **10** 주린 자에게 네 심정이 동하며 괴로와하는 자의 마음을 만족케 하면 네 빛이 흑암 중에서 발하여 네 어둠이 낮과 같이 될 것이며 **11** 여호와가 너를 항상 인도하여 마른 곳에서도 네 영혼을 만족케 하며 네 뼈를 견고케 하리니 너는 물 댄 동산 같겠고 물이 끊어지지 아니하는 샘 같을 것이라.

[요일 3:21-24] **21** 사랑하는 자들아 만일 우리 마음이 우리를 책망할 것이 없으면 하나님 앞에서 담대함을 얻고 **22** 무엇이든지 구하는 바를 그에게 받나니 이는 우리가 그의 계명들을 지키고 그 앞에서 기뻐하시는 것을 행함이라 **23** 그의 계명은 이것이니 곧 그 아들 예수 그리스도의 이름을 믿고 그가 우리에게 주신 계명대로 서로 사랑할 것이니라 **24** 그의 계명들을 지키는 자는 주 안에 거하고 주는 저 안에 거하시나니 ….

[롬 2:10] 선을 행하는 각 사람에게는 영광과 존귀와 평강이 있으리니 먼저는 유대인에게요 또한 헬라인에게라.

4) 그렇다면 한번 구원은 영원한 구원이므로 결코 취소될 수 없다는 말은?

이와 같이 주장하는 이들은 이에 대한 근거로 다음 말씀을 든다.

[요 10:27-29] **27** 내 양은 내 음성을 들으며 나는 저희를 알며 저희는 나를 따르느니라 **28** 내가 저희에게 영생을 주노니 영원히 멸망치 아니할 터이요 또 저희를 내 손에서 빼앗을 자가 없느니라 **29** 저희를 주신 내 아버지는 만유보다 크시매 아무도 아버지 손에서 빼앗을 수 없느니라 (※ 히 5:8-9, 7:24-25).

대부분 사람은 이 말씀을 예수 그리스도를 믿는 이는 영생을 얻으며 결코 그것을 잃어버리지 않는다는 말로 이해한다. 그런데 이와는 상반된 말씀도 있다.

[벧전 5:8] 근신하라 깨어라 너희 대적 마귀가 우는 사자같이 두루 다니며 삼킬 자를 찾나니.

그렇다면 위의 요한복음 10:27 말씀을 역(逆)으로 한 후 베드로전서 5:8과 조화시키면 "양이 목자의 음성을 따라가지 않고 제멋대로 간다면 그 양은 목자에게서 멀어져 길을 잃고 방황하다가 결국 맹수의 먹잇감이 될 것이다. 그런데 사자와 같이 두루 다니며 삼킬 자를 찾는 마귀가 예수님의 말씀을 거역하며 제멋대로 사는 자를 가만히 내버려 두겠는가"라고 할 수 있다. 다음 말씀이 이것을 이야기하고 있다.

[벧후 2:20-21] **20** 만일 저희가 우리 주 되신 구주 예수 그리스도를 앎으로 세상의 더러움을 피한 후에 다시 그 중에 얽매이고 지면 그 나중 형편이 처음보다 더 심하리니 **21** 의의 도를 안 후에 받은 거룩한 명령을 저버리는 것보다 알지 못하는 것이

도리어 저희에게 나오느니라.

위 21절은 "말씀을 아는 자가 말씀을 거역하면 그의 후손과 후진들이 그의 죄의 열매 된 자가 되어 믿음의 사람들의 대적이 된다"라는 말로 이해할 수 있다(마 23:29-36).

예수님의 말씀을 행하지 않는 자의 믿음은 환난이 오면 금방 무너진다.

[마 7:26-27] ²⁶ 나의 이 말을 듣고 행치 아니하는 자는 그 집을 모래 위에 지은 어리석은 사람 같으리니 ²⁷ 비가 내리고 창수가 나고 바람이 불어 그 집에 부딪치매 무너져 그 무너짐이 심하니라(=눅 6:49).

이는 예수님의 말씀을 행하지 않는 자는 구원을 잃어버린다는 말씀이다. 예수께서 영생을 주시며 아무도 그에게서 빼앗을 자가 없을 이들은 바로 다음과 같은 사람이다.

[눅 6:47-48] ⁴⁷ 내게 나아와 내 말을 듣고 행하는 자마다 누구와 같은 것을 너희에게 보이리라 ⁴⁸ 집을 짓되 깊이 파고 주초를 반석 위에 놓은 사람과 같으니 큰 물이 나서 탁류가 그 집에 부딪치되 잘 지은 연고로 능히 요동케 못하였거니와(=마 7:24-25).

아직도 예수님의 말씀을 행하지 않고도 구원받을 수 있다고 생각하는가?

5) 우리 몸을 산 제물로 드리라(롬 12:1)는 의미는?

의를 위해 박해를 받고 죽임을 당한 구약의 선지자들과 신약의 세례 요한과 스데반 집사 같은 이들의 순교는 참으로 귀한 것이다. 그러나 순교가 지닌 중요한 의미는 그들의 죽음이 아니라, 하나님의 뜻을 이루어 드리기 위해 죽음의 공포조차 이긴 그들의 믿음이다. 순교는 하나님의 뜻을 위해 두려움이라는 인간의 본능마저도 이겨야 하기에 보통 믿음으로는 결코 할 수 없는 일이다. 그런데 이런 순교 말고도 산 순교도 있다.

[갈 5:24] 그리스도 예수의 사람들은 육체와 함께 그 정과 욕심을 십자가에 못박았느니라.

돈과 재물에 대한 탐심을 억누르고, 생활의 염려와 미래에 대한 두려움을 이겨내고, 형제자매에 대한 분노, 시기, 미움 등의 감정을 이기는 등 말씀을 지키기 위해 이런 인간의 본능을 꺾는 믿음이 바로 산 순교인 것이다. 인간은 이렇게 할 수 없다고 하지 마라. 이같이 행하지 못한 것을 하나님께 자백하고 회개하면 성령께서 역사하셔서 그와 같이 행할 수 있도록 도우신다. 우리의 믿음의 선진들도 다 그렇게 했다.

하나님께서는 세상 유혹을 이겨야 행할 수 있는 예배, 기도, 헌금과 십일조, 봉사, 선교만을 원하시는 게 아니라, 인간의 본능을 꺾어야만 행할 수 있는 아무것도 염려하지 않고 그의 나라와 그의 의를 구하며, 돈을 사랑하지 않고 재물을 섬기지 않으며, 남을 용서하고 서로 사랑하는 자를 산 제물로 여기시며 그것을 기쁘게 받으신다(롬 12:1). 이 또한 죽는 순교 못지 않게 어려운 것으로 산 제물로 드리는 산 순교인 것이다.

[막 10:21] … 네게 오히려 한 가지 부족한 것이 있으니 가서 네 있는 것을 다 팔아 가난한 자들을 주라 그리하면 하늘에서 보화가 네게 있으리라 그리고 와서 나를 좇으라.

[마 6:24] 한 사람이 두 주인을 섬기지 못할 것이니 혹 이를 미워하며 저를 사랑하거나 혹 이를 중히 여기며 저를 경히 여김이라 너희가 하나님과 재물을 겸하여 섬기지 못하느니라.

[마 6:31,33-34] **31** 그러므로 염려하여 이르기를 무엇을 먹을까 무엇을 마실까 무엇을 입을까 하지 말라 / **33** 너희는 먼저 그의 나라와 그의 의를 구하라 그리하면 이 모든 것을 너희에게 더하시리라 **34** 그러므로 내일 일을 위하여 염려하지 말라 ….

[눅 6:27-28] **27** … 너희 원수를 사랑하며 너희를 미워하는 자를 선대하며 **28** 너희를 저주하는 자를 위하여 축복하며 너희를 모욕하는 자를 위하여 기도하라.

[눅 6:37] 비판치 말라 그리하면 너희가 비판을 받지 않을 것이요 정죄하지 말라 그리하면 너희가 정죄를 받지 않을 것이요 용서하라 그리하면 너희가 용서를 받을 것이요.

[요 13:34] 새 계명을 너희에게 주노니 서로 사랑하라 내가 너희를 사랑한 것 같이 너희도 서로 사랑하라.

이것은 인간의 본능을 이겨야 행할 수 있는 극히 어려운 말씀이다. 이것을 행하고 지키는 것이 육체와 함께 그 정욕과 탐심을 십자가에 못 박는 산 순교인 것이다(갈 5:24).
아브라함과 요셉과 다윗과 요나단과 사도 요한이 하나님의 뜻을 위해 자아를 못 박은 산 순교자가 아니던가?
이런 순교도 죽는 순교 못지않게 많은 믿음의 열매를 맺는다.

[요 12:24] … 한 알의 밀이 땅에 떨어져 죽지 아니하면 한 알 그대로 있고 죽으면 많은 열매를 맺느니라.

※ [신앙개혁 23장]으로 가려면 ☞ p. 338

제2부

신앙개혁

1

예수께서 말씀하신 소금의 맛의 의미

대개 소금의 역할이라 하면 부패를 방지하는 역할로 이해한다. 그런데 예수께서는 소금에 대해 말씀하실 때 항상 그 맛을 언급하신다.

[눅 14:26-27, 33-35a] **26** 무릇 내게 오는 자가 자기 부모와 처자와 형제와 자매와 및 자기 목숨까지 미워하지 아니하면 능히 나의 제자가 되지 못하고 **27** 누구든지 자기 십자가를 지고 나를 좇지 않는 자도 능히 나의 제자가 되지 못하리라 / **33** 이와 같이 너희 중에 누구든지 자기의 모든 소유를 버리지 아니하면 능히 내 제자가 되지 못하리라 **34** 소금이 좋은 것이나 소금도 만일 그 맛을 잃었으면 무엇으로 짜게 하리요 **35** 땅에도 거름에도 쓸데없어 내어 버리느니라 ⋯.

위 말씀을 보면 예수께서 "자기 가족에 연연하는 자와 자기의 모든 소유를 버리지 않는 자와 자기 십자가를 지고 나를 좇지 않는 자는 나의 제자가 되지 못한다"라고 말씀하신 후 소금의 맛에 대해 언급하셨다. 따라서 소금의 맛은 예수님의 제자다운 삶을 말하여, 맛을 잃은 소금을 내다버린다는 것은 예수님의 제자다운 삶을 살지 못하는 사람은 아무 쓸데없어 하나님께 버림받는다는 말이다. 예수께서는 이런 맥락의 말씀을 자주 하셨다(마 13:44-46; 눅 18:22-23). 다음 말씀도 그러하다.

[눅 18:29-30] ²⁹ 내가 진실로 너희에게 이르노니 하나님의 나라를 위하여 집이나 아내나 형제나 부모나 자녀를 버린 자는 ³⁰ 금세에 있어 여러 배를 받고 내세에 영생을 받지 못할 자가 없느니라 (= 눅 18:29-30; 마 19:29-30) (※ 눅 9:59-62; 마 8:19-22).

그리고 소금의 맛에 대해 언급한 것이 또 있는데 바로 다음 말씀 마지막에 있다.

[마 5:3-13] ³ 심령이 가난한 자는 복이 있나니 천국이 저희 것임이요 ⁴ 애통하는 자는 복이 있나니 저희가 위로를 받을 것임이요 ⁵ 온유한 자는 복이 있나니 저희가 땅을 기업으로 받을 것임이요 ⁶ 의에 주리고 목마른 자는 복이 있나니 저희가 배부를 것임이요 ⁷ 긍휼히 여기는 자는 복이 있나니 저희가 긍휼히 여김을 받을 것임이요 ⁸ 마음이 청결한 자는 복이 있나니 저희가 하나님을 볼 것임이요 ⁹ 화평케 하는 자는 복이 있나니 저희가 하나님의 아들이라 일컬음을 받을 것임이요 ¹⁰ 의를 위하여 핍박을 받은 자는 복이 있나니 천국이 저희 것임이라 ¹¹ 나를 인하여 너희를 욕하고 핍박하고 거짓으로 너희를 거스려 모든 악한 말을 할 때에는 너희에게 복이 있나니 ¹² 기뻐하고 즐거워하라 하늘에서 너희의 상이 큼이라 너희 전에 있던 선지자들을 이같이 핍박하였느니라 ¹³ 너희는 세상의 소금이니 소금이 만일 그 맛을 잃으면 무엇으로 짜게 하리요 후에는 아무 쓸데없어 다만 밖에 버리워 사람에게 밟힐 뿐이니라.

또 다음 말씀에도 소금의 맛에 대해 언급하고 있지만, 이는 위 9절 화평하게 하는 자와 동일하므로 길게 언급하지는 않겠다.

[막 9:50] 소금은 좋은 것이로되 만일 소금이 그 맛을 잃으면 무엇으로 이를 짜게 하리요 너희 속에 소금을 두고 서로 화목하라.

그렇다면 소금의 맛이란 한 마디로 세상 것을 다 버리고 예수님의 제자가 되어 팔복에서 언급한 삶을 사는 것이 될 것이다. 이런 삶이 어떤 것인지 하나하나 살펴보자.

(一) 심령이 가난한 자, (二) 애통하는 자

심령이 가난한 자와 애통하는 자에 대해 구약에서 다음과 같이 언급하고 있다.

> [사 66:2] 나 여호와가 말하노라 나의 손이 이 모든 것을 지어서 다 이루었느니라 무릇 마음이 가난하고 심령에 통회하며 나의 말을 인하여 떠는 자 그 사람은 내가 권고하려니와.

> [사 57:15] … 내가 높고 거룩한 곳에 거하며 또한 통회하고 마음이 겸손한 자와 함께 거하나니 이는 겸손한 자의 영을 소성케 하며 통회하는 자의 마음을 소성케 하려 함이라 (※ 소성케 하며 → [개역개정] 소생시키며).

(一) 심령이 가난한 자(하나님 사랑)

> [마 5:3] 심령이 가난한 자는 복이 있나니 천국이 저희 것임이요.

심령이 가난한 자는 하나님 앞에서 자신을 낮추는 자와 사람 앞에 겸손한 자를 말하지만, 여기서는 위의 이사야 66:2, 이사야 57:15 두 말씀에 비추어 자신의 죄악을 깨닫고 마음이 낮아져서 죄악에 대한 하나님의 형벌에도 기꺼이 순종하는 사람만을 언급하겠다.

> [레 26:40-42] 40 그들이 나를 거스른 잘못으로 자기의 죄악과 그들의 조상의 죄악을 자복하고 또 그들이 내게 대항하므로 41 나도 그들에게 대항하여 내가 그들을 그들의 원수들의 땅으로 끌어갔음을 깨닫고 그 할례 받지 아니한 그들의 마음이 낮아져서 그들의 죄악의 형벌을 기쁘게 받으면 42 내가 야곱과 맺은 내 언약과 이삭과

맺은 내 언약을 기억하며 아브라함과 맺은 내 언약을 기억하고 그 땅을 기억하리라.

(二) 애통하는 자(자신의 죄를 회개하는 자)(하나님 사랑)

[마 5:4] 애통하는 자는 복이 있나니 저희가 위로를 받을 것임이요.

애통한다는 것은 자신의 죄를 뉘우치고 회개하며 하나님께 돌아오는 것을 말한다. 하나님께서는 애통하는 자를 외면하지 않으시고 그를 구원하신다.

[욜 2:12] 여호와의 말씀에 너희는 이제라도 금식하며 울며 애통하고 마음을 다하여 내게로 돌아오라 하셨나니(=약 4:8-9).

[시 34:18] 여호와는 마음이 상한 자에게 가까이 하시고 중심에 통회하는 자를 구원하시는도다(=시 51:16-17).

(三) 온유한 자(형제 사랑)

[마 5:5] 온유한 자는 복이 있나니 저희가 땅을 기업으로 받을 것임이요.

예수께서 인용하신 말씀은 다음이다.

[시 37:11] 오직 온유한 자는 땅을 차지하며 풍부한 화평으로 즐기리로다.

다른 이들을 진리로 이끄는 인도자는 온유한 마음을 가져야 하며, 이런 사람이라야 하나님께 기업을 받아 하나님의 일을 잘 수행할 수 있다(민 12:3; 딤후 2:24-25; 갈 6:1). 또한, '온유'는 성령의 8가지 열매 중 하나이며(갈

5:22-23), 형제를 사랑하는 이에게 나타나는 특징 중 하나이기도 하다(고전 13:4-7).

(四) 의에 주리고 목마른 자(하나님 사랑 + 형제 사랑)

[마 5:6] 의에 주리고 목마른 자는 복이 있나니 저희가 배부를 것임이요.

예수께서 인용하신 말씀은 다음이다.

[시 106:3] 공의를 지키는 자들과 항상 의를 행하는 자는 복이 있도다.

[시 119:1-3] **1** 행위 완전하여 여호와의 법에 행하는 자가 복이 있음이여 **2** 여호와의 증거를 지키고 전심으로 여호와를 구하는 자가 복이 있도다 **3** 실로 저희는 불의를 행치 아니하고 주의 도를 행하는도다

하나님께서는 우리에게 의를 행할 것을 명하셨지만(사 56:1; 렘 22:3; 고전 15:34a), 예나 지금이나 의를 행하는 이는 극히 적다(사 64:5; 렘 5:1). 의를 행하지 않는 사람이나 형제를 사랑하지 않는 자는 하나님께 속한 자라고 말할 수 없다.

[요일 3:10] 이러므로 하나님의 자녀들과 마귀의 자녀들이 나타나나니 무릇 의를 행치 아니하는 자나 또는 그 형제를 사랑치 아니하는 자는 하나님께 속하지 아니하니라.

(五) 긍휼히 여기는 자(형제 사랑)

[마 5:7] 긍휼히 여기는 자는 복이 있나니 저희가 긍휼히 여김을 받을 것임이요.

하나님께서는 긍휼을 베푸는 자에게는 복을 약속하셨다. 이는 곧 형제 사랑이다.

[사 58:9b-11] **9** … 만일 네가 너희 중에서 멍에와 손가락질과 허망한 말을 제하여 버리고 **10** 주린 자에게 네 심정을 동하며 괴로와하는 자의 마음을 만족케 하면 네 빛이 흑암 중에서 발하여 네 어두움이 낮과 같이 될 것이며 **11** 나 여호와가 너를 항상 인도하여 마른 곳에서도 네 영혼을 만족케 하며 네 뼈를 견고케 하리니 너는 물 댄 동산 같겠고 물이 끊어지지 아니하는 샘 같을 것이라.

[잠 19:17] 가난한 자를 불쌍히 여기는 것은 여호와께 꾸이는 것이니 그 선행을 갚아 주시리라.

(六) 마음이 청결한 자(하나님 사랑)

[마 5:8] 마음이 청결한 자는 복이 있나니 저희가 하나님을 볼 것임이요.

위 말씀은 다음을 요약 인용한 말씀이다.

[시 24:3-6] **3** 여호와의 산에 오를 자 누구며 그 거룩한 곳에 설 자가 누군고 **4** 곧 손이 깨끗하며 마음이 청결하며 뜻을 허탄한데 두지 아니하며 거짓 맹세치 아니하는 자로다 **5** 저는 여호와께 복을 받고 구원의 하나님께 의를 얻으리니 **6** 이는 여호와를 찾는 족속이요 야곱의 하나님의 얼굴을 구하는 자로다(셀라).

마음이 청결하다는 것은 다음을 의미한다.

첫째, 죄를 자백하고 회개해 죄에서 떠나는 것을 말한다.

[시 32:5] 내가 이르기를 내 허물을 여호와께 자복하리라 하고 주께 내 죄를 아뢰고 내 죄악을 숨기지 아니하였더니 곧 주께서 내 죄의 악을 사하셨나이다(셀라).

[요일 1:9] 만일 우리가 우리 죄를 자백하면 저는 미쁘시고 의로우사 우리 죄를 사하시며 모든 불의에서 우리를 깨끗케 하실 것이요(=행 3:19).

[겔 18:30-31] ³⁰ 나 주 여호와가 말하노라 이스라엘 족속아 내가 너희 각 사람의 행한 대로 국문할지라 너희는 돌이켜 회개하고 모든 죄에서 떠날지어다 그리한즉 죄악이 너희를 패망케 아니하리라 ³¹ 너희는 범한 모든 죄악을 버리고 마음과 영을 새롭게 할지어다 이스라엘 족속아 너희가 어찌하여 죽고자 하느냐(=약 4:8).

둘째, 진리를 행함으로 우리 마음이 깨끗하게 된 것을 의미한다.

[요일 1:7] 저가 빛 가운데 계신 것 같이 우리도 빛 가운데 행하면 우리가 서로 사귐이 있고 그 아들 예수의 피가 우리를 모든 죄에서 깨끗하게 하실 것이요(=벧전 1:22).

(七) 화평하게 하는 자(형제 사랑)

[마 5:9] 화평케 하는 자는 복이 있나니 저희가 하나님의 아들이라 일컬음을 받을 것임이요.

구약성경은 믿는 형제자매들과 화평하게 하기 위해 다음과 같이 말씀한다.

[레 19:16a,17a,18] **16** 너는 네 백성 중으로 돌아다니며 사람을 논단하지 말며 … **17** 너는 네 형제를 마음으로 미워하지 말며 … **18** 원수를 갚지 말며 동포를 원망하지 말며 네 이웃 사랑하기를 네 몸과 같이 사랑하라 나는 여호와이니라.

[잠 25:21-22] **21** 네 원수가 배고파하거든 식물을 먹이고 목말라하거든 물을 마시우라 **22** 그리하는 것은 핀 숯으로 그의 머리에 놓는 것과 일반이요 여호와께서는 네게 상을 주시리라.

예수께서도 우리 믿는 이들이 화평하게 하기 위해 다음과 같이 명하셨다.

[눅 6:27-28] **27** … 너희 원수를 사랑하며 너희를 미워하는 자를 선대하며 **28** 너희를 저주하는 자를 위하여 축복하며 너희를 모욕하는 자를 위하여 기도하라.

[눅 11:4] 우리가 우리에게 죄 지은 모든 사람을 용서하오니 우리 죄도 사하여 주옵시고 우리를 시험에 들게 하지 마옵소서 하라(=마 6:14-15).

[요 13:34] 새 계명을 너희에게 주노니 서로 사랑하라 내가 너희를 사랑한 것 같이 너희도 서로 사랑하라.

(八) 의를 위하여 박해를 받은 자(하나님 사랑)

[마 5:10-12] **10** 의를 위하여 핍박을 받은 자는 복이 있나니 천국이 저희 것임이라 **11** 나를 인하여 너희를 욕하고 핍박하고 거짓으로 너희를 거스려 모든 악한 말을 할 때에는 너희에게 복이 있나니 **12** 기뻐하고 즐거워하라 하늘에서 너희의 상이 큼이라 너희 전에 있던 선지자들을 이같이 핍박하였느니라.

위 말씀과 같이 구약 때에는 선지자들을 박해하는 일들이 많이 있었다 (대하 24:20-21; 느 9:26; 렘 20:1-2). 이들의 이런 행태는 예수 그리스도께도 가해졌다.

[행 3:13b-15] ¹³ … 너희가 저를 넘겨주고 빌라도가 놓아 주기로 결안한 것을 너희가 그 앞에서 부인하였으니 ¹⁴ 너희가 거룩하고 의로운 자를 부인하고 도리어 살인한 사람을 놓아 주기를 구하여 ¹⁵ 생명의 주를 죽였도다 그러나 하나님이 죽은 자 가운데서 살리셨으니 우리가 이 일에 증인이로라 (※ 막 12:1-9; 마 21:33-41; 눅 20:9-16).

그런데 이 시대 우리들 중에서도 하나님의 뜻대로 행하고 예수님의 말씀을 행할 것을 외치는 이들을 율법주의자와 행위구원론자로 매도하며 핍박하면서 그것이 하나님을 섬기는 일이라 착각하는 이들이 상당수 있다는 사실을 간과해서는 안 된다. 또한, 의인들을 핍박하는 이유가 하나님에 대한 잘못된 열심 때문이라는 점을 알아야 한다. 예수님 당시 유대인들도 그러했고 회심 전 바울도 그런 자들 중 하나였다. 예수께서는 이런 핍박을 당연한 것이라 말씀하신다(요 15:18-20). 이는 주를 위한 일이기 때문이다.

[시 69:7] 내가 주를 위하여 훼방을 받았사오니 수치가 내 얼굴에 덮였나이다(= 렘 15:15).

[시 44:22] 우리가 종일 주를 위하여 죽임을 당케 되며 도살할 양 같이 여김을 받았나이다.

[행 14:22] 제자들의 마음을 굳게 하여 이 믿음에 거하라 권하고 또 우리가 하나님 나라에 들어가려면 많은 환난을 겪어야 할 것이라 하고(= 벧전 4:13-14; 딤후 3:12).

결론

지금까지의 말씀은 성경 최고의 두 계명인 하나님 사랑과 이웃 사랑(마 22:36-40)의 실천조항이다. 예수께서 하신 말씀들은 구약에는 없는 새로운 내용의 것이 전혀 아니다. 모세에게 주신 율법 중 신앙 성장 및 죄 사함의 도구인 제사, 절기, 성회, 안식일, 월삭, 성전, 제물 등의 도구적 율법들은 자기의 피로 모두 이루신 후 다 폐하시고, 율법의 본질인 하나님 사랑과 이웃 사랑에 관련된 율법만을 우리에게 전하신 것이다. 예수께서는 율법의 본질인 하나님 사랑과 이웃 사랑을 실천하지 못하는 이들을 소금이 맛을 잃은 것에 비유하셨다. 다음은 팔복(八福)에 관한 말씀 직후 하신 말씀이다.

> [마 5:13-16] **13** 너희는 세상의 소금이니 소금이 만일 그 맛을 잃으면 무엇으로 짜게 하리요 후에는 아무 쓸데없어 다만 밖에 버리워 사람에게 밟힐 뿐이니라 **14** 너희는 세상의 빛이라 산 위에 있는 동네가 숨기우지 못할 것이요 **15** 사람이 등불을 켜서 말 아래 두지 아니하고 등경 위에 두나니 이러므로 집안 모든 사람에게 비취느니라 **16** 이같이 너희 빛을 사람 앞에 비취게 하여 저희로 너희 착한 행실을 보고 하늘에 계신 너희 아버지께 영광을 돌리게 하라.

위 말씀 13절 "세상의 소금"에서의 '세상'은 헬라어로 흙, 땅, 지역, 세상 등을 의미하는 γῆ[게]인데, 여기에서는 이스라엘 땅, 유대 땅할 때의 '땅'처럼 어떤 지역을 의미하는 말로 쓰였다. 즉, 이것은 세상의 소금이라기보다 그(유대) 땅의 소금 곧 우리 그리스도인 간에 행해야 할 바(화목, 섬김, 사랑 등)를 말씀하신 것이다. 이에 반해 14절 말씀의 "세상의 빛"에서의 '세상'은 헬라어로 κόσμος[코스모스]인데 이것은 '세상(세계)', '천하' 등의 의미로 쓰인다. 영어의 cosmos(우주)도 여기서 나온 말이다.

따라서 "세상의 소금"과 "세상의 빛"을 원문에 충실하게 번역하면 "이 땅의 소금"과 "이 세상의 빛"이 된다. 이는 우리 그리스도인이 자신의 터전에서 그리스도인다운 삶을 살면(=이 땅의 소금이 되면) 그것이 세상 사람에게 본이 되어(=이 세상의 빛이 되어) 그들이 우리의 착한 행실을 보고 하나님께로 돌아온다는 것이다. 그리스도인다운 삶의 본이 없는 전도는 사람들에게 실망과 불신만 가져와 반기독교인만 더 많이 양성할 뿐이다.

그리고 위 13절 "너희는 세상의 소금이니 소금이 만일 그 맛을 잃으면 무엇으로 짜게 하리요 후에는 아무 쓸 데 없어 다만 밖에 버려져 사람에게 밟힐 뿐이니라"를 이해하기 쉽게 설명하자면, 예수 그리스도를 믿는다고 하면서도 그리스도인다운 삶을 살지 못하는 사람은 하나님께 쓸모가 없어 하나님의 버림을 받는다는 것이다.

우리는 다음을 명심해야 할 것이다. 예수 그리스도를 믿는다는 것은 곧 그의 말씀을 듣고 행하는 것이다. 그렇지 않으면 주께서 우리를 모른다고 부인하실 것이다.

[눅 6:46] 너희는 나를 불러 주여 주여 하면서도 어찌하여 나의 말하는 것을 행치 아니하느냐.

[마 7:23] … 내가 너희를 도무지 알지 못하니 불법을 행하는 자들아 내게서 떠나가라.

※ [신학개혁 2장]으로 가려면 ☞ p. 21

2

믿음의 대적 (1):
자기기만(自己欺瞞)

방어 기제(防禦機制, defence mechanism)라는 말을 들어본 적이 있을 것이다. 이는 인간이 심리적으로 받아들이기 어려운 일을 만났을 때 마음의 평정을 되찾기 위해 자신을 방어하는 심리를 말한다. 이런 심리의 좋은 점은 인간이 큰 상처를 받거나 절망에 빠졌을 때 마음에 위안을 얻는다는 점이다. 또 염려나 두려움이 있을 때 성경 말씀을 통해 힘을 얻고 위로받는 것도 이런 방어 기제의 역할이다. 하지만 이런 방어 기제가 자신의 죄나 잘못을 합리화(정당화)하는데 사용되거나 죄의식을 없애는 도구로 사용된다면 사망에 이르는 죄를 지을 수도 있다. 성경에서도 "선악을 알게 하는 나무의 열매는 먹지 말라", "(죄 없는 이를) 살인하지 말라"와 같이 하나님께서 친히 명하신 것이어서 어기면 큰 죄가 되는 것임에도 서슴없이 죄를 저지르는 이들을 보는데 바로 이 때문이다.

[창 3:6] 여자가 그 나무를 본즉 먹음직도 하고 보암직도 하고 지혜롭게 할만큼 탐스럽기도 한 나무인지라 여자가 그 실과를 따먹고 자기와 함께 한 남편에게도 주매 그도 먹은지라.

[삼하 11:14-15] **14** 아침이 되매 다윗이 편지를 써서 우리아의 손에 부쳐 요압에게 보내니 **15** 그 편지에 써서 이르기를 너희가 우리아를 맹렬한 싸움에 앞세워 두고 너희는 뒤로 물러가서 저로 맞아 죽게 하라 하였더라.

이는 과도한 욕심 때문에 방어 기제가 극대화되어 죄의식을 없애 버렸기 때문이다. 믿음의 사람 다윗조차도 이런 본능의 희생자가 될 정도니, 이것이 신앙에 얼마나 위협적인지 알 수 있다. 하나님께서는 그의 죄에 대한 심판으로(삼하 12:10-12) 그의 자식들이 범죄에 빠지도록 허용하신다.

[삼하 16:21-22] **21** 아히도벨이 압살롬에게 이르되 왕의 아버지가 머물러 두어 궁을 지키게 한 후궁들로 더불어 동침하소서 그리하면 왕께서 왕의 부친의 미워하는 바 됨을 온 이스라엘이 들으리니 왕과 함께 있는 모든 사람의 힘이 더욱 강하여지리이다 **22** 이에 사람들이 압살롬을 위하여 지붕에 장막을 치니 압살롬이 온 이스라엘 무리의 눈 앞에서 그 부친의 후궁들로 더불어 동침하니라.

위와 같은 일은 율법에 엄히 금하고 있고(레 18:7-8), 인간의 도리에도 어긋난 극악무도한 짓이다. 그러나 왕권을 굳건히 하려는 압살롬의 욕심이 방어 기제를 활발히 작동시켜 죄의식을 마음에서 지워버림으로써 이런 범죄를 저지르게 된 것이다.

[약 1:14-15] **14** 오직 각 사람이 시험을 받는 것은 자기 욕심에 끌려 미혹됨이니 **15** 욕심이 잉태한즉 죄를 낳고 죄가 장성한즉 사망을 낳느니라.

인간은 타고난 죄인이므로 누구든지 죄를 지을 수 있다. 그러나 망하지 않으려면 죄를 회개하고 돌이켜야 한다.

[눅 13:3, 5] … 너희도 만일 회개치 아니하면 다 이와 같이 망하리라.

하지만 인간의 합리화(정당화) 본능은 우리가 회개하는 것조차 막아버린다. 합리화와 거짓말은 다음과 같은 차이가 있다. 거짓말은 자신의 말과 행동이 거짓이란 걸 의식하고 하지만, 합리화는 무의식적 방어 기제이므로 자신이 변명하고 정당화하는 것을 의식하지 못한다. 그래서 성경은 이것을 "자신을 속이는 것"이라고 말씀한다.

[고전 3:18a] 아무도 자기를 속이지 말라.

[약 1:22] 너희는 도를 행하는 자가 되고 듣기만 하여 자신을 속이는 자가 되지 말라.

[행 5:3] 베드로가 가로되 아나니아야 어찌하여 사단이 네 마음에 가득하여 네가 성령을 속이고 땅값 얼마를 감추었느냐.

이와 같이 인간은 자신을 속이는 방어 기제인 합리화 본능 때문에 회개는커녕 죄를 깨닫는 것조차 못한다. 심리학에서는 이것을 인간이 어찌할 수 없는 본능으로 보지만, 믿는 사람은 그런 것들을 깨닫고 회개하면 성령의 도우심으로 충분히 이겨낼 수 있다. 합리화 본능은 우리에게 다음과 같이 함으로써 죄를 깨닫지 못하게 한다.

첫째, 합리화 본능은 죄의 원인을 남에게 돌리고 남을 탓하게 만듦으로 우리로 죄를 깨닫지 못하게 한다.

[창 3:12-13] **12** 아담이 가로되 하나님이 주셔서 나와 함께 하게 하신 여자 그가 그 나무 실과를 내게 주므로 내가 먹었나이다 **13** 여호와 하나님이 여자에게 이르시되 네가 어찌하여 이렇게 하였느냐 여자가 가로되 뱀이 나를 꾀므로 내가 먹었나이다.

[삼상 15:18-21] **18** 또 왕을 길로 보내시며 이르시기를 가서 죄인 아말렉 사람을 진멸하되 다 없어지기까지 치라 하셨거늘 **19** 어찌하여 왕이 여호와의 목소리를 청종치 아니하고 탈취하기에만 급하여 여호와의 악하게 여기시는 것을 행하였나이까 **20** 사울이 사무엘에게 이르되 나는 실로 여호와의 목소리를 청종하여 여호와께서

보내신 길로 가서 아말렉 왕 아각을 끌어 왔고 아말렉 사람을 진멸하였으나 **21** 다만 백성이 그 마땅히 멸할 것 중에서 가장 좋은 것으로 길갈에서 당신의 하나님 여호와께 제사하려고 양과 소를 취하였나이다.

둘째, 자신마저 속이는 합리화 본능은 성경 말씀이 분명 자신의 죄를 지목하는데도 자신과는 무관하다고 착각하게 만든다.

[삼하 12:1-7a] **1** 여호와께서 나단을 다윗에게 보내시니 와서 저에게 이르되 한 성에 두 사람이 있는데 하나는 부하고 하나는 가난하니 **2** 그 부한 자는 양과 소가 심히 많으나 **3** 가난한 자는 아무 것도 없고 자기가 사서 기르는 작은 암양 새끼 하나뿐이라 그 암양 새끼는 저와 저의 자식과 함께 있어 자라며 저의 먹는 것을 먹으며 저의 잔에서 마시며 저의 품에 누우므로 저에게는 딸처럼 되었거늘 **4** 어떤 행인이 그 부자에게 오매 부자가 자기의 양과 소를 아껴 자기에게 온 행인을 위하여 잡지 아니하고 가난한 사람의 양 새끼를 빼앗아다가 자기에게 온 사람을 위하여 잡았나이다 **5** 다윗이 그 사람을 크게 노하여 나단에게 이르되 여호와의 사심을 가리켜 맹세하노니 이 일을 행한 사람은 마땅히 죽을 자라 **6** 저가 불쌍히 여기지 않고 이 일을 행하였으니 그 양 새끼를 사배나 갚아 주어야 하리라 **7** 나단이 다윗에게 이르되 당신이 그 사람이라 ….

이후 다윗은 하나님의 징계를 받아 자식을 잃는 슬픔을 겪고, 자식 때문에 큰 수치를 당하고, 왕위까지 찬탈당하는 수모를 겪게 된다. 이와 같이 합리화 본능은 현재의 만족을 위해 미래에 파멸에까지 이를 수 있는 치명적인 죄를 짓게 할 수도 있다. 그러므로 영적으로 늘 깨어 있지 않으면 안 된다.

셋째, 합리화 본능은 자신에게 유리한 해석을 하게 만들어 자신마저도 속임으로써 우리에게 죄를 깨닫지 못하게 한다.

[삼상 23:7] 다윗이 그일라에 온 것을 혹이 사울에게 고하매 사울이 가로되 하나님이 그를 내 손에 붙이셨도다 그가 문과 문빗장이 있는 성읍에 들어갔으니 갇혔도다.

사울은 자신의 죄로 인해 하나님께서 다윗을 택하고 자신을 버렸음을 이미 알고 있었다(삼상 15:23; 18:28; 23:17). 그러나 그는 자신을 속이고 있다. 실제로는 이렇다.

[삼상 23:14] 다윗이 황무지 요새에도 있었고 또 십 황무지 산골에도 유하였으므로 사울이 매일 찾되 하나님이 그를 그의 손에 붙이지 아니하시니라.

넷째, 높은 위치에 있는 사람이나 해당 분야의 권위자 또는 큰 업적을 쌓아 부와 명성을 얻은 사람은 합리화 본능이 더욱 강해 자신의 실수나 잘못을 인정하고 회개하기가 매우 어렵다. 그래서 자신의 죄를 지적한 사람들을 공격하기도 한다.

[마 14:3-5] ³ 전에 헤롯이 그 동생 빌립의 아내 헤로디아의 일로 요한을 잡아 결박하여 옥에 가두었으니 ⁴ 이는 요한이 헤롯에게 말하되 당신이 그 여자를 취한 것이 옳지 않다 하였음이라 ⁵ 헤롯이 요한을 죽이려 하되 민중이 저를 선지자로 여기므로 민중을 두려워하더니.

[막 6:19] 헤로디아가 요한을 원수로 여겨 죽이고자 하였으되 ···.

이것으로 볼 때 왕의 죄를 지적한 요한과 나단 선지자나, 죄를 지적받고 즉시 회개한 다윗이나 참으로 위대한 신앙인이다. 문제는 이런 본능이 자기보다 나은 사람을 용납하지 못해 억압하고, 모함하고, 해치기까지 해 씻지 못할 큰 죄를 짓게 한다는 것이다.

[삼상 18:28-29] **28** 여호와께서 다윗과 함께 계심을 사울이 보고 알았고 사울의 딸 미갈도 그를 사랑하므로 **29** 사울이 다윗을 더욱 더욱 두려워하여 평생에 다윗의 대적이 되니라.

이는 부와 명예와 권력을 많이 가진 사람일수록 그것을 지키려 하는 본능이 더욱 강해 회개하는 것이 더욱 어렵다는 말이다. 그러므로 다윗과 같이 죄를 저지른 후 책망을 듣고 회개하는 것은 현실에서는 결코 쉽지 않음을 알아야 할 것이다.

다섯째, 이런 본능은 본인뿐 아니라, 타인의 일까지도 변명하고 합리화하게 만든다. 예를 들면, 어떤 목사나 장로가 교회에 해악을 끼치는 큰 죄를 저질렀음에도 "지금까지의 공로로 보면 저런 것쯤은 아무것도 아니야. 그냥 넘어가도 돼"라든지, "저 분이 그럴 리가 없어, 분명 모함이거나 무슨 사유가 있을 거야" 등이 그런 예이다. 여기서 우리는 남의 죄를 합리화하며 감싸 주면 그를 위하는 것이 아니라 오히려 회개하지 못하게 해 파멸에 이르게 할 수도 있다는 점을 알아야 할 것이다.

[렘 5:30-31] **30** 이 땅에 기괴하고 놀라운 일이 있도다 **31** 선지자들은 거짓을 예언하며 제사장들은 자기 권력으로 다스리며 내 백성은 그것을 좋게 여기니 그 결국에는 너희가 어찌 하려느냐.

[눅 6:26] 모든 사람이 너희를 칭찬하면 화가 있도다 저희 조상들이 거짓 선지자들에게 이와 같이 하였느니라.

여섯째, 합리화 본능으로 저지르는 죄들을 깨닫고 회개하지 않으면 그 죄가 점점 자라 본인뿐 아니라 타인에게까지 큰 해악을 끼치게 된다. 곧 자기 잘못은 깨닫지 못하면서 남의 잘못에 대해서는 비판과 정죄를 일삼거나, 자기 잘못을 알더라도 자신에 대해서는 너그럽고, 타인의 잘못은 용서하지 않는 파렴치한 사람이 된다(마 18:23-35).

[마 7:3-5] ³ 어찌하여 형제의 눈 속에 있는 티는 보고 네 눈 속에 있는 들보는 깨닫지 못하느냐 ⁴ 보라 네 눈 속에 들보가 있는데 어찌하여 형제에게 말하기를 나로 네 눈 속에 있는 티를 빼게 하라 하겠느냐 ⁵ 외식하는 자여 먼저 네 눈 속에서 들보를 빼어라 그 후에야 밝히 보고 형제의 눈 속에서 티를 빼리라 (= 눅 6:41-42).

이와 같이 합리화 본능이 작동되면 남들은 그것이 죄임을 다 아는데도, 정작 본인은 자신이 무엇을 잘못했는지 모르는 경우가 많다. 설사 잘못을 안다고 해도 그것을 불가피한 일이나 당연한 일로 여겨 죄책감을 느끼지 못한다.

여러분의 합리화 본능은 지금 어떻게 작동되고 있을 것 같은가?

성경의 악인들의 죄악과 그들에 대한 하나님의 심판은 남 이야기로만 보이고, 우리는 성경 말씀을 좀 거역해도 예수를 믿으니까, 예배를 잘 드리니까 하나님께서 봐 주실 것 같이 느껴지지 않는가?

기분 탓이다. 성경 말씀에 자신을 비추어 보고 우리의 죄악이 성경 시대의 이스라엘의 죄악과 조금도 다를 바가 없음을 깨닫고 회개하고 돌이켜야 한다. 그렇지 않으면 우리를 기다리고 있는 것은 하나님의 심판뿐이다. 죄를 깨닫고 회개하자.

※ [신학개혁 3장]으로 가려면 ☞ p. 26

3

우리가 할 일과 하나님께서 하실 일

기독교는 기도를 중요하게 여긴다. 그래서 한때 이런 말이 유행했다.
"우리가 일하면 우리가 일할 뿐이지만, 우리가 기도하면 하나님께서 일하신다"(When we work, we work. But when we pray, God works).
그러나 이것은 온전한 설명이 아니다. 성경은 이에 대해 다음과 같이 말씀한다.

[고전 3:6-7, 9] ⁶ 나는 심었고 아볼로는 물을 주었으되 오직 하나님은 자라나게 하셨나니 ⁷ 그런즉 심는 이나 물주는 이는 아무 것도 아니로되 오직 자라나게 하시는 하나님뿐이니라 / ⁹ 우리는 하나님의 동역자들이요 너희는 하나님의 밭이요 하나님의 집이니라(=삼상 14:6).

이 말씀은 우리 그리스도인이 할 일이 있고, 하나님께서 하실 일이 따로 있다는 것을 우리에게 가르쳐 주고 있다. 사실 이와 같은 교훈의 말씀은 성경 곳곳에 있다.
먼저, 아브라함을 통해 이에 대해 자세히 알아보자.

[창 12:1] 여호와께서 아브람에게 이르시되 너는 너의 본토 친척 아비 집을 떠나 내가 네게 지시할 땅으로 가라.

당시와 같이 살인과 약탈이 흔하던 시절 낯선 땅으로 이주한다는 것은 목숨을 건 위험한 결정이었다(실제 믿음의 사람 아브라함이나 이삭도 낯선 땅에 가서는 그곳 사람들을 두려워해 아내를 누이라고 거짓말하지 않았던가[창 12:11-20; 26:6-11]) 따라서 그가 이 명령에 순종할 때에는 아주 큰 믿음이 필요했을 것이다. 하나님께서는 이처럼 큰 믿음이 필요한 순종을 요구하실 때에는 그에 따른 축복도 함께 약속하신다

[창 12:2-3] ² 내가 너로 큰 민족을 이루고 네게 복을 주어 네 이름을 창대케 하리니 너는 복의 근원이 될지라 ³ 너를 축복하는 자에게는 내가 복을 내리고 너를 저주하는 자에게는 내가 저주하리니 땅의 모든 족속이 너를 인하여 복을 얻을 것이니라 하신지라.

이에 아브람은 하나님의 부르심에 순종해(히 11:8) 생명의 위험을 무릅쓰고 하나님의 말씀을 따라 가나안 땅으로 들어갔다.

[창 12:4-5] ⁴ 이에 아브람이 여호와의 말씀을 좇아갔고 … ⁵ 아브람이 그 아내 사래와 조카 롯과 하란에서 모은 모든 소유와 얻은 사람들을 이끌고 가나안 땅으로 가려고 떠나서 마침내 가나안 땅에 들어갔더라.

위 구절들을 보면 아브람이 할 일과 하나님께서 하실 일이 명확히 구별되어 보인다. 아브람이 할 일은 하나님의 말씀에 순종하는 것이고, 하나님께서 하실 일은 그가 순종했을 때 언약을 이루어 주시는 것이다. 대부분 이들이 이런 순종으로 세상에서 어려움을 당할까봐 두려워하지만, 하나님께서 염려하지 말라고 말씀하신다.

[마 6:31-33] ³¹ 그러므로 염려하여 이르기를 무엇을 먹을까 무엇을 마실까 무엇을 입을까 하지 말라 ³² 이는 다 이방인들이 구하는 것이라 너희 천부께서 이 모든 것

이 너희에게 있어야 할 줄을 아시느니라 ³³ 너희는 먼저 그의 나라와 그의 의를 구하라 그리하면 이 모든 것을 너희에게 더하시리라.

이 말씀을 요즘 그리스도인들에게 적용한다면 생계와 미래에 대한 염려 때문에 하나님을 후순위로 두지 말라는 말씀이다. 즉, 우리가 하나님의 뜻에 순종해 하나님 나라 확장을 위해 애쓰고(행 1:8; 마 13:31-33), 하나님께서 의롭게 여기시는 일을 행한다면 우리에게 필요한 것들은 하나님께서 해결해 주시겠다는 말씀이다.

하나님께서는 아브라함에게도 이런 온전한 순종을 요구하셨다.

[창 22:1-2] ¹ 그 일 후에 하나님이 아브라함을 시험하시려고 그를 부르시되 아브라함아 하시니 그가 가로되 내가 여기 있나이다 ² 여호와께서 가라사대 네 아들 네 사랑하는 독자 이삭을 데리고 모리아 땅으로 가서 내가 네게 지시하는 한 산 거기서 그를 번제로 드리라.

사랑하는 아들, 이삭을 번제로 드리라는 명령은 참으로 순종하기 어려운 일이었을 것이다. 그러나 아브라함은 이런 하나님의 명령에 온전히 순종했다.

[창 22:3, 9b-10] ³ 아브라함이 아침에 일찌기 일어나 나귀에 안장을 지우고 두 사환과 그 아들 이삭을 데리고 번제에 쓸 나무를 쪼개어 가지고 떠나 하나님의 자기에게 지시하시는 곳으로 가더니 / ⁹ᵇ ⋯ 이에 아브라함이 그곳에 단을 쌓고 나무를 벌여놓고 그 아들 이삭을 결박하여 단 나무 위에 놓고 ¹⁰ 손을 내밀어 칼을 잡고 그 아들을 잡으려 하더니.

이처럼 우리가 할 일은 오직 하나님의 말씀에 믿음으로 반응하고 온전히 순종하는 것이다. 그리하면 하나님께서는 약속하신 것을 모두 이루어 주신다.

[창 22:16-18] ¹⁶ … 내가 나를 가리켜 맹세하노니 네가 이같이 행하여 네 아들 네 독자를 아끼지 아니하였은즉 ¹⁷ 내가 네게 큰 복을 주고 네 씨로 크게 성하여 하늘의 별과 같고 바닷가의 모래와 같게 하리니 네 씨가 그 대적의 문을 얻으리라 ¹⁸ 또 네 씨로 말미암아 천하 만민이 복을 얻으리니 이는 네가 나의 말을 준행하였음이니라.

여호수아 6장의 여리고 성 정복에서도 이런 교훈을 얻을 수 있다.

여리고성은 40년 동안 광야를 떠돌던 이스라엘 백성들이 마침내 가나안 땅으로 들어가 제일 처음 마주한 성이다. 여기서 하나님께서는 앞으로도 수많은 적과 싸워야 할 이스라엘 백성들에게 그들이 할 일은 오직 하나님의 말씀에 순종하는 것이고, 하나님께서 하실 일은 순종에 대한 보상으로 전쟁을 승리로 이끌고 그들과 언약하신 것을 이루어 주시는 것임을 친히 가르쳐 주셨다.

실제 여리고 성 정복에서 이스라엘 백성들이 한 일은 하나님께서 명하신 대로 순종하는 일뿐이었는데, 그것은 엿새 동안은 성을 하루에 한 바퀴씩 돌고, 마지막 일곱째 날에는 제사장들이 나팔을 불며 성을 일곱 바퀴를 도는데 마지막 일곱 바퀴째에는 제사장들이 나팔을 길게 불고 그때 백성들이 성을 향해 크게 외치는 일이었다.

상식적으로는 말이 안 되는 일이었다.

성을 함락시키려면 전략을 세우고 뭔가 해야 할 텐데, 아무것도 하지 않고 며칠 간 성만 돌다가 마지막 날, 마지막 일곱 바퀴째 제사장들이 나팔을 길게 불 때 백성들이 크게 소리 질러 외치면 성벽이 무너져 내릴 거라니 이게 말이 되는가?

그러나 이스라엘 백성들이 이 말씀대로 순종했을 때 하나님께서는 여리고 성의 성벽을 와르르 무너뜨리셨다.

히브리서 기자는 이런 순종을 한마디로 믿음이라 말하고 있다.

[히 11:8] 믿음으로 아브라함은 부르심을 받았을 때에 순종하여 장래 기업으로 받을 땅에 나갈새 갈 바를 알지 못하고 나갔으며.

[히 11:17] 아브라함은 시험을 받을 때에 믿음으로 이삭을 드렸으니 저는 약속을 받은 자로되 그 독생자를 드렸느니라.

[히 11:30] 믿음으로 칠일 동안 여리고를 두루 다니매 성이 무너졌으며.

이런 예는 요셉에게서도 찾아 볼 수 있다. 소년 시절의 요셉은 하나님과의 관계는 좋았지만, 형제들과는 관계는 좋지 못했다(창 36:2-4). 어느 날 하나님께서 소년 요셉에게 형제 중에 가장 존귀한 자가 되는 꿈을 두 번이나 보여 주신다. 하나님께서 요셉에게 이런 꿈을 보여 주셨지만, 존귀한 자는 거저 되는 게 아니다. 그가 존귀한 자가 되기 위해서는 해야 할 일이 있다. 바로 하나님의 뜻에 온전히 순종하는 일이다.

[창 39:7-12] **7** 그 후에 그 주인의 처가 요셉에게 눈짓하다가 동침하기를 청하니 **8** 요셉이 거절하며 자기 주인의 처에게 이르되 … **9** … 내가 어찌 이 큰 악을 행하여 하나님께 득죄하리이까 **10** 여인이 날마다 요셉에게 청하였으나 요셉이 듣지 아니하여 동침하지 아니할 뿐더러 함께 있지도 아니하니라 **11** 그러할 때에 요셉이 시무하러 그 집에 들어갔더니 그 집 사람은 하나도 거기 없었더라 **12** 그 여인이 그 옷을 잡고 가로되 나와 동침하자 요셉이 자기 옷을 그 손에 버리고 도망하여 나가매.

한낱 노예에 불과한 요셉이 주인 아내의 요구를 거절한다는 것은 큰 해(害)를 각오해야 하는 일이었다. 그러나 요셉은 자신의 안위보다 하나님의 뜻에 온전히 순종하는 쪽을 택했다. 그 결과 하나님께서는 그에게 꿈을 해몽하는 능력과 애굽을 다스릴 수 있는 지혜를 주셨고, 그로 인해 애굽의 총리가 되어 하나님의 일에 크게 쓰임받을 수 있었다. 그러나 요셉이 애굽의 총리가 되기까지 그가 한 일은 오직 하나님의 뜻에 순종한 것뿐이었다. 그 외의 일들은 모두 하나님께서 행하신 일이었다.

> [창 45:5-8] **5** 당신들이 나를 이곳에 팔았으므로 근심하지 마소서 한탄하지 마소서 하나님이 생명을 구원하시려고 나를 당신들 앞서 보내셨나이다 **6** … **7** 하나님이 큰 구원으로 당신들의 생명을 보존하고 당신들의 후손을 세상에 두시려고 나를 당신들 앞서 보내셨나니 **8** 그런즉 나를 이리로 보낸 자는 당신들이 아니요 하나님이시라 하나님이 나로 바로의 아비를 삼으시며 그 온 집의 주를 삼으시며 애굽 온 땅의 치리자를 삼으셨나이다.

> [창 50:20-21] **20** 당신들은 나를 해하려 하였으나 하나님은 그것을 선으로 바꾸사 오늘과 같이 만민의 생명을 구원하게 하시려 하셨나니 **21** 당신들은 두려워 마소서 내가 당신들과 당신들의 자녀를 기르리이다 하고 그들을 간곡한 말로 위로하였더라
> (※ 롬 8:28).

다윗도 이와 마찬가지다. 다윗은 사울의 시기로 그에게 목숨을 위협받으며 오랜 도피 생활을 한다. 그러던 중 다윗에게 사울을 죽일 수 있는 절호의 기회가 두 번씩이나 찾아온다(삼상 24장; 26장). 그러나 실상 그것은 하나님의 시험이었다(삼상 24:10a; 26:12b). 만약 이때 다윗이 사울을 죽이고 자기 힘으로 왕이 되었더라면 하나님께서는 더 이상 그를 위해 일하지 않으셨을 것이다. 그러나 다윗은 하나님의 뜻에 온전히 순종하는 쪽을 택했다. 그는 여호와의 기름 부음을 받은 자를 치는 것은 여호와께서 금하시는 일이라 하며(삼상 24:6; 26:11) 사울을 두 번씩이나 살려 준다. 왜냐하면, 그는 사울을 치는 것은 자신이 할 일이 아니라, 하나님께서 하실 일임을 잘 알고 있었기 때문이다.

[삼상 26:10-11] 10 … 여호와께서 그를 치시리니 혹 죽을 날이 이르거나 혹 전장에 들어가서 망하리라 11 내가 손을 들어 여호와의 기름 부음을 받은 자를 치는 것을 여호와께서 금하시나니 너는 그의 머리 곁에 있는 창과 물병만 가지고 가자.

그 후 하나님께서는 하나님의 뜻에 온전히 순종한 다윗을 이스라엘의 왕으로 삼으셨고, 또 예수 그리스도도 그의 혈통에서 나게 하셔서 그의 왕위가 영원히 견고하도록 하셨다(삼하 7:16; 대상 17:14).

즉, 다윗은 하나님께서 의롭게 여기시는 일을 행함으로 하나님께서 통치하시는 나라를 이룬 것이다.

이것이 바로 하나님 나라와 의를 구하는 것(마 6:33)이 아니겠는가?

여기서 명심해야 할 것은 이들이 하나님의 뜻에 절대적으로 순종했다는 것이다. 인간의 본성은 아들을 죽이라는 명령에는 절대 순종할 수 없고, 자신의 안위를 위해서라면 죄를 지을 수도 있고, 자신을 죽이려고 한 이는 결코 용서하지 못한다. 그러나 이들은 이런 것조차 하나님의 뜻임을 알고 그 뜻에 순종했고 원수를 용서했다.

이런 것을 요즘 그리스도인들에게 찾아볼 수 있을까?

명심하자.

"우리가 일하면 우리가 일할 뿐이지만, 우리가 하나님께 순종하면 하나님께서 일하신다"(When we work, we work. But when we obey God, God works.).

※ [신학개혁 4장]으로 가려면 ☞ p. 32

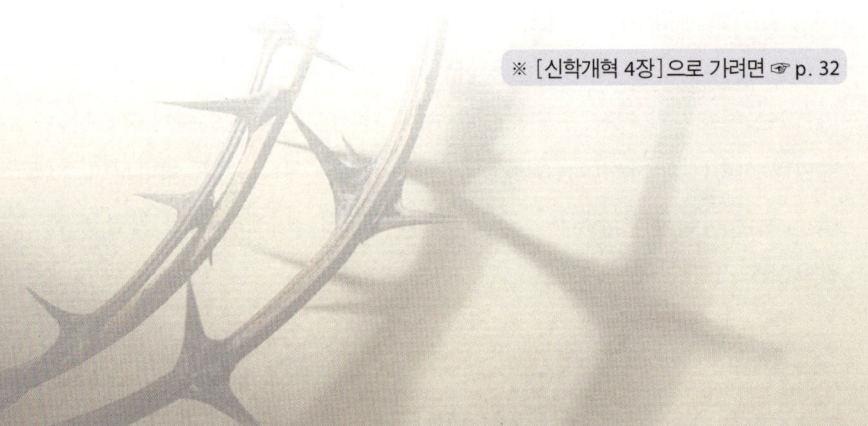

4

순종과 불순종 그리고 그에 따른 대가

이 시대에는 예수 그리스도를 믿음으로 이미 구원받았고, 순종은 천국에서의 상급을 위해서 필요하다는 사상이 팽배해 있다. 그런데 앞에서 보았듯이 구약 말씀이 모두 폐기 된 것이 아니다. 구약의 말씀 중 도구적 율법과 관련된 부분만 폐기되고 본질적 율법과 관련된 부분은 그대로 살아 있다. 그래서 우리가 구약의 본질적 율법에 관련된 부분은 우리가 읽고 배우고 행해야 하는 것이다. 그 중 순종과 불순종에 관련된 다음 말씀은 이 시대의 우리가 읽고 교훈을 삼아야 할 부분이다.

[레 26:3-45] ³ 너희가 내 규례와 계명을 준행하면 ⁴ 내가 너희 비를 그 시후에 주리니 땅은 그 산물을 내고 밭의 수목은 열매를 맺을지라 ⁵ 너희의 타작은 포도 딸 때까지 미치며 너희의 포도 따는 것은 파종할 때까지 미치리니 너희가 음식을 배불리 먹고 너희 땅에 안전히 거하리라 ⁶ 내가 그 땅에 평화를 줄 것인즉 너희가 누우나 너희를 두렵게 할 자가 없을 것이며 내가 사나운 짐승을 그 땅에서 제할 것이요 칼이 너희 땅에 두루 행하지 아니할 것이며 ⁷ 너희가 대적을 쫓으리니 그들이 너희 앞에서 칼에 엎드러질 것이라 ⁸ 너희 다섯이 백을 쫓고 너희 백이 만을 쫓으리니 너희 대적들이 너희 앞에서 칼에 엎드러질 것이며 ⁹ 내가 너희를 권고하여 나의 너희와 세운 언약을 이행하여 너희로 번성케 하고 너희로 창대케 할 것이며 ¹⁰ 너희는 오래 두었던 묵은 곡식을 먹다가 새 곡식을 인하여 묵은 곡식을 치우게 될 것이며 ¹¹ 내가 내 장막을 너희 중에 세우리니 내 마음이 너희를 싫어하지 아니할 것이며 ¹² 나는 너희 중에 행하여 너희 하

나님이 되고 너희는 나의 백성이 될 것이니라 **13** 나는 너희를 애굽 땅에서 인도하여 내어 그 종된 것을 면케 한 너희 하나님 여호와라 내가 너희 멍에 빗장목을 깨뜨리고 너희로 바로 서서 걷게 하였느니라 **14** 그러나 너희가 내게 청종치 아니하여 이 모든 명령을 준행치 아니하며 **15** 나의 규례를 멸시하며 마음에 나의 법도를 싫어하여 내 모든 계명을 준행치 아니하며 내 언약을 배반할진대 **16** 내가 이같이 너희에게 행하리니 곧 내가 너희에게 놀라운 재앙을 내려 폐병과 열병으로 눈이 어둡고 생명이 쇠약하게 할 것이요 너희의 파종은 헛되리니 너희의 대적이 그것을 먹을 것임이며 **17** 내가 너희를 치리니 너희가 너희 대적에게 패할 것이요 너희를 미워하는 자가 너희를 다스릴 것이며 너희는 쫓는 자가 없어도 도망하리라 **18** 너희가 그렇게 되어도 내게 청종치 아니하면 너희 죄를 인하여 내가 너희를 칠배나 더 징치할지라 **19** 내가 너희의 세력을 인한 교만을 꺾고 너희 하늘로 철과 같게 하며 너희 땅으로 놋과 같게 하리니 **20** 너희 수고가 헛될지라 땅은 그 산물을 내지 아니하고 땅의 나무는 그 열매를 맺지 아니하리라 **21** ⓒ 너희가 나를 거스려 내게 청종치 않을진대 내가 너희 죄대로 너희에게 칠배나 더 재앙을 내릴 것이라 **22** 내가 들짐승을 너희 중에 보내리니 그것들이 너희 자녀를 움키고 너희 육축을 멸하며 너희 수효를 감소케 할지라 너희 도로가 황폐하리라 **23** 이런 일을 당하여도 너희가 내게로 돌아오지 아니하고 나를 대항할진대 **24** 나 곧 나도 너희에게 대항하여 너희 죄를 인하여 너희를 칠배나 더 칠지라 **25** 내가 칼을 너희에게로 가져다가 너희의 배약한 원수를 갚을 것이며 너희가 성읍에 모일지라도 너희 중에 염병을 보내고 너희를 대적의 손에 붙일 것이며 **26** 내가 너희 의뢰하는 양식을 끊을 때에 열 여인이 한 화덕에서 너희 떡을 구워 저울에 달아 주리니 너희가 먹어도 배부르지 아니하리라 **27** 너희가 이같이 될지라도 내게 청종치 아니하고 내게 대항할진대 **28** 내가 진노로 너희에게 대항하되 너희 죄를 인하여 칠배나 더 징책하리니 **29** 너희가 아들의 고기를 먹을 것이요 딸의 고기를 먹을 것이며 **30** 내가 너희의 산당을 헐며 너희의 태양 주상을 찍어 넘기며 너희 시체를 파상한 우상 위에 던지고 내 마음이 너희를 싫어할 것이며 **31** 내가 너희 성읍으로 황폐케 하고 너희 성소들로 황량케 할 것이요 너희의 향기로운 향을 흠향치 아니하고 **32** 그 땅을 황무케 하리니 거기 거하는 너희 대적들이 그것을 인하여 놀랄 것이며 **33** 내가 너희를 열방 중에 흩을 것이요 내가 칼을 빼어 너희를 따르게 하리니 너희의 땅이 황무하며 너희의 성읍이 황폐하리라 ³⁴ 너희가 대적의 땅에 거할 동안에 너희 본토가 황무할 것이므로 땅이 안식을 누릴 것이라 그 때에 땅이 쉬어 안식을 누리리니 ³⁵ 너희가 그 땅에 거한 동안 너희 안식시에 쉼을 얻지 못하던 땅이 그 황무할 동안에는 쉬리라 ³⁶ 너희 남은 자에게는 그 대적의 땅에서 내가 그들의 마음으로 약하게 하리니 그들은 바람에 불린 잎사귀 소리에도 놀라 도망하기를 칼을 피하여 도망하듯 할 것이요 쫓는 자가 없어도 엎드러질 것이라 ³⁷ 그들은 쫓는 자가 없어도 칼 앞에 있음 같이 서로 천답하여 넘어지리니 너희가 대적을 당할 힘이 없을 것이요 ³⁸ 너희가 열방 중에서 망하리니 너희 대적의 땅이 너희를 삼킬 것이라 ³⁹ 너희 남은 자가 너희 대적의 땅에서 자기의 죄로 인하여 쇠잔하며 그 열조의 죄로 인하여 그 열조 같이 쇠잔하리라 ⁴⁰ 그들이 자기의 죄악과 그 열조의 죄와 및 그들이 나를 거스린 허물을 자복하고 또 그들이 나를 대항하였으므로 ⁴¹ 나도 그들을 대항하여 그 대적의 땅으로 끌어갔음을 깨닫고 그 할례 받지 아니한 마음이 낮아져서 그들의 죄악의 형벌을 순히 받으면 ⁴² 내가 야곱과 맺은 내 언약과 이삭과 맺은 내 언약을 생각하며 아브라함과 맺은 내 언약을 생각하고 그 땅을 권고하리라 ⁴³ 그들이 나의 법도를 싫어하며 나의 규례를 멸시하였으므로 그 땅을 떠나서 사람이 없을 때에 땅이 황폐하여 안식을 누릴 것이요 그들은 자기 죄악의 형벌을 순히 받으리라 ⁴⁴ 그런즉 그들이 대적의 땅에 거할 때에 내가 싫어 버리지 아니하며 미워하지 아니하며 아주 멸하지 아니하여 나의 그들과 세운 언약을 폐하지 아니하리니 나는 여호와 그들의 하나님이 됨이라 ⁴⁵ 내가 그들의 하나님이 되기 위하여 열방의 목전에 애굽에서 인도하여 낸 그들의 열조와 맺은 언약을 그들을 위하여 기억하리라 **나는 여호와니라** (= 신 11:26~28; 28:1~68; 수 23:2~16).

나의 행복을 위해서라도 부디 말씀에 순종하자.

[신 10:13] 내가 오늘날 네 행복을 위하여 네게 명하는 여호와의 명령과 규례를 지킬 것이 아니냐.

※ [신학개혁 5장]으로 가려면 ☞ p. 38

5

믿음의 대적 (2) :
염려와 재물

하나님께서는 우리에게 염려하지도, 두려워하지도 말라고 말씀하신다.

[요 14:27] 평안을 너희에게 끼치노니 곧 나의 평안을 너희에게 주노라 내가 너희에게 주는 것은 세상이 주는 것 같지 아니하니라 너희는 마음에 근심도 말고 두려워하지도 말라.

[벧전 5:7] 너희 염려를 다 주께 맡겨 버리라 이는 저가 너희를 권고하심이니라(= 빌 4:6-7).

그러나 이 시대의 그리스도인들은 염려가 우리를 불신앙으로 이끄는 원인이라는 것을 아무도 깨닫지 못한다.

[눅 21:34] 너희는 스스로 조심하라 그렇지 않으면 방탕함과 술취함과 생활의 염려로 마음이 둔하여지고 뜻밖에 그 날이 덫과 같이 너희에게 임하리라.

[고후 7:10] 하나님의 뜻대로 하는 근심은 후회할 것이 없는 구원에 이르게 하는 회개를 이루는 것이오 세상 근심은 사망을 이루는 것이니라.

그리고 염려가 커지면 두려움이 된다.

[요일 4:18] 사랑 안에 두려움이 없고 온전한 사랑이 두려움을 내어 쫓나니 두려움에는 형벌이 있음이라 두려워하는 자는 사랑 안에서 온전히 이루지 못하였느니라 (=계 21:8).

이 염려와 두려움이 어떻게 우리의 믿음을 위협하는지 말씀을 통해 알아보자.

1) 성경 시대의 염려와 두려움으로 인한 불신앙

염려와 두려움이 우리의 신앙을 위협하는 가장 큰 원인이라고 말하면 대부분 사람이 받아들이기 어려울 것이다. 이는 여태껏 우리가 염려와 두려움을 극히 인간적인 것으로 여겨 당연시하며 살아왔기 때문이다. 그러나 염려와 두려움은 믿음의 대적이다. 출애굽 후 이스라엘 백성들의 광야 생활 때의 사건들이 이를 잘 말해 준다.

[출 17:1-3] **1** 이스라엘 자손의 온 회중이 여호와의 명령대로 신 광야에서 떠나 그 노정대로 행하여 르비딤에 장막을 쳤으나 백성이 마실 물이 없는지라 **2** 백성이 모세와 다투어 가로되 우리에게 물을 주어 마시게 하라 모세가 그들에게 이르되 너희가 어찌하여 나와 다투느냐 너희가 어찌하여 여호와를 시험하느냐 **3** 거기서 백성이 물에 갈하매 그들이 모세를 대하여 원망하여 가로되 당신이 어찌하여 우리를 애굽에서 인도하여 내어서 우리와 우리 자녀와 우리 생축으로 목말라 죽게 하느냐.

이들은 '무엇을 마실까'라는 걱정을 하고 있다. 이것을 생각해 보자.
광야에서 물을 마시지 못하면 가다가 탈진해 죽을 수도 있으므로 이런 걱정을 하는 것은 당연한 것일까?
그러나 성경은 이것을 불신앙이라고 말씀하고 있다. 실제 이스라엘 백성들은 마실 물이 없어 자기와 자기 자녀들과 가축들이 목말라 죽을까 염려하고 두려워해서 하나님을 시험하고 그들의 지도자인 모세와 다투며 그를 원망하고 있다.

두 번째 사건을 보자.

> [민 14:1-4] ¹ 온 회중이 소리를 높여 부르짖으며 밤새도록 백성이 곡하였더라 ² 이스라엘 자손이 다 모세와 아론을 원망하며 온 회중이 그들에게 이르되 우리가 애굽 땅에서 죽었거나 이 광야에서 죽었더면 좋았을 것을 ³ 어찌하여 여호와가 우리를 그 땅으로 인도하여 칼에 망하게 하려 하는고 우리 처자가 사로잡히리니 애굽으로 돌아가는 것이 낫지 아니하랴 ⁴ 이에 서로 말하되 우리가 한 장관을 세우고 애굽으로 돌아가자 하매.

이번에는 이스라엘 백성들이 정탐꾼들에게 가나안 땅 정탐 보고를 받고 두려움에 휩싸였다. 두려움으로 인한 불순종의 결과는 참혹했다. 그들과 그들의 처자들은 40년 동안 광야를 떠돌아다녀야 했고 그들은 가나안 땅에 들어가지 못하고 광야에서 죽음을 맞이해야 했다. 아이러니하게도 그들이 '사로잡히리라'하며 그토록 염려했던 그들의 자녀들은 모두 가나안 땅에 들어갔다(민 14:22-23, 28-33).

그리고 시간이 흘러 광야생활 40년이 다 되어갈 무렵 이들은 또다시 염려로 인해 불신앙을 저지른다.

> [민 20:2-5] ² 회중이 물이 없으므로 모여서 모세와 아론을 공박하니라 ³ 백성이 모세와 다투어 말하여 가로되 우리 형제들이 여호와 앞에서 죽을 때에 우리도 죽었더면 좋을 뻔하였도다 ⁴ 너희가 어찌하여 여호와의 총회를 이 광야로 인도하여 올려서 우리와 우리 짐승으로 다 여기서 죽게 하느냐 ⁵ 너희가 어찌하여 우리를 애굽에서 나오게 하여 이 악한 곳으로 인도하였느냐 이곳에는 파종할 곳이 없고 무화과도 없고 포도도 없고 석류도 없고 마실 물도 없도다.

그들의 불신앙으로 그들의 지도자인 모세와 아론까지 시험에 빠져 가나안 땅에 들어가지 못하게 된다(민 20:12). 염려로 다른 이까지 실족하게 만든 것이다.

위 세 사건에서 그들이 무엇을 걱정했는지를 보라.

[출 17:3] … 당신이 어찌하여 우리를 애굽에서 인도하여 내어서 우리와 우리 자녀와 우리 생축으로 목말라 죽게 하느냐.

[민 14:3] 어찌하여 여호와가 우리를 그 땅으로 인도하여 칼에 망하게 하려 하는고 우리 처자가 사로잡히리니 애굽으로 돌아가는 것이 낫지 아니하랴.

[민 20:4] 너희가 어찌하여 여호와의 총회를 이 광야로 인도하여 올려서 우리와 우리 짐승으로 다 여기서 죽게 하느냐.

위 염려를 요약해 보면 그들 자신과 자기 가족, 자기 가축 걱정이다. 그래서 예수께서도 믿는 이들에게 다음과 같이 경고하셨다.

[마 10:36-37] ³⁶ 사람의 원수가 자기 집안 식구리라 ³⁷ 아비나 어미를 나보다 더 사랑하는 자는 내게 합당치 아니하고 아들이나 딸을 나보다 더 사랑하는 자도 내게 합당치 아니하고(=신 33:9).

예수께서 이렇게 말씀하신 것은 믿음의 길로 가려는 사람이 자기 가족의 안위에 대한 염려 때문에 믿음의 길로 가지 못하는 경우가 많기 때문이다. 또 반대로 믿음의 길로 가려는 이를 그 가족들이 걱정하고 염려해 믿음의 길로 가지 못하게 막을 수도 있다. 그래서 자기 집안 식구가 원수가 될 수도 있다는 것이다. 그러나 실은 집안 식구가 원수가 아니라 염려가 원수인 것이다.

여기서 자기와 자기 가족을 염려하는 것은 이해가 되나 자기 가축(짐승)들은 왜 염려했을까?

그들은 광야를 떠돌아 다녔으므로 집도 없었고 농작물을 경작할 땅도 없었다. 그들의 유일한 재산은 가축뿐이었다. 먹을 거라고는 만나밖에 없는 광야생활에서 소, 양, 염소 같은 짐승이 있으면 젖을 짜서 마실 수도 있고, 화목제를 드린 후 가족들과 함께 고기를 나눠 먹을 수도 있었다(레 7:15-16). 그리고 가죽으로 옷이나 신을 만들 수도 있었다(제물의 가죽은 원래 제사장들의 몫이었는데[레 7:8] 이를 일반 백성들과 물물교환을 했을 것이다). 게다가 짐승을 팔아 다른 물건을 살 수도 있었고, 소와 나귀는 짐을 싣거나 사람들이 탈 이동수단이 되므로 편리한 생활도 보장해 주었을 것이다.

결국, 이들이 가축들을 염려한 것은 자신과 가족의 안위를 염려했기 때문인 것이다. 신약에서도 자기를 사랑하는 것과 재물을 사랑하는 것이 신앙을 위협하는 가장 큰 원인이 된다고 말씀하고 있다.

[딤후 3:1-2a] **¹** 네가 이것을 알라 말세에 고통하는 때가 이르리니 **²** 사람들은 ① 자기를 사랑하며 ② 돈을 사랑하며 … (→ ① "자기를 사랑하며"는 헬라어로 휠라우토스 [φίλαυτος]로 '지나치게 자기 유익에만 집중된', '이기적인'의 뜻이다).

[마 13:22] 가시떨기에 뿌리웠다는 것은 말씀을 들으나 ① 세상의 염려와 ② 재리의 유혹에 말씀이 막혀 결실치 못하는 자요(※ 재리 → [개역개정] 재물).

그렇다면 오늘날에는 어떨까?

2) 요즘 시대의 염려와 두려움으로 인한 불신앙

오늘날에도 염려와 두려움으로 인한 불신앙의 원인은 여전히 자신과 자기 가족 그리고 재물이다. 그러나 성경 시대와 차이점도 있다. 성경 시대에는 닥친 현실에 대한 염려와 두려움이 컸지만, 오늘날은 불확실한 미래에 대한 염려와 두려움이 더 크다.

필자는 교회에서 연세 드신 분들이 이런 이야기를 하는 것을 자주 본다.

"우리 때는 다들 믿음이 괜찮았는데 요즘 사람들은 문제야!"
"자주 모이지도 않고, 봉사도 하지 않고, 헌신도 하지 않아!"
"게다가 학생들은 교회도 제대로 안 나와!"

사실 이것은 요즘 사람을 탓할 문제가 아니라 요즘 시대를 탓할 문제다. 바로 염려와 두려움의 문제인 것이다. 예전에는 잠잘 곳이 있고 먹을 것이 있으면 큰 걱정이 없었다. 시골에서는 농사 지을 땅만 있으면 먹고 살 걱정은 없었고, 도시에서도 쉽게 직장을 구할 수 있었다. 그저 밥만 굶지 않으면 다들 만족했다. 그러다 보니 당시 그리스도인들은 마음에 여유가 있어 하나님의 일에 시간과 열정을 쏟을 수 있었다.

그러나 요즘 시대는 그렇지 않다. 사회가 도시화되고, 산업화되면서 교통비, 통신비, 교육비, 주거비 등 예전에는 없거나 크게 들지 않았던 비용들이 급격히 증가해 큰 부담이 되는 시대가 되었다. 더 큰 문제는 이런 비용들이 우리의 수입보다 더 빠른 속도로 늘어난다는 것이다. 특히, 집값과 주거비는 천정부지로 올라 웬만한 사람은 감당하기 어려울 지경이 되었으며, 늘어나는 교육비는 가계에 큰 부담을 준다. 또 가계 수입만으로는 이런 것을 해결하기 어려워 대부분 대출을 하는데 이로 인한 경제적 부담도 상당하다. 그래서 과거에 비해 염려와 두려움이 훨씬 더 클 수밖에 없는 사회가 되어 버렸다.

그래서 요즘에는 사회 전체가 돈벌이와 학벌 쌓기에 매달릴 수밖에 없는 분위기가 되어 버렸다. 자신과 자녀들이 남들보다 뒤쳐져 사회에서 낙오되지는 않을까 하는 염려와 두려움이 그리스도인들에게서 하나님 나라를 위해 써야 할 열정과 시간과 돈을 자신과 자녀들을 위해 다 쓰도록 만들어 버렸다. 과거에는 믿는 이들이 사회적 불이익이나 핍박이 두려워 믿음을 저버렸지만, 오늘날에는 사회적, 경제적으로 남들보다 뒤처지면 어쩌나 하는 염려가 믿음을 저버리게 만들었다. 산업화, 도시화가 만들어 낸 폐해인 것이다. 고등학교 통합사회 교과서에는 도시의 문제에 대해서 이렇게 말한다.

> ※ 타인에 대한 무관심과 이기주의로 인한 문제
> 주변 사람들과의 소통 감소 → 개인 중심의 생활, 자신의 이익을 추구하는 경향 증가 → 인간 소외와 인간성 상실 등의 문제가 나타남(- 인간 소외 : 인간의 풍요로운 생활을 위해 만든 물질이 거꾸로 인간을 지배하는 현상).

그러므로 요즘 시대에 염려와 두려움을 이기고 하나님의 뜻대로 살아간다는 것은 기독교를 박해하는 나라에서 핍박과 불이익을 감수하면서 믿음을 지키는 것 못지 않은 큰 믿음이 필요하다.

필자도 이런 고충들을 경험했고 또 이해도 하지만, 그렇다고 해서 하나님 나라를 위해 써야 할 열정과 시간과 돈을 자신과 자기 자녀에게 모두 쏟아붓는 것을 어찌 죄가 아니라고 할 수 있겠는가?

장래에 대한 염려와 두려움 때문에 하나님보다 재물을 더 사랑하고, 재물을 더 의지하는 것은 우상 숭배와 비견되는 죄다. 형제를 사랑하는 것이 미움, 시기, 분노 등의 감정과의 싸움이라면, 하나님을 사랑하는 것은 염려와 두려움이라는 감정과의 싸움인 것이다. 어떤 고난과 역경도 다 이겨내는 사람도 감정 하나를 이기지 못해 실족하다니 참으로 아이러니한 일이 아닐 수 없다. 이에 대해 성경은 다음과 같이 권면하고 있다.

[딤전 6:7-8, 10] **7** 우리가 세상에 아무 것도 가지고 온 것이 없으매 또한 아무 것도 가지고 가지 못하리니 **8** 우리가 먹을 것과 입을 것이 있은즉 족한 줄로 알 것이니라 / **10** 돈을 사랑함이 일만 악의 뿌리가 되나니 이것을 사모하는 자들이 미혹을

받아 믿음에서 떠나 많은 근심으로써 자기를 찔렀도다.

[히 13:5] 돈을 사랑치 말고 있는 바를 족한 줄로 알라 그가 친히 말씀하시기를 내가 과연 너희를 버리지 아니하고 과연 너희를 떠나지 아니하리라 하셨느니라.

예수께서는 이에 대해 다음과 같이 말씀하셨다.

[마 6:19-21] **19** 너희를 위하여 보물을 땅에 쌓아 두지 말라 거기는 좀과 동록이 해하며 도적이 구멍을 뚫고 도적질하느니라 **20** 오직 너희를 위하여 보물을 하늘에 쌓아 두라 거기는 좀이나 동록이 해하지 못하며 도적이 구멍을 뚫지도 못하고 도적질도 못하느니라 **21** 네 보물 있는 그 곳에는 네 마음도 있느니라.

위 말씀을 쉽게 풀이하면 이 땅에 소망(마음)을 둔 사람은 땅에서의 일을 염려해 이 땅에 보물을 쌓아두는 어리석음을 범하지만, 하나님 나라에 소망(마음)을 둔 사람은 하나님 뜻대로 행해 하늘에 보물을 쌓아두는 지혜로운 사람이라는 의미다. 예수께서는 이 말씀에 이어 다음과 같이 말씀하신다.

[마 6:22 23] **22** 눈은 몸의 등불이니 그러므로 네 눈이 성하면 온 몸이 밝을 것이요 **23** 눈이 나쁘면 온 몸이 어두울 것이니 그러므로 네게 있는 빛이 어두우면 그 어두움이 얼마나 하겠느뇨.

이는 우리가 영적으로 깨어 있어 영적인 눈이 밝으면 우리가 하는 일("온 몸" 곧 행위)도 사람들을 진리로 이끄는 등불과 같겠지만, 영적인 눈이 어두우면 그가 하는 일도 항상 어두움의 일일뿐이라는 뜻이다. 그리고 이어서 이렇게 말씀하신다.

> [마 6:24] 한 사람이 두 주인을 섬기지 못할 것이니 혹 이를 미워하며 저를 사랑하거나 혹 이를 중히 여기며 저를 경히 여김이라 너희가 하나님과 재물을 겸하여 섬기지 못하느니라 (=눅 16:13) (※ 재물 → μαμμωνᾶς[맘모나스]).

위에서 "재물"로 쓰인 μαμμωνᾶς[맘모나스]는 아람어 '맘몬'의 음역이다. 부와 재물을 뜻하는 이 맘몬은 유대교 전승에서 내려오는 악마라고 한다. 예수께서 재물을 맘몬에 비유한 것은 당시 사람들이 재물을 하나님보다 더 사랑하며 우상처럼 섬겼기 때문이다. 예나 지금이나 재물은 믿음의 가장 큰 대적이다.

중세 가톨릭도, 작금의 교회도 모두 돈과 재물을 섬김으로 심각하게 부패하지 않았던가?

그런데 위 말씀 뒤에 나오는 말씀이 뭔지 아는가?

바로 염려에 대한 말씀이다.

> [마 6:25-34] 25 그러므로 내가 너희에게 이르노니 목숨을 위하여 무엇을 먹을까 무엇을 마실까 몸을 위하여 무엇을 입을까 염려하지 말라 목숨이 음식보다 중하지 아니하며 몸이 의복보다 중하지 아니하냐 26 … 33 너희는 먼저 그의 나라와 그의 의를 구하라 그리하면 이 모든 것을 너희에게 더하시리라 34 … .

위 25절 "목숨이 음식보다 중하지 아니하며 몸이 의복보다 중하지 아니하냐"는 말씀은 "목숨과 몸을 주신 하나님께서 어찌 음식과 의복은 주시지 않겠는가"라는 의미로 해석할 수 있다. 즉, 음식과 의복 걱정은 하지 않아도 하나님께서 먹이시고 입히신다는 말이다.

이천 년 전 예수께서 하신 말씀이 오늘날에도 전혀 진부(陳腐)하게 느껴지지 않음이 신기할 따름이다. 말씀만 보면 충분히 그렇게 살 수 있을 것 같은데, 현실로 다가오면 다들 염려하고 두려워하는 게 우리의 모습이다. 그러나 이런 감정에 굴복하면 우리뿐 아니라 우리의 자녀 세대까지도 위험해진다.

우리가, 우리 자녀가, 우리 성도가 멸망하도록 내버려둘 텐가?

하나님의 심정으로 그들에게 외쳐야 한다. 더 늦기 전에 요나 선지자 때의 니느웨 사람들처럼 회개하고 돌이키자(욘 3:1-10).

하나님께서 그렇게 경고했음에도 계속해서 불신앙의 길을 걷다가 징계받고, 심판받은 이스라엘이 요즘 우리 그리스도인에게서도 느껴지지 않는가?

주인에게 받은 달란트를 땅에 감추어 둔 자가 바로 우리가 아니던가? 혹시 예수 믿는 것도 마음의 위안을 얻고 복을 빌 우상이 필요해서이고, 하나님의 일을 하고 있는 것도 먹고 살기 위해 직업으로 하는 건 아닌가?

다들 결코 아니라고 거부하고 부정할 것이다. 하지만 자신도 모르는 사이에 모든 그리스도인이 그렇게 되어 가고 있다.

"인자가 올 때에 세상에서 믿음을 보겠느냐"(눅 18:8)하는 말씀이 무슨 의미겠는가?

우리가 선지자가 되어 하나님의 심정으로 이 땅의 그리스도인들에게 외쳐야 한다.

"심판이 가까이 왔으니 회개하라!"

※ [신학개혁 6장]으로 가려면 ☞ p. 45

6

의인을 박해해 하나님을 대적하는 자

하나님을 믿는 이들의 부패는 중세 가톨릭과 지금의 기독교뿐만 아니라, 성경 이스라엘에도 늘 있어 왔다. 하나님께서는 그럴 때마다 선지자들을 보내 그들의 죄를 선포하고 그들에게 회개하고 돌이킬 것을 권면했지만, 그들은 선지자들을 박해했다.

[대하 24:20-21] [20] 이에 하나님의 신이 제사장 여호야다의 아들 스가랴를 감동시키시매 저가 백성 앞에 높이 서서 저희에게 이르되 여호와께서 말씀하시기를 너희가 어찌하여 여호와의 명령을 거역하여 스스로 형통치 못하게 하느냐 하셨나니 너희가 여호와를 버린 고로 여호와께서도 너희를 버리셨느니라 하나 [21] 무리가 함께 꾀하고 왕의 명을 좇아 여호와의 전 뜰 안에서 돌로 쳐 죽였더라.

[행 7:52] 너희 조상들은 선지자 중에 누구를 핍박지 아니하였느냐 의인이 오시리라 예고한 자들을 저희가 죽였고 이제 너희는 그 의인을 잡아준 자요 살인한 자가 되나니.

[마 23:34, 37] [34] 그러므로 내가 너희에게 선지자들과 지혜 있는 자들과 서기관들을 보내매 너희가 그중에서 더러는 죽이고 십자가에 못박고 중에 더러는 너희 회당에서 채찍질하고 이 동네에서 저 동네로 구박하리라 / [37] 예루살렘아 예루살렘아 선지자들을 죽이고 네게 파송된 자들을 돌로 치는 자여 암탉이 그 새끼를 날개 아래 모음같이 내가 네 자녀를 모으려 한 일이 몇번이냐 그러나 너희가 원치 아니하였도다 (= 눅 20:9-19).

이들이 선지자들을 박해한 것은 하나님의 뜻을 바로 알지 못해 그것이 하나님을 섬기는 일이라 생각했기 때문이다.

[요 16:2-3] ² 사람들이 너희를 출회할 뿐 아니라 때가 이르면 무릇 너희를 죽이는 자가 생각하기를 이것이 하나님을 섬기는 예라 하리라 ³ 저희가 이런 일을 할 것은 아버지와 나를 알지 못함이라.

회심 전 바울도 이와 같았다.

[행 22:4] 내가 이 도를 핍박하여 사람을 죽이기까지 하고 남녀를 결박하여 옥에 넘겼노니.

[갈 1:13] 내가 이전에 유대교에 있을 때에 행한 일을 너희가 들었거니와 하나님의 교회를 심히 핍박하여 잔해하고.

예수님과 스데반 집사를 죽인 이들도 같은 동족이자 하나님을 믿는 이들인 유대인들이었다. 하나님께서는 그들이 회개하고 돌이켜 하나님께로 돌아오기를 원하셨다. 하나님의 그런 뜻을 잘 아는 예수님과 스데반은 다음과 같이 구했다.

[눅 23:34] 이에 예수께서 가라사대 아버지여 저희를 사하여 주옵소서 자기의 하는 것을 알지 못함이니이다 ….

[행 7:59-60] ⁵⁹ 저희가 돌로 스데반을 치니 스데반이 부르짖어 가로되 주 예수여 내 영혼을 받으시옵소서 하고 ⁶⁰ 무릎을 꿇고 크게 불러 가로되 주여 이 죄를 저들에게 돌리지 마옵소서 이 말을 하고 자니라.

실제 이들 중 많은 사람이 회개하고 돌이켰다(행 2:36-41). 이들이 의인을 박해한 것은 올바른 지식이 없어서였다.

[호 4:6] 내 백성이 지식이 없으므로 망하는도다 네가 지식을 버렸으니 나도 너를 버려 내 제사장이 되지 못하게 할 것이요 네가 네 하나님의 율법을 잊었으니 나도 네 자녀들을 잊어버리리라.

[롬 10:1-3] **1** 형제들아 내 마음에 원하는 바와 하나님께 구하는 바는 이스라엘을 위함이니 곧 저희로 구원을 얻게 함이라 **2** 내가 증거하노니 저희가 하나님께 열심이 있으나 지식을 좇은 것이 아니라 **3** 하나님의 의를 모르고 자기 의를 세우려고 힘써 하나님의 의를 복종치 아니하였느니라.

이런 경우 우리가 할 일은 그들의 믿음이 올바르지 않다고 해 상종하지 않거나 정죄하는 것이 아니라(행 5:33-39), 그들에게 올바른 지식을 전해 그들이 회개하고 돌이켜 하나님께 돌아오게 만드는 것이다.

[겔 18:30] 나 주 여호와가 말하노라 이스라엘 족속아 내가 너희 각 사람의 행한 대로 국문할지라 너희는 돌이켜 회개하고 모든 죄에서 떠날 지어다 그리한즉 죄악이 너희를 패망케 아니하리라.

[행 3:19] 그러므로 너희가 회개하고 돌이켜 너희 죄 없이 함을 받으라 이같이 하면 유쾌하게 되는 날이 주 앞으로부터 이를 것이요.

선교사 바울도 복음을 전하다가 유대인들에게 심각한 박해를 받았다.

[행 14:19, 22] **19** 유대인들이 안디옥과 이고니온에서 와서 무리를 초인하여 돌로 바울을 쳐서 죽은 줄로 알고 성 밖에 끌어 내치니라 / **22** 제자들의 마음을 굳게 하여

이 믿음에 거하라 권하고 또 우리가 하나님 나라에 들어가려면 많은 환난을 겪어야 할 것이라 하고.

그가 의를 위해 박해를 각오한 것은 천국에 대한 소망 때문이었다(마 5:10). 바울은 그런 큰 박해를 받았음에도 그 일 이후에도 가는 곳마다 유대인의 회당에서 예수님을 전했다.

[행 17:10] 밤에 형제들이 곧 바울과 실라를 베뢰아로 보내니 저희가 이르러 유대인의 회당에 들어가니라.

[행 18:4] 안식일마다 바울이 회당에서 강론하고 유대인과 헬라인을 권면하니라.

[행 19:8] 바울이 회당에 들어가 석 달 동안을 담대히 하나님 나라에 대하여 강론하며 권면하되.

그가 박해를 무릅쓰고 유대인들에게 복음을 전한 것은 올바른 지식이 없어 하나님으로부터 멀어진 형제들에게 올바른 지식을 전해 그들을 구원하기 위함이었다.

[롬 9:1-4] **1-2** 내가 그리스도 안에서 참말을 하고 거짓말을 아니하노라 내게 큰 근심이 있는 것과 마음에 그치지 않는 고통이 있는 것을 내 양심이 성령 안에서 나로 더불어 증거하노니 **3** 나의 형제 곧 골육의 친척을 위하여 내 자신이 저주를 받아 그리스도에게서 끊어질지라도 원하는 바로라 **4** 저희는 이스라엘 사람이라 ….

이 시대도 마찬가지다. 수많은 사람이 잘못된 지식으로 멸망의 길을 가고 있다. 그러나 박해가 두려워 모두가 입을 다물고 있다. 대표적인 것이 바로 다음이다.

믿음으로 구원받는다는 말씀은 예수 그리스도의 말씀을 행해 구원받으려 하지 않고, 율법을 행해 구원받으려는 당시 유대주의자들에게 한 말이다. 그런데도 우리는 예수께서 친히 말씀하신 "주여, 주여 하는 자마다 다 구원받는 것이 아니라 하나님 뜻대로 행해야 구원받는다"는 말씀(마 7:21)과 "형제를 사랑하는 자는 구원받고 그렇지 못한 자는 구원받지 못한다"는 말씀(마 25:31-45; 약 2:13-17; 요일 3:14)과 "하나님과 재물을 겸하여 섬기지 못한다"는 말씀(마 6:24)과 "재물이 있는 자(부자)는 하나님 나라에 들어가기 심히 어렵다"는 말씀(막 10:23) 등은 거들떠보지도 않는다. 이것은 입으로는 오직 예수를 외치면서 그의 말씀은 조금도 행하지 않는 이율배반적 행위다.

그러나 이 시대의 인도자들은 그것을 지적하는 이들에게 율법주의자 또는 행위구원론자라는 멍에를 씌워 박해를 가하고 있다. 그런데 그들의 박해는 회심 전 바울과 같이 올바른 지식을 따른 것이 아니다. 올바른 지식은 예수 그리스도를 믿는다고 해서 다 구원받는 것이 아니라, 거기에 더해 예수님의 말씀을 행함으로 구원받는 것이다.

> [마 7:24-27] ²⁴ 그러므로 누구든지 나의 이 말을 듣고 행하는 자는 그 집을 반석 위에 지은 지혜로운 사람 같으니 ²⁵ 비가 내리고 창수가 나고 바람이 불어 그 집에 부딪히되 무너지지 아니하나니 이는 주초를 반석 위에 놓은 연고요 ²⁶ 나의 이 말을 듣고 행치 아니하는 자는 그 집을 모래 위에 지은 어리석은 사람 같으니 ²⁷ 비가 내리고 창수가 나고 바람이 불어 그 집에 부딪히매 무너져 그 무너짐이 심하니라.

이 시대의 그리스도인은 예수님의 말씀을 듣고도 행하지 않고 있다.

그리고 그로 인해 큰 징계에 직면하고 있다. 그런데도 회개하고 돌이키지 않는다. 그렇다면 남은 것은 더 큰 징계와 심판뿐이다.

그래서는 안 된다. 회개하고 돌이키자.

※ [신학개혁 7장]으로 가려면 ☞ p. 51

7

회개해도 소용없는 자

다음 말씀에 대해 여러분들은 어떻게 생각하는가?

[히 6:4-6] **4** 한번 비침을 얻고 하늘의 은사를 맛보고 성령에 참예한바 되고 **5** 하나님의 선한 말씀과 내세의 능력을 맛보고 **6** 타락한 자들은 다시 새롭게 하여 회개케 할 수 없나니 이는 자기가 하나님의 아들을 다시 십자가에 못 박아 현저히 욕을 보임이라.

대개 이 말씀의 대상을 유대교에서 기독교로 개종했다가 다시 유대교로 개종한 배교자라고 말한다. 그런데 이 말씀 직전인 다음 말씀을 보면 믿은 지 오래되었으나 말씀에 순종하지 않아 신앙이 어린아이와 같이 되어 버린 자에 대해 말한다.

[히 5:12-6:3] **12** 때가 오래므로 너희가 마땅히 선생이 될 터인데 너희가 다시 하나님의 말씀의 초보가 무엇인지 누구에게 가르침을 받아야 할 것이니 젖이나 먹고 단단한 식물을 못 먹을 자가 되었도다 **13** 대저 젖을 먹는 자마다 어린 아이니 의의 말씀을 경험하지 못한 자요 **14** 단단한 식물은 장성한 자의 것이니 저희는 지각을 사용하므로 연단을 받아 선악을 분변하는 자들이니라 **6:1** 그러므로 우리가 그리스도 도의 초보를 버리고 죽은 행실을 회개함과 하나님께 대한 신앙과 **2** 세례들과 안수와 죽은 자의 부활과 영원한 심판에 관한 교훈의 터를 다시 닦지 말고 완전한데 나아갈지니라 **3** 하나님께서 허락하시면 우리가 이것을 하리라.

따라서 여기서는 이런 자들에게 초점을 맞춰 히브리서 6:4-6을 해석할 것이다. 그런데 이들이 어린아이와 같은 믿음이 된 것은 말씀을 듣기만 하고 행하지 않았기 때문이다.

[약 1:22] 너희는 도(道)를 행하는 자가 되고 듣기만 하여 자신을 속이는 자가 되지 말라.

예수께서는 말씀을 행하지 않아 어린아이와 같은 믿음을 가진 자들을 모래 위나 주추 없이 흙 위에 집을 지은 자와 같다고 하셨다(마 7:26-27; 눅 6:49). 성경에서 말씀을 듣고도 행하지 아니하는 자의 대표적 예는 이스라엘의 초대 왕 사울일 것이다. 따라서 위 말씀들을 사울왕에게 적용시켜 보면 많은 깨달음이 있을 것이다.

사울은 하나님께서 손수 택하신 왕이다(삼상 9:15-16). 하나님께서는 사울을 왕으로 택하셨음을 백성들에게도 손수 드러내셨다.

[삼상 10:9-12] ⁹ 그가 사무엘에게서 떠나려고 몸을 돌이킬 때에 하나님이 새 마음을 주셨고 그 날 그 징조도 다 응하니라 ¹⁰ 그들이 산에 이를 때에 선지자의 무리가 그를 영접하고 하나님의 신이 사울에게 크게 임하므로 그가 그들 중에서 예언을 하니 ¹¹ 전에 사울을 알던 모든 사람이 사울의 선지자들과 함께 예언함을 보고 서로 이르되 기스의 아들의 당한 일이 무엇이뇨 사울도 선지자들 중에 있느냐 하고 ¹² 그 곳의 어떤 사람은 말하여 이르되 그들의 아비가 누구냐 한지라 그러므로 속담이 되어 가로되 사울도 선지자들 중에 있느냐 하더라.

[삼상 10:20-22] ²⁰ 사무엘이 이에 이스라엘 모든 지파를 가까이 오게 하였더니 베냐민 지파가 뽑혔고 ²¹ 베냐민 지파를 그 가족대로 가까이 오게 하였더니 마드리의 가족이 뽑혔고 그 중에서 기스의 아들 사울이 뽑혔으나 그를 찾아도 만나지 못한지라 ²² 그러므로 그들이 또 여호와께 묻되 그 사람이 여기 왔나이까 여호와께서 대답

하시되 그가 행구 사이에 숨었느니라.

사울은 전쟁에 나가서도 담대하게 적을 물리침으로 이스라엘 백성들에게까지 당당하게 왕으로 인정받는다.

[삼상 11:11] 이튿날에 사울이 백성을 삼대에 나누고 새벽에 적진 중에 들어가서 날이 더울 때까지 암몬 사람을 치매 남은 자가 다 흩어져서 둘도 함께 한 자가 없었더라.

즉, 이때의 사울은 분명 "한 번 비췸을 얻고 하늘의 은사를 맛보고 성령에 참예한 바 되고 하나님의 선한 말씀과 내세의 능력을 맛본 자"인 것이다.

그랬던 사울이 왕이 된 후에는 도리어 믿음이 약해져서 하나님의 명령을 하나 둘 거역하기 시작한다.

[삼상 13:11-13a] **11** 사무엘이 가로되 왕의 행한 것이 무엇이뇨 사울이 가로되 **백성은 나에게서 흩어지고 당신은 정한 날 안에 오지 아니하고 블레셋 사람은 믹마스에 모였음을 내가 보았으므로** **12** 이에 내가 이르기를 블레셋 사람은 나를 치러 길갈로 내려오겠거늘 내가 여호와께 은혜를 간구치 못하였다 하고 부득이하여 번제를 드렸나이다 **13** 사무엘이 사울에게 이르되 왕이 망령되이 행하였도다 왕이 왕의 하나님 여호와께서 왕에게 명하신 명령을 지키지 아니하였도다 ….

그리고 사무엘상 14장 블레셋과의 전투에서도 사울의 불신앙이 있었지만, 하나님의 뜻을 대놓고 거역한 것은 사무엘상 15장의 아말렉과의 전투에서 일어난 사건이다.

[삼상 15:22-23] **22** 사무엘이 가로되 여호와께서 번제와 다른 제사를 그 목소리 순종하는 것을 좋아하심 같이 좋아하시겠나이까 순종이 제사보다 낫고 듣는 것이 수

양의 기름보다 나으니 ²³ 이는 거역하는 것은 사술의 죄와 같고 완고한 것은 사신 우상에게 절하는 죄와 같음이라 왕이 여호와의 말씀을 버렸으므로 여호와께서도 왕을 버려 왕이 되지 못하게 하셨나이다.

사무엘상 13장에서의 사울의 문제는 적들이 코 앞까지 와 있고 백성들은 하나둘 흩어지면서 오는 염려와 두려움이 원인이었다. 그러나 14장에서의 사울은 전쟁에서 큰 승리를 거두어 자신의 위상을 드높이려는 광적인 모습이었으며 15장에서는 그런 모습이 확연히 드러났다. 원래 전쟁에서 이기면 노획한 재물과 가축과 포로 등을 군인들에게도 나눠 주지만 하나님께서는 이런 것을 하나도 남김없이 진멸하라 명하셨다(삼상 15:3). 그리고 그로 인해 백성들의 불만이 매우 컸을 것이다. 하지만 이것은 하나님께서 사울이 자신의 위상과 하나님의 말씀 중 어느 것을 더 중히 여기는지 시험하고자 하신 것이다.

그런데 사울은 아말렉 왕을 사로잡아 끌고 와 백성들에게 자신의 위용을 자랑하고자 했으며(삼상 15:12), 백성들의 마음을 사고자 가장 좋은 양과 소를 그들을 위해 끌고 왔다(삼상 15:24). 이는 사울이 자신의 위상을 드높이고 백성의 마음을 사 왕위를 굳건히 하고자 한 것이다. 분명 하나님께서 왕이 되지 못하게 하신다고 하셨는데도 말이다.

사울의 이런 모습은 이 시대의 교회 인도자들에게서도 그대로 나타나고 있다. 예수께서는 하나님과 재물을 겸하여 섬기지 못하며, 재물이 있는 자는 하나님 나라에 들어가지 못한다고 분명히 말씀하셨다. 그런데도 예나 지금이나 교회의 인도자들은 예수님의 말씀을 번번이 어긴다. 혹자는 왕이 자신의 위상을 드높이고 백성들의 마음을 얻어 왕위를 굳건하게 하는 것과 교회 인도자들이 전도와 선교를 위해 물질을 모으는 것이 뭐가 문제냐고 반문할 것이다. 그렇다면 이것이 무슨 문제가 되는지를 지금부터 보여 주겠다.

위 사건 후 사울은 자신의 죄를 회개했다.

[삼상 15:24-26] **24** 사울이 사무엘에게 이르되 내가 범죄하였나이다 내가 여호와의 명령과 당신의 말씀을 어긴 것은 내가 백성을 두려워하여 그 말을 청종하였음이니이다 **25** 청하오니 지금 내 죄를 사하고 나와 함께 돌아가서 나로 여호와께 경배하게 하소서 **26** 사무엘이 사울에게 이르되 나는 왕과 함께 돌아가지 아니하리니 이는 왕이 여호와의 말씀을 버렸으므로 여호와께서 왕을 버려 이스라엘 왕이 되지 못하게 하셨음이니이다 하고.

하나님께서 사울을 왕의 자리에서 물러나게 하신 것은 그가 하나님보다 왕의 자리를 더 사랑했기 때문이다. 사울은 이것을 깨닫고 이때부터 왕의 자리에서 물러날 각오를 했어야 했다. 그러면 하나님께 순종할 수 있었을 것이다. 역설적인 이야기지만 사울이 스스로 왕의 자리에서 떠날 정도의 믿음이 있었다면 애초 하나님의 명령을 거역하지도 않았을 것이다.

그의 믿음은 회개는 하지만, 회개에 합당한 열매를 맺지 못하는 믿음인 것이다(마 3:8; 눅 3:8). 이는 곧 죄는 뉘우치되 죄의 원인은 제거하지 않은 열매 없는 회개를 말한다. 죄의 원인을 제거하지 못한 사울은 점점 더 큰 죄에 빠지게 된다.

[삼상 18:7-9] **7** 여인들이 뛰놀며 창화하여 가로되 사울의 죽인 자는 천천이요 다윗은 만만이로다 한지라 **8** 사울이 이 말에 불쾌하여 심히 노하여 가로되 다윗에게는 만만을 돌리고 내게는 천천만 돌리니 그의 더 얻을 것이 나라 밖에 무엇이냐 하고 **9** 그 날 후로 사울이 다윗을 주목하였더라.

[삼상 18:11-12] **11** 그가 스스로 이르기를 내가 다윗을 벽에 박으리라 하고 그 창을 던졌으나 다윗이 그 앞에서 두 번 피하였더라 **12** 여호와께서 사울을 떠나 다윗과 함께 계시므로 사울이 그를 두려워한지라.

[삼상 18:28-29] ²⁸ 여호와께서 다윗과 함께 계심을 사울이 보고 알았고 사울의 딸 미갈도 그를 사랑하므로 ²⁹ 사울이 다윗을 더욱 더욱 두려워하여 평생에 다윗의 대적이 되니라.

사실 하나님께서는 사울을 위해 회개할 기회를 더 주셨다.

[삼상 19:23] 사울이 라마 나욧으로 가니라 하나님의 신(神)이 그에게도 임하시니 그가 라마 나욧에 이르기까지 행하며 예언을 하였으며 (※ 신[神] → [개역개정] 영[靈])

그러나 사울은 왕의 자리에 대한 집착을 결코 버리지 못한다.

[삼상 20:30-31] ³⁰ 사울이 요나단에게 노를 발하고 그에게 이르되 … ³¹ 이새의 아들이 땅에 사는 동안은 너와 네 나라가 든든히 서지 못 하리라 그런즉 이제 보내어 그를 내게로 끌어오라 그는 죽어야 할 자니라.

사울이 다윗에게 이렇게까지 모질게 대하는 이유는 다윗이 차기 왕이 될 것을 이미 알고 있었기 때문이다. 그러나 그의 아들 요나단은 그렇게 하지 않았다.

[삼상 23:17] 곧 요나단이 그에게 이르기를 두려워 말라 내 부친 사울의 손이 네게 미치지 못할 것이요 너는 이스라엘 왕이 되고 나는 네 다음이 될 것을 내 부친 사울도 안다 하니라.

즉, 사울의 문제는 다윗에 대한 살해 욕구가 아니라 왕위에 대한 집착 때문에 하나님의 뜻을 계속해서 거역하는 것이다.
요즘 시대 교회가 세상 사람들에게조차 비난받고 있는 것은 모두 재물과 교인 수에 대한 과도한 집착 때문이 아니던가?

그러나 아무리 많은 권고와 비난을 받아도 하나같이 꿋꿋이 버티지 않던가?

그것도 회개조차 없이 말이다.

우리는 그것의 결과가 파멸이라는 것을 알아야 한다. 사울이나 이 시대의 교회 인도자들이 먼저 해야 할 일은 우상과도 같은 명예와 권력과 재물을 모두 버리는 일이다.

[마 19:23-24] **23** 예수께서 제자들에게 이르시되 내가 진실로 너희에게 이르노니 부자는 천국에 들어가기가 어려우니라 **24** 다시 너희에게 말하노니 약대가 바늘귀로 들어가는 것이 부자가 하나님의 나라에 들어가는 것보다 쉬우니라.

따라서 히브리서 6:6의 다시 새롭게 해 회개하게 한다는 말씀을 이 시대의 부유한 교회에 적용한다면 교회의 소유를 팔아 가난한 교회들에게 나눠 주고 초심으로 돌아가 예수님의 말씀을 따르는 삶을 산다는 의미인 것이다. 그런데 그것은 아무도 실천하지 못할 일이다. 사울도 그랬다. 10년이 흘러도 왕위에 대한 그의 집착은 식을 줄 모른다.

사무엘상 24:1-5에 보면 이런 내용이 나온다. 사울은 다윗이 엔게디 황무지에 있다는 말을 듣고 삼천 명을 데리고 다윗을 잡으러 갔다가, 사울이 길가의 굴에 홀로 뒤를 보러 들어갔는데, 그 굴은 다윗과 그의 일행들이 숨어 있는 곳이었다. 사울을 죽일 절호의 기회임에도 다윗은 사울의 옷자락만 벤다. 사울만 죽이면 바로 왕위에 오를 수 있음에도 하나님의 뜻을 따른 것이다. 이는 하나님을 경외하는 마음이 그의 자아를 이긴 것이다. 다윗은 부하들에게도 사울을 해하지 못하게 한다.

[삼상 24:6-7] **6** 자기 사람들에게 이르되 내가 손을 들어 여호와의 기름 부음을 받은 내 주를 치는 것은 여호와의 금하시는 것이니 그는 여호와의 기름 부음을 받은 자가 됨이니라 하고 **7** 다윗이 이 말로 자기 사람들을 금하여 사울을 해하지 못하게

하니라 사울이 일어나 굴에서 나가 자기 길을 가니라.

이후 다윗이 사울에게 모습을 드러내 자신의 일을 밝히자 사울은 이렇게 반응한다.

> [삼상 24:16-20] [16] … 사울이 가로되 내 아들 다윗아 이것이 네 목소리냐 하고 소리를 높여 울며 [17] 다윗에게 이르되 나는 너를 학대하되 너는 나를 선대하니 너는 나보다 의롭도다 [18] 네가 나 선대한 것을 오늘 나타내었나니 여호와께서 나를 네 손에 붙이셨으나 네가 나를 죽이지 아니하였도다 [19] 사람이 그 원수를 만나면 그를 평안히 가게 하겠느냐 네가 오늘날 내게 행한 일을 인하여 여호와께서 네게 선으로 갚으시기를 원하노라 [20] 보라 나는 네가 반드시 왕이 될 것을 알고 이스라엘 나라가 네 손에 견고히 설 것을 아노니.

혹자는 이때의 사울이 하나님을 믿지 않았다고 생각하겠지만, 위 19절을 보면 그는 분명 하나님을 믿는 사람이었다. 단지 이 시대의 인도자들과 같이 하나님의 뜻에 순종하지 못할 뿐이었다. 20절에서 사울은 왕위를 포기할 뜻도 내비쳤지만 잠시 잠깐일 뿐이다.

> [삼상 26:1-3] [1] 십 사람이 기브아에 와서 사울에게 이르러 가로되 다윗이 광야 앞 하길라산에 숨지 아니하였나이까 [2] 사울이 일어나 십 황무지에서 다윗을 찾으려고 이스라엘에서 택한 사람 삼천과 함께 십 황무지로 내려가서 [3] 광야 앞 하길라산 길 가에 진 치니라 ….

이때 하나님께서는 사울의 군대를 깊이 잠들게 하심으로(삼상 26:12) 사울을 다윗에게 또 넘기시나 다윗은 그를 또 살려 준다.

[삼상 26:8-11] **8** 아비새가 다윗에게 이르되 하나님이 오늘날 당신의 원수를 당신의 손에 붙이셨나이다 그러므로 청하오니 나로 창으로 그를 찔러서 단번에 땅에 꽂게 하소서 내가 그를 두번 찌를 것이 없으리이다 **9** 다윗이 아비새에게 이르되 죽이지 말라 누구든지 손을 들어 여호와의 기름 부음을 받은 자를 치면 죄가 없겠느냐 **10** 또 가로되 여호와께서 사시거니와 여호와께서 그를 치시리니 혹 죽을 날이 이르거나 혹 전장에 들어가서 망하리라 **11** 내가 손을 들어 여호와의 기름 부음을 받은 자를 치는 것을 여호와께서 금하시나니 너는 그의 머리 곁에 있는 창과 물병만 가지고 가자 하고.

다윗은 또 사울에게 나타나 이 사실을 알리니 사울은 또다시 자신의 죄를 뉘우친다.

[삼상 26:21] 사울이 가로되 내가 범죄하였도다 내 아들 다윗아 돌아오라 네가 오늘 내 생명을 귀중히 여겼은즉 내가 다시는 너를 해하려 하지 아니하리라 내가 어리석은 일을 하였으니 대단히 잘못 되었도다.

여기서 주목해야 할 것은 사울은 분명 자신의 죄를 뉘우쳤지만, 왕위에 대한 집착은 결코 버리지 못했다는 것이다. 그리고 그 끝은 사망인 것이다.

[롬 8:5-7] **5** 육신을 좇는 자는 육신의 일을, 영을 좇는 자는 영의 일을 생각하나니 **6** 육신의 생각은 사망이요 영의 생각은 생명과 평안이니라 **7** 육신의 생각은 하나님과 원수가 되나니 이는 하나님의 법에 굴복치 아니할 뿐 아니라 할 수도 없음이라.

이 시대의 인도자들이 알아야 할 것은 아무리 잘못을 회개해도 지위와 재물과 교인 수에 대한 집착을 버리지 않는 한 평생 육신의 생각을 따를 수밖에 없다는 것이다.

[시 44:6] 나는 내 활을 의지하지 아니할 것이라 내 칼도 나를 구원치 못하리이다.

[잠 11:28] 자기의 재물을 의지하는 자는 패망하려니와 ….

[시 146:3-4] **3** 방백들을 의지하지 말며 도울 힘이 없는 인생도 의지하지 말지니 **4** 그 호흡이 끊어지면 흙으로 돌아가서 당일에 그 도모가 소멸하리로다.

사울이 자신의 잘못을 크게 뉘우치기는 하지만, 왕위에 대한 집착을 차마 버리지 못한 것을 안 다윗은 사울의 손길이 미치지 못하는 곳으로 가 버린다.

[삼상 27:1, 4] **1** 다윗이 그 마음에 생각하기를 내가 후일에는 사울의 손에 망하리니 블레셋 사람의 땅으로 피하여 들어가는 것이 상책이로다 사울이 이스라엘 온 경내에서 나를 수색하다가 절망하리니 내가 그 손에서 벗어나리라 하고 / **4** 다윗이 가드에 도망한 것을 어떤 사람이 사울에게 전하매 사울이 다시는 그를 수색하지 아니하니라.

문제는 아무리 죄를 뉘우쳐도 불신앙의 원인인 하나님보다 더 사랑하는 것 곧 왕위에 대한 집착을 내려놓지 않는다면 계속해서 같은 죄를 반복한다는 것이다.

[벧후 2:22] 참 속담에 이르기를 개가 그 토하였던 것에 돌아가고 돼지가 씻었다가 더러운 구덩이에 도로 누웠다 하는 말이 저희에게 응하였도다.

그래서 사울은 율법이 엄히 금하는 사술에까지 손 대는 죄에 빠지게 된다.

[삼상 28:5-7] ⁵ 사울이 블레셋 사람의 군대를 보고 두려워서 그 마음이 크게 떨린지라 ⁶ 사울이 여호와께 묻자오되 여호와께서 꿈으로도, 우림으로도, 선지자로도 그에게 대답지 아니하시므로 ⁷ 사울이 그 신하들에게 이르되 나를 위하여 신접한 여인을 찾으라 내가 그리로 가서 그에게 물으리라 ….

이런 사울에게 하나님의 백성들을 맡기지 못하는 것은 당연한 일이다.

[마 7:6] 거룩한 것을 개에게 주지 말며 너희 진주를 돼지 앞에 던지지 말라 저희가 그것을 발로 밟고 돌이켜 너희를 찢어 상할까 염려하라.

사울의 집착은 결국 그에게 전쟁터에서의 비참한 최후를 맞게 만든다(삼상 31:3-5). 이러함에도 대부분 인도자는 자신에게 높은 지위와 재물과 많은 교인이 주어진다면 하나님의 일을 잘 할 수 있을 것이라고 생각한다. 아이러니하게도 인도자들이 하나님의 뜻대로 행하지 못하는 가장 큰 원인이 바로 재물과 권력이다. 여기에는 사울도, 다윗도, 솔로몬도, 서기관들도, 제사장들도, 로마 가톨릭 교회도, 근래의 그 어떤 교회도 어느 누구도 예외는 없었다.

[마 6:24] 한 사람이 두 주인을 섬기지 못할 것이니 혹 이를 미워하며 저를 사랑하거나 혹 이를 중히 여기며 저를 경히 여김이라 너희가 하나님과 재물을 겸하여 섬기지 못하느니라.

다시 새롭게 되어 회개할 수 있는 자는 오직 이런 자뿐이다.

[눅 15:17-20] ¹⁷ 이에 스스로 돌이켜 가로되 내 아버지에게는 양식이 풍족한 품군이 얼마나 많은고 나는 여기서 주려 죽는구나 ¹⁸ 내가 일어나 아버지께 가서 이르기를 아버지여 내가 하늘과 아버지께 죄를 얻었사오니 ¹⁹ 지금부터는 아버지의 아들

이라 일컬음을 감당치 못하겠나이다 나를 품군의 하나로 보소서 하리라 하고 [20] 이에 일어나서 아버지께로 돌아가니라 ….

　구약성경에 수많은 율법이 있지만 할례와 성전 제사, 제물, 각종 절기 등과 같이 신약의 그리스도인들이 지키기에는 맞지 않는 것이 너무 많았다. 그런데 이런 율법이 하나님 백성들의 신앙을 성장시키는 도구일 뿐이고, 실질적인 하나님의 뜻은 하나님 백성들이 하나님을 사랑하고 이웃을 사랑하는 것이다. 그래서 예수께서는 신약 시대 그리스도인들이 지키기 적합하게 이런 도구적 율법을 모두 폐하시고, 율법의 본질인 하나님 사랑과 형제 사랑에 관한 법만 추려내어 그리스도인들에게 지키도록 명하신 것이다.
　그런데 이것마저 지키지 않는다면 그리스도인이라고 할 수 있겠는가?
　예수께서는 분명 하나님과 재물을 겸하여 섬길 수 없다고 하셨고, 부자가 천국에 들어가는 것은 낙타가 바늘귀로 들어가는 것보다 더 어렵다고 하셨다.
　그런데도 이 시대의 인도자들은 이런 예수님의 말씀을 정면으로 어기고 탐욕스럽게 재물을 섬긴다. 사울이 하나님은 믿었으나 하나님의 명령은 거역했듯이, 이 시대의 인도자들도 하나님을 믿고 그 아들 예수 그리스도는 믿지만 그의 말씀은 거역한다.
　그 끝은 어디일 것 같은가?

[히 10:26-29] [26] 우리가 진리를 아는 지식을 받은 후 짐짓 죄를 범한즉 다시 속죄하는 제사가 없고 [27] 오직 무서운 마음으로 심판을 기다리는 것과 대적하는 자를 소멸할 맹렬한 불만 있으리라 [28] 모세의 법을 폐한 자도 두 세 증인을 인하여 불쌍히 여김을 받지 못하고 죽었거든 [29] 하물며 하나님 아들을 밟고 자기를 거룩하게 한 언약의 피를 부정한 것으로 여기고 은혜의 성령을 욕되게 하는 자의 당연히 받을 형벌이 얼마나 더 중하겠느냐 너희는 생각하라.

※ [신학개혁 8장]으로 가려면 ☞ p. 57

8

예수님의 계명 행하기

예수께서 당시 유대인들에게 전하고자 하신 것은 바로 다음이었다.

    [마 5:17] 내가 율법이나 선지자나 폐하러 온 줄로 생각지 말라 폐하러 온 것이 아니요 완전케 하려 함이로라.

예수께서는 이를 위해 율법 중 단 하나의 계명만을 주셨다.

    [요 13:34a] 새 계명을 너희에게 주노니 서로 사랑하라 ….

구약에 수많은 말씀이 있지만 그것의 핵심은 하나님 사랑과 이웃 사랑이다. 그런데 예나 지금이나 하나님 사랑에 대해서는 다들 공감하고 있지만, 이웃 사랑에 대해서는 모두 가볍게 여기고 있다. 그래서 예수께서 고난받으시기 전날 밤 제자들에게 서로 사랑하라고 명하신 것이다. 바울도 다음과 같이 이야기했다.

    [갈 5:14] 온 율법은 네 이웃 사랑하기를 네 몸 같이 하라 하신 한 말씀에 이루었나니.

[롬 13:8b-10] **8** … 남을 사랑하는 자는 율법을 다 이루었느니라 **9** 간음하지 말라 살인하지 말라 도적질 하지 말라 탐내지 말라 한 것과 그 외에 다른 계명이 있을지라도 네 이웃을 네 자신과 같이 사랑하라 하신 그 말씀 가운데 다 들었느니라 **10** 사랑은 이웃에게 악을 행치 아니하나니 그러므로 사랑은 율법의 완성이니라.

구약 이스라엘은 신앙공동체였으므로 위 말씀의 이웃은 신약 시대 형제와 같은 개념이다. 따라서 이후에는 형제 사랑으로 통일해서 말하겠다. 그러면 예수님의 형제 사랑에 관한 교훈들을 살펴보자. 다음은 형제 사랑에 대한 예수님의 첫 번째 교훈이다.

[마 5:20-24] **20** 내가 너희에게 이르노니 너희 의가 서기관과 바리새인보다 더 낫지 못하면 결단코 천국에 들어가지 못하리라 **21** 옛 사람에게 말한바 살인치 말라 누구든지 살인하면 심판을 받게 되리라 하였다는 것을 너희가 들었으나 **22** 나는 너희에게 이르노니 형제에게 노하는 자마다 심판을 받게 되고 형제를 대하여 라가라 하는 자는 공회에 잡히게 되고 미련한 놈이라 하는 자는 지옥 불에 들어가게 되리라 **23** 그러므로 예물을 제단에 드리다가 거기서 네 형제에게 원망 들을만한 일이 있는 줄 생각나거든 **24** 예물을 제단 앞에 두고 먼저 가서 형제와 화목하고 그 후에 와서 예물을 드리라.

이는 형제들을 멸시하는 서기관과 바리새인들의 행태를 비판한 말씀으로 형제를 업신여기거나 멸시하는 자는 하나님의 심판을 받게 된다는 말이다(롬 14:10). 공회에 잡혀가게 된다는 것은 현세에 받는 벌을, 지옥 불에 들어가게 된다는 것은 내세에 받는 심판을 말한다. 즉, 형제와 화목하지 않는 자는 현세와 내세에 모두 심판을 받게 된다는 말이다.

이제 형제 사랑에 관한 예수님의 두 번째 교훈을 보자.

[눅 10:25-29] **25** 어떤 율법사가 일어나 예수를 시험하여 가로되 선생님 내가 무엇을 하여야 영생을 얻으리이까 **26** 예수께서 이르시되 율법에 무엇이라 기록되었으며 네가 어떻게 읽느냐 **27** 대답하여 가로되 네 마음을 다하며 목숨을 다하며 힘을 다하며 뜻을 다하여 주 너의 하나님을 사랑하고 또한 네 이웃을 네 몸과 같이 사랑하라 하였나이다 **28** 예수께서 이르시되 네 대답이 옳도다 이를 행하라 그러면 살리라 하시니 **29** 이 사람이 자기를 옳게 보이려고 예수께 여짜오되 그러면 내 이웃이 누구오니이까.

위 말씀은 다음과 같이 요약할 수 있다.

Q(눅 10:25) : 구원받으려면 어떻게 해야 합니까?
A(눅 10:26) : 성경에서는 무엇이라 하더냐?
Q(눅 10:27) : 전심으로 하나님을 사랑하고, 이웃을 자기 자신 같이 사랑하라 했나이다.
A(눅 10:28) : 맞다. 그렇게 행하라. 그리하면 구원받는다.
Q(눅 10:29) : 그렇다면 누가 제 이웃입니까?(제가 누구에게 사랑을 베풀어야 합니까?)

예수께서는 율법 교사의 질문에 다음과 같은 말씀을 하신다.

[눅 10:30-35] **30** 예수께서 대답하여 가라사대 어떤 사람이 예루살렘에서 여리고로 내려가다가 강도를 만나매 강도들이 그 옷을 벗기고 때려 거반 죽은 것을 버리고 갔더라 **31** 마침 한 제사장이 그 길로 내려가다가 그를 보고 피하여 지나가고 **32** 또 이와 같이 한 레위인도 그곳에 이르러 그를 보고 피하여 지나가되 **33** 어떤 사마리아인은 여행하는 중 거기 이르러 그를 보고 불쌍히 여겨 **34** 가까이 가서 기름과 포도주를 그 상처에 붓고 싸매고 자기 짐승에 태워 주막으로 데리고 가서 돌보아 주고 **35** 이튿날에 데나리온 둘을 내어 주막 주인에게 주며 가로되 이 사람을 돌보아 주라 부비가 더 들면 내가 돌아 올 때에 갚으리라 하였으니.

위에서 예수께서 말씀하시고자 한 바를 생각해 보자.

위 31-32절에서 하필이면 제사장과 레위인에 비유해서 말씀하셨을까? 이것을 서기관과 바리새인에 비유하면 어떨까?

"… 어떤 사람이 예루살렘에서 여리고로 내려가다가 강도를 만나매 강도들이 그 옷을 벗기고 때려 거반 죽은 것을 버리고 갔더라 마침 한 서기관이 그 길로 내려가다가 그를 보고 피하여 지나가고 또 이와 같이 한 바리새인도 그곳에 이르러 그를 보고 피하여 지나가되"

만약 예수께서 위와 같이 서기관과 바리새인으로 비유했다면 당시 사람들은 "에이, 설마, 서기관과 바리새인이 그럴 리가 있겠는가"라고 했을 것이다.

그렇다면 제사장과 레위인은 왜 그렇게 했겠는가?

제사장과 레위인은 제사를 드리는 직무를 담당하는 자들이었기에 시체를 멀리하고 늘 몸을 정결하게 해야 했다(민 8:5-26).

[레 21:1] 여호와께서 모세에게 이르시되 아론의 자손 제사장들에게 고하여 이르라 백성 중의 죽은 자로 인하여 스스로 더럽히지 말려니와.

[민 6:6] 자기 몸을 구별하여 여호와께 드리는 모든 날 동안은 시체를 가까이 하지 말 것이요.

강도 만난 자는 비록 죽지는 않았지만 매우 위중한 상태였다. 그런데 만약 제사장이나 레위인이 그를 도와 준다면 그것을 본 사람들이 헛소문을 퍼뜨리거나 과장되게 말해 사람들로부터 부정한 자로 여겨지게 될 것이다. 자신의 죄를 사함받는 소중한 제사를 부정한 자에게 맡길 사람이 누가 있겠는가?

그런데 제사장과 레위인은 땅도 없고 생업도 없다. 그들의 유일한 수입원은 바로 제사제물(고기와 가죽)과 백성들의 십일조다. 따라서 이들은 그런 상황에서 백성들의 눈치를 살필 수밖에 없는 것이다. 그에 반해 서기관과 바리새인들은 대부분 지주이므로 백성들의 눈치를 살필 필요가 전혀 없었다. 이를 염두에 두고 위의 말씀을 다시 생각해 보자.

사실 사마리아인도 모세오경을 경전으로 삼으며 하나님을 섬기는 사람들이지만 유대인들은 그들을 경멸했다. 이는 과거 앗수르가 북이스라엘을 정복한 후 이방인들을 북이스라엘로 이주시켰는데, 그들과 이스라엘인 사이에 태어난 혼혈인이 바로 사마리아인이었기 때문이다. 이 때문에 유대인들은 사마리아인을 이방인 취급하며 경멸했고, 이에 따라 사마리아인들도 유대인을 증오했다. 하나님께서는 영내(領內)에 사는 다른 족속을 진멸하라고 명하셨지만(신 7:1-2), 하나님을 섬기는 이들은 한 형제이므로 원수를 갚지 말 것이며 그를 자신과 같이 사랑하라고 하셨다(레 19:18). 그래서 다음과 같이 권면하신다.

[잠 25:21] 네 원수가 배고파하거든 식물을 먹이고 목말라하거든 물을 마시우라(= 눅 6:27).

아마도 선한 사마리아인의 비유를 읽은 그리스도인들 중 상당수가 예수께서 말씀하신 바의 진의를 깨닫지 못하고 "만약 내 앞에 어려움을 당한 사람이 있다면 나도 선한 사마리아인 같이 했을 거야. 하여간 유대인들은 문제야"라고 하며 자기 의(義)를 내세웠을 것이다. 그렇다면 필자가 이런 질문을 던져 보겠다.

"그 사람을 도우면 생계에 큰 위협을 받는데도 선뜻 나서서 도울 수 있겠는가?"

"어려움을 당한 사람이 당신의 철천지원수인데도 불이익을 각오하고 나서서 도울 수 있겠는가?"

결코 쉽지 않는 일일 것이다.

이 비유를 통해 예수께서 말씀하시고자 하는 것은 구제가 아니라, 긍휼히 여기는 마음 곧 이웃 사랑이다. 설사 그 이웃이 내 원수라 할지라도 사랑해야 한다는 것이다. 이는 그 원수가 내 형제이며 그와 화목할 수 있는 길은 내가 먼저 그를 사랑하는 길밖에 없기 때문이다. 또한, 이 비유는 이웃 사랑이 구원과도 직결되어 있다고 말씀한다. 왜냐하면, 이 비유가 율법교사의 "내가 무엇을 하여야 영생을 얻으리이까"라는 질문으로부터 비롯되었기 때문이다(눅 10:25-29). 예수께서는 이에 대한 대답으로 다음과 같이 말씀하신다.

[눅 10:36-37] **36** 네 의견에는 이 세 사람 중에 누가 강도 만난 자의 이웃이 되겠느냐 **37** 가로되 자비를 베푼 자니이다 예수께서 이르시되 가서 너도 이와 같이 하라 하시니라.

그러므로 이것은 다음과 같이 해석 가능하다.

"어려움을 당한 사람을 긍휼히 여기고 자비를 베푸는 이가 진정한 이웃이듯이, 너도 이와 같이 이웃에게 긍휼과 자비를 베풀어라. 그리하면 영생을 얻을 것이다."

우리는 위 말씀의 이웃이 요즘 이웃의 개념이 아니라 믿는 형제자매들을 말하는 것임을 알아야 한다. 왜냐하면, 그들은 우리와 같이 하나님을 섬기는 이들이기 때문이다. 따라서 그들을 섬기는 것은 하나님을 섬기는 것이요, 그들을 영접하는 것은 곧 하나님을 영접하는 것이다(요 13:20). 이것은 다음 말씀을 보면 잘 알 수 있다.

[마 25:31-33] **31** 인자가 자기 영광으로 모든 천사와 함께 올 때에 자기 영광의 보좌에 앉으리니 **32** 모든 민족을 그 앞에 모으고 각각 분별하기를 목자가 양과 염소를 분별하는 것 같이 하여 **33** 양은 그 오른편에, 염소는 왼편에 두리라.

→ 영생 받을 자와 영벌 받을 자를 구별

[마 25:34-40] ³⁴ 그 때에 임금이 그 오른편에 있는 자들에게 이르시되 내 아버지께 복 받을 자들이여 나아와 창세로부터 너희를 위하여 예비된 나라를 상속하라 ³⁵ 내가 주릴 때에 너희가 먹을 것을 주었고 목마를 때에 마시게 하였고 나그네 되었을 때에 영접하였고 ³⁶ 벗었을 때에 옷을 입혔고 병들었을 때에 돌아보았고 옥에 갇혔을 때에 와서 보았느니라 ³⁷ 이에 의인들이 대답하여 가로되 주여 우리가 어느 때에 주의 주리신 것을 보고 공궤하였으며 목마르신 것을 보고 마시게 하였나이까 ³⁸ 어느 때에 나그네 되신 것을 보고 영접하였으며 벗으신 것을 보고 옷 입혔나이까 ³⁹ 어느 때에 병드신 것이나 옥에 갇히신 것을 보고 가서 뵈었나이까 하리니 ⁴⁰ 임금이 대답하여 가라사대 내가 진실로 너희에게 이르노니 너희가 여기 내 형제 중에 지극히 작은 자 하나에게 한 것이 곧 내게 한 것이니라 하시고.

→ "형제를 사랑하라는 것이 내 뜻인데, 너희들은 내 뜻대로 행하였느니라."

[마 25:41-45] ⁴¹ 또 왼편에 있는 자들에게 이르시되 저주를 받은 자들아 나를 떠나 마귀와 그 사자들을 위하여 예비된 영영한 불에 들어가라 ⁴² 내가 주릴 때에 너희가 먹을 것을 주지 아니하였고 목마를 때에 마시게 하지 아니하였고 ⁴³ 나그네 되었을 때에 영접하지 아니하였고 벗었을 때에 옷 입히지 아니하였고 병들었을 때와 옥에 갇혔을 때에 돌아보지 아니하였느니라 하시니 ⁴⁴ 저희도 대답하여 가로되 주여 우리가 어느 때에 주의 주리신 것이나 목마르신 것이나 나그네 되신 것이나 벗으신 것이나 병드신 것이나 옥에 갇히신 것을 보고 공양치 아니하더이까 ⁴⁵ 이에 임금이 대답하여 가라사대 내가 진실로 너희에게 이르노니 이 지극히 작은 자 하나에게 하지 아니한 것이 곧 내게 하지 아니한 것이니라 하시리니.

→ "형제를 사랑하라는 것이 내 뜻인데, 너희들은 내 뜻을 거역하였느니라."

[마 25:46] 저희는 영벌에 의인들은 영생에 들어가리라.

→ 형제를 사랑하지 않은 자는 영벌에, 형제를 사랑한 자는 영생에 들어감.

위 말씀을 핵심만 간추려서 요약해 말한 것이 바로 다음 말씀이다.

[요일 3:14] 우리가 형제를 사랑함으로 사망에서 옮겨 생명으로 들어간 줄을 알거니와 사랑치 아니하는 자는 사망에 거하느니라.

여기서 우리는 구제와 사랑이 차이가 있음을 알아야 한다. 구제는 사랑이 없어도 자기 의를 드러내기 위해서 얼마든지 할 수 있다(고전 12:3). 그래서 좋은 열매를 맺지 못하는 경우가 많다. 그러나 양과 염소의 비유에서 보듯 사랑은 상대의 처지와 필요를 알고 베풀기 때문에 반드시 좋은 열매를 맺는다.

이러하기에 사도들은 하나같이 형제 사랑에 최고의 가치에 두고 가르치고 행했다.

[고전 13:1-3] **1** 내가 사람의 방언과 천사의 말을 할지라도 사랑이 없으면 소리 나는 구리와 울리는 꽹과리가 되고 **2** 내가 예언하는 능이 있어 모든 비밀과 모든 지식을 알고 또 산을 옮길만한 모든 믿음이 있을지라도 사랑이 없으면 내가 아무 것도 아니요 **3** 내가 내게 있는 모든 것으로 구제하고 또 내 몸을 불사르게 내어 줄지라도 사랑이 없으면 내게 아무 유익이 없느니라.

[고전 13:13] 믿음 소망 사랑 이 세 가지는 항상 있을 것인데 그 중에 제일은 사랑이라.

[벧후 1:5-7] **5** 이러므로 너희가 더욱 힘써 너희 믿음에 덕을 덕에 지식을 **6** 지식에 절제를 절제에 인내를 인내에 경건을 **7** 경건에 형제 우애를 형제 우애에 사랑을 공급하라.

[히 6:9-10] **9** … 너희에게는 이보다 나은 것과 구원에 가까운 것을 확신하노라 **10** 하나님이 불의치 아니하사 너희 행위와 그의 이름을 위하여 나타낸 사랑으로 이미 성도를 섬긴 것과 이제도 섬기는 것을 잊어버리지 아니하시느니라.

[갈 5:6] 그리스도 예수 안에서는 할례나 무할례가 효력이 없되 사랑으로써 역사하는 믿음뿐이니라.

그렇다면 형제 사랑이 왜 이토록 중요한 것일까?

이는 하나님께서 믿는 이들을 통해 일하시기 때문이다. 따라서 우리가 형제자매를 사랑하지 않으면 하나님을 외면하는 것과 같고, 업신여기면 하나님을 멸시하는 것과 같다. 반대로 형제자매를 돕고 섬기는 것이 곧 주의 일을 하는 것이며, 또한 주를 섬기는 일인 것이다(그래서 불신자 구제와는 근본 개념부터 다르다).

그런데 어째서 아무도 이것을 깨닫지 못할까?

[마 13:14-15] **14** 이사야의 예언이 저희에게 이루었으니 일렀으되 너희가 듣기는 들어도 깨닫지 못할 것이요 보기는 보아도 알지 못하리라 **15** 이 백성들의 마음이 완악하여져서 그 귀는 듣기에 둔하고 눈은 감았으니 이는 눈으로 보고 귀로 듣고 마음으로 깨달아 돌이켜 내게 고침을 받을까 두려워함이라 하였느니라 (= 사 6:9-10).

※ [신학개혁 9장]으로 가려면 ☞ p. 62

9

믿음의 대적 (3) :
형제를 사랑하지 못하게 하는 감정들

오늘날에는 사회가 복잡해지고 경쟁이 치열해지면서 우울과 분노가 사회 전반에 만연해 있다. 또 사회가 개인주의화되면서 다른 사람을 기피하고 혼자나 가족끼리만 보내는 사람들이 많아지면서 대인관계에 미숙해 과거에 비해 타인과의 갈등과 다툼이 훨씬 더 많이 일어난다.

이런 사회 분위기를 반영하듯 교회에서도 가장 큰 계명인 "서로 사랑하라"는 말씀은 지키기 불가능한 것으로 여기고 모두가 외면하고 있다. 그러나 이것은 곧 멸망의 길로 가는 것이다(마 24:12; 갈 5:14-15). 우리가 서로 사랑하지 못하는 것은 우리의 악한 마음을 믿음으로 이겨내려 하지 않고 너무 쉽게 포기했기 때문이다. 그래서 성경은 우리에게 마음을 다스리고 제어하라고 권면하고 있다.

> [잠 16:32] 노하기를 더디하는 자는 용사보다 낫고 자기의 마음을 다스리는 자는 성을 빼앗는 자보다 나으니라 (= 잠 4:23).

> [잠 25:28] 자기의 마음을 제어하지 아니하는 자는 성읍이 무너지고 성벽이 없는 것 같으니라.

우리가 다스려야 할 마음은 어떤 것이 있는지 살펴보자.

첫째, 노하기를 더디 하자.

현대인들은 타인에 대한 분노를 적절히 조절하지 못해 관계가 깨지고, 다툼과 분쟁을 일어나 개인과 사회에 심각한 문제를 야기하는 경우가 많다. 이는 교회 내에서도 마찬가지다. 대부분 그리스도인이 분노가 관계를 파괴하고 종국에는 자신까지 파멸시키는 무서운 죄임을 인식하지 못하고 있다. 성경은 분노에 대해 다음과 같이 말씀한다.

[잠 29:22] 노하는 자는 다툼을 일으키고 분하여 하는 자는 범죄함이 많으니라.

[시 37:8] 분을 그치고 노를 버리라 불평하지 말라 행악에 치우칠 뿐이라.

그래서 성경은 우리에게 다음과 같이 권면하고 있다.

[약 1:19-20] [19] 내 사랑하는 형제들아 너희가 알거니와 사람마다 듣기는 속히 하고 말하기는 더디 하며 성내기도 더디 하라 [20] 사람의 성내는 것이 하나님의 의를 이루지 못함이니라.

[갈 6:1] 형제들아 사람이 만일 무슨 범죄한 일이 드러나거든 신령한 너희는 온유한 심령으로 그런 자를 바로잡고 너 자신을 돌아보아 너도 시험을 받을까 두려워하라.

[엡 4:26-27, 31-32] [26] 분을 내어도 죄를 짓지 말며 해가 지도록 분을 품지 말고 [27] 마귀로 틈을 타지 못하게 하라 / [31] 너희는 모든 악독과 노함과 분냄과 떠드는 것과 훼방하는 것을 모든 악의와 함께 버리고 [32] 서로 인자하게 하며 불쌍히 여기며 서로 용서하기를 하나님이 그리스도 안에서 너희를 용서하심과 같이 하라.

둘째, 남을 시기하지 말자.

시기 또한 우리에게 형제를 미워하게 해 우리를 범죄하게 하는 원인이 된다.

[욥 5:2] 분노가 미련한 자를 죽이고 시기가 어리석은 자를 멸하느니라 (= 잠 27:4).

[잠 14:30] 마음의 화평은 육신의 생명이나 시기는 뼈의 썩음이니라.

또한, 시기는 항상 다툼과 분쟁을 일으킨다.

[약 3:14-16] [14] 그러나 너희 마음속에 독한 시기와 다툼이 있으면 자랑하지 말라 진리를 거슬러 거짓말하지 말라 [15] 이런 지혜는 위로부터 내려온 것이 아니요 세상적이요 정욕의 것이요 마귀적이니 [16] 시기와 다툼이 있는 곳에는 요란과 모든 악한 일이 있음이니라.

[고전 3:3] 너희는 아직도 육신에 속한 자로다 너희 가운데 시기와 분쟁이 있으니 어찌 육신에 속하여 사람을 따라 행함이 아니리요.

그리고 관계에 문제를 일으키는 다음과 같은 것들은 우리를 멸망으로 이끌어 하나님 나라를 유업으로 받지 못하게 한다. 이런 것을 버려야 구원에 이를 수 있다.

[갈 5:19-21] [19] 육체의 일은 현저하니 곧 음행과 더러운 것과 호색과 [20] 우상 숭배와 술수와 원수를 맺는 것과 분쟁과 시기와 분냄과 당 짓는 것과 분리함과 이단과 [21] 투기와 술 취함과 방탕함과 또 그와 같은 것들이라 전에 너희에게 경계한 것 같이 경계하노니 이런 일을 하는 자들은 하나님의 나라를 유업으로 받지 못할 것이요.

[벧전 2:1-2] **¹** 그러므로 모든 악독과 모든 궤휼과 외식과 시기와 모든 비방하는 말을 버리고 **²** 갓난 아기들 같이 순전하고 신령한 젖을 사모하라 이는 이로 말미암아 너희로 구원에 이르도록 자라게 하려 함이라.

그러므로 우리는 이와 같은 것을 철저히 경계해야 할 것이다.

[고후 12:20b] … 다툼과 시기와 분냄과 당 짓는 것과 중상함과 수군수군하는 것과 거만함과 어지러운 것이 있을까 두려워하고.

[갈 5:25-26] **²⁵** 만일 우리가 성령으로 살면 또한 성령으로 행할지니 **²⁶** 헛된 영광을 구하여 서로 격동하고 서로 투기하지 말지니라 (= 롬 13:13).

셋째, 남을 노엽게 하지 말자.

[갈 5:26] 헛된 영광을 구하여 서로 노엽게 하거나 서로 투기하지 말지니라.

[잠 18:19] 노엽게 한 형제와 화목하기가 견고한 성을 취하기보다 어려운즉 이런 다툼은 산성 문빗장 같으니라.

다음 말씀이 이것을 잘 보여 준다.

[창 37:4-5] **⁴** 그 형들이 아비가 형제들보다 그를 사랑함을 보고 그를 미워하여 그에게 언사가 불평하였더라 **⁵** 요셉이 꿈을 꾸고 자기 형들에게 고하매 그들이 그를 더욱 미워하였더라.

여기서는 요셉 형들의 시기도 문제지만, 요셉의 고자질과 이기심, 자랑(교만)이 형들을 시기하게 하고 미워하게 하고 분노하게 한 가장 큰 원인이다.

넷째, 교만하지도 말고 자랑하지도 말라.

[잠 18:12] 사람의 마음의 교만은 멸망의 선봉이요 겸손은 존귀의 길잡이니라.

[렘 9:23-24] [23] 여호와께서 이같이 말씀하시되 지혜로운 자는 그 지혜를 자랑치 말라 용사는 그 용맹을 자랑치 말라 부자는 그 부함을 자랑치 말라 [24] 자랑하는 자는 이것으로 자랑할지니 곧 명철하여 나를 아는 것과 나 여호와는 인애와 공평과 정직을 땅에 행하는 자인 줄 깨닫는 것이라 나는 이 일을 기뻐하노라 여호와의 말이니라.

교만과 자랑하는 마음은 우리로 하여금 내가 이루었다는 자기 의에 사로잡히게 해 하나님의 의를 따르지 못하게 하는 주범이며, 상대보다 자신을 더 낫게 여김으로써 상대를 무시하고 깔보게 해 형제를 사랑하지 못하게 만드는 주요 원인이 된다. 그래서 하나님께서는 교만한 자는 물리치시고 겸손한 자에는 은혜를 베푸셔서 높이신다고 말씀하셨다.

[약 4:6] 그러나 더욱 큰 은혜를 주시나니 그러므로 일렀으되 하나님이 교만한 자를 물리치시고 겸손한 자에게 은혜를 주신다 하였느니라(= 잠 3:34).

[벧전 5:5-6] [5] 젊은 자들아 이와 같이 장로들에게 순복하고 다 서로 겸손으로 허리를 동이라 하나님이 교만한 자를 대적하시되 겸손한 자들에게는 은혜를 주시느니라 [6] 그러므로 하나님의 능하신 손 아래서 겸손하라 때가 되면 너희를 높이시리라.

[잠 29:23] 사람이 교만하면 낮아지게 되겠고 마음이 겸손하면 영예를 얻으리라.

이와 같이 교만과 자랑은 하나님보다 자기를 사랑하는 것이며, 형제와의 관계를 단절시키는 죄이기 때문에 하나님께서는 교만한 사람을 엄중히 징계하신다.

[시 5:4-5a] ⁴ 주는 죄악을 기뻐하는 신이 아니시니 악이 주와 함께 유하지 못하며 ⁵ 오만한 자들이 주의 목전에 서지 못하리이다 ….

[시 31:23] 너희 모든 성도들아 여호와를 사랑하라 여호와께서 진실한 자를 보호하시고 교만히 행하는 자에게 엄중히 갚으시느니라(=삼하 22:28).

[잠 15:25] 여호와는 교만한 자의 집을 허시며 과부의 지계를 정하시느니라.

그러므로 우리는 항상 겸손하고 낮은 자세로 임해야 할 것이다.

[빌 2:2-4] ² 마음을 같이하여 같은 사랑을 가지고 뜻을 합하며 한 마음을 품어 ³ 아무 일에든지 다툼이나 허영으로 하지 말고 오직 겸손한 마음으로 각각 자기보다 남을 낫게 여기고 ⁴ 각각 자기 일을 돌아볼뿐더러 또한 각각 다른 사람들의 일을 돌보아 나의 기쁨을 충만케 하라.

결론을 맺겠다. 형제를 사랑하기 위해 우리는 다음 말씀을 명심해야 한다.

[고전 13:4-5] ⁴ 사랑은 오래 참고 사랑은 온유하며 투기하는 자가 되지 아니하며 사랑은 자랑하지 아니하며 교만하지 아니하며 ⁵ 무례히 행치 아니하며 자기의 유익을 구치 아니하며 성내지 아니하며 악한 것을 생각지 아니하며.

우리는 믿음이 자신과의 싸움이라는 것을 알아야 한다. 하나님을 사랑하지 못하게 하는 감정이 염려와 두려움이라면, 형제를 사랑하지 못하게 하는 감정이 분노와 시기와 이기심과 교만과 자랑이다.
이 시대의 인도자들은 이것을 모르고 하나님을 찬양하고 하나님의 은혜에 대해 감사하는 감정만을 믿음이라고 착각한다. 그러나 우리는 나 자신이 염려와 두려움으로 하나님보다 돈을 더 사랑하고, 시기하고 자랑하고 교만하고 남을 미워하고 남에게 분노함으로 형제를 사랑하지 못하는 죄인임을 깨닫지 못하고 있다. 그래서 의인이라고 착각하며 살고 있다.

우리가 다음과 같은 이들보다 낫다고 할 수 있겠는가?

> [창 4:6-7] ⁶ 여호와께서 가인에게 이르시되 네가 분하여 함은 어찜이며 안색이 변함은 어찜이뇨 ⁷ 네가 선을 행하면 어찌 낯을 들지 못하겠느냐 선을 행치 아니하면 죄가 문에 엎드리느니라 죄의 소원은 네게 있으나 너는 죄를 다스릴지니라.

> [삼상 18:7-9] ⁷ 여인들이 뛰놀며 창화하여 가로되 사울의 죽인 자는 천천이요 다윗은 만만이로다 한지라 ⁸ 사울이 이 말에 불쾌하여 심히 노하여 가로되 다윗에게는 만만을 돌리고 내게는 천천만 돌리니 그의 더 얻을 것이 나라 밖에 무엇이냐 하고 ⁹ 그 날 후로 사울이 다윗을 주목하였더라.

> [삼상 18:28-29] ²⁸ 여호와께서 다윗과 함께 계심을 사울이 보고 알았고 사울의 딸 미갈도 그를 사랑하므로 ²⁹ 사울이 다윗을 더욱 더욱 두려워하여 평생에 다윗의 대적이 되니라.

바리새인들과 중세 교회는 무언가를 행해 구원받으려고 했지만 그 결과는 종교적 부패만 더할 뿐이었다. 그러자 이번에는 행위를 믿음의 적으로 간주하고 믿음을 전면으로 내세웠지만 그 역시 교회의 부패만 부추길 뿐이었다. 이들의 실패 원인은 부패한 인간의 마음을 간과했기 때문이다.

미래에 대한 염려와 두려움의 감정을 다스리지 않아 하나님보다 돈을 더 사랑하고 재물을 섬긴 것 그리고 분노와 시기와 자랑과 교만의 감정을 다스리지 않아 형제를 용서하지 못하고 사랑하지 못한 것이 신앙의 최대 적임을 것을 깨닫지 못하고 이것을 경계하지 않아 교회가 썩어갔던 것이다.

※ [신학개혁 10장]으로 가려면 ☞ p. 67

10

형제 사랑이 최고의 계명인 이유

하나님께서는 모든 사람이 구원에 이르기를 원하신다.

[딤전 2:4] 하나님은 모든 사람이 구원을 받으며 진리를 아는데 이르기를 원하시느니라.

[마 28:19-20] **19** … 너희는 가서 모든 족속으로 제자를 삼아 아버지와 아들과 성령의 이름으로 세례를 주고 **20** 내가 너희에게 분부한 모든 것을 가르쳐 지키게 하라 볼지어다 내가 세상 끝 날까지 너희와 항상 함께 있으리라.

[행 1:8] 오직 성령이 너희에게 임하시면 너희가 권능을 받고 예루살렘과 온 유대와 사마리아와 땅 끝까지 이르러 내 증인이 되리라.

우리가 이런 하나님의 뜻을 이루기 위해 선행해야 할 일이 있다.
먼저, 우리 믿는 이들이 서로 사랑함으로써 한 마음 한 뜻이 되어야 한다.

[엡 4:15-16] **15** 오직 사랑 안에서 참된 것을 하여 범사에 그에게까지 자랄지라 그는 머리니 곧 그리스도라 **16** 그에게서 온 몸이 각 마디를 통하여 도움을 입음으로 연락하고 상합하여 각 지체의 분량대로 역사하여 그 몸을 자라게 하며 사랑 안에서 스스로 세우느니라.

우리가 어떤 일을 하기 위해서는 눈, 귀, 입, 손, 발 등 신체 각 부분이 서로 긴밀히 협력하며 각자의 역할을 해야 한다(고전 12:12-27). 귀가 눈의 역할을 못하고, 손가락이 발가락더러 쓸모없다 말하지 못한다. 하나님의 일도 이와 마찬가지다.

[롬 12:3-5] ³ 내게 주신 은혜로 말미암아 너희 중 각 사람에게 말하노니 마땅히 생각할 그 이상의 생각을 품지 말고 오직 하나님께서 각 사람에게 나눠주신 믿음의 분량대로 지혜롭게 생각하라 ⁴ 우리가 한 몸에 많은 지체를 가졌으나 모든 지체가 같은 직분을 가진 것이 아니니 ⁵ 이와 같이 우리 많은 사람이 그리스도 안에서 한 몸이 되어 서로 지체가 되었느니라.

예수께서는 땅 끝까지 이르러 예수님의 증인이 되라고 하시는 그 명령을 우리가 잘 수행하도록 하려고 우리에게 다음과 같은 계명을 주셨다.

[요 13:34] 새 계명을 너희에게 주노니 서로 사랑하라 내가 너희를 사랑한 것 같이 너희도 서로 사랑하라.

우리가 서로 사랑해야 합심해서 하나님의 뜻을 이루어 드릴 수 있고 또 그 사랑이 세상 사람들에게 비춰져 그들이 하나님께 영광을 돌리며 하나님께로 돌아오게 된다.

[요 13:35] 너희가 서로 사랑하면 이로써 모든 사람이 너희가 내 제자인 줄 알리라.

[마 5:16] 이같이 너희 빛을 사람 앞에 비취게 하여 저희로 너희 착한 행실을 보고 하늘에 계신 너희 아버지께 영광을 돌리게 하라.

[벧전 2:12] 너희가 이방인 중에서 행실을 선하게 가져 너희를 악행한다고 비방하는 자들로 하여금 너희 선한 일을 보고 권고하시는 날에 하나님께 영광을 돌리게 하려 함이라.

이와 같이 예수님께서 우리에게 명하신 "원수를 사랑하라"는 말씀도, "용서하라"는 말씀도, "서로 화목하라"는 말씀도, "서로 사랑하라"는 말씀도 다 모든 사람이 구원에 이르도록 하게 하시기 위함이다.

그렇다면 이런 말씀을 행하지 않으면 어떻게 될까?

[요일 3:14-15] **14** 우리가 형제를 사랑함으로 사망에서 옮겨 생명으로 들어간 줄을 알거니와 사랑치 아니하는 자는 사망에 거하느니라 **15** 그 형제를 미워하는 자마다 살인하는 자니 살인하는 자마다 영생이 그 속에 거하지 아니하는 것을 너희가 아는 바라.

[마 5:22] … 형제에게 노하는 자마다 심판을 받게 되고 형제를 대하여 라가라 하는 자는 공회에 잡히게 되고 미련한 놈이라 하는 자는 지옥 불에 들어가게 되리라.

[막 9:42] 또 누구든지 나를 믿는 이 소자 중 하나를 실족케 하면 차라리 연자 맷돌을 그 목에 달리우고 바다에 던지움이 나으리라.

이런 큰 징계가 있는 것은 형제를 박해하는 것이 하나님을 대적하는 일이기 때문이다(행 5:39). 문제는 용서와 사랑에 관한 예수님의 말씀들은 인간의 의지로는 결코 행하지 못한다는 것이다. 반드시 성령의 도우심이 있어야 한다. 그런데 성령의 도우심은 우리가 구한다고 받는 것이 아니다. 남을 용서하지 못하고, 서로 사랑하지 못하는 것이 계명을 어기는 큰 죄라는 것을 깨닫고 회개해야 성령께서 우리 안에서 역사하셔서 우리를 도우신다. 그래야 남을 용서하고 사랑할 수 있다.

그러나 이 시대에는 서로 사랑하지 않는 것과 형제를 핍박해 실족하게 하는 것이 최고의 계명을 어긴 가장 큰 죄임을 알지 못하고 있다. 모두가 이런 악을 행하고 있으면서도 하나같이 그들의 잘못이 커서 도저히 그들을 용서할 수 없다는 변명만 늘어놓는다. 그러나 우리 또한 그들과 똑같은 부패한 인간이므로 우리 죄 또한 그들 못지 않게 크다는 것이다. 하지만 우리는 예수님의 제자다. 예수께서는 형제의 죄와 허물에 대해 노하고 비판하고 정죄하지 말고(마 5:22; 눅 6:37), 경고하며 권고하라고 명하셨다.

[눅 17:3-4] ³ 너희는 스스로 조심하라 만일 네 형제가 죄를 범하거든 경계하고 회개하거든 용서하라 ⁴ 만일 하루 일곱 번이라도 네게 죄를 얻고 일곱 번 네게 돌아와 내가 회개하노라 하거든 너는 용서하라 (※ 3절 "경계하고" → [개역개정] "경고하고").

[마 18:15-17] ¹⁵ 네 형제가 죄를 범하거든 가서 너와 그 사람과만 상대하여 권고하라 만일 들으면 네가 네 형제를 얻은 것이요 ¹⁶ 만일 듣지 않거든 한 두 사람을 데리고 가서 두 세 증인의 입으로 말마다 증참케 하라 ¹⁷ 만일 그들의 말도 듣지 않거든 교회에 말하고 교회의 말도 듣지 않거든 이방인과 세리와 같이 여기라.

이는 우리의 악한 본성이 형제에게 노를 쏟아내며 그를 비판하고 정죄해 형제와 원수 맺고 분쟁하지 않게 하려고 명하신 것이다. 그러나 아무도 이런 명령들을 행하지 않고 있다. 성경은 분명 우리에게 온유함을 명하신다.

[갈 6:1] 형제들아 사람이 만일 무슨 범죄한 일이 드러나거든 신령한 너희는 온유한 심령으로 그런 자를 바로잡고 네 자신을 돌아보아 너도 시험을 받을까 두려워하라.

[딤후 2:25-26] ²⁵ 거역하는 자를 온유함으로 징계할지니 혹 하나님이 저희에게 회개함을 주사 진리를 알게 하실까 하며 ²⁶ 저희로 깨어 마귀의 올무에서 벗어나 하나님께 사로잡힌바 되어 그 뜻을 좇게 하실까 함이라.

사도 바울이 고린도전서 13장에서 왜 사랑을 그렇게 역설했으며, 사랑은 오래 참고, 온유하며, 성내지 아니한다고 말했겠는가?
성령의 열매에 "사랑"과 "화평"과 "오래 참음"과 "자비"와 "온유"가 왜 있겠는가?

[고전 13:4-5] ⁴ 사랑은 오래 참고 사랑은 온유하며 투기하지 아니하며 사랑은 자랑하지 아니하며 교만하지 아니하며 ⁵ 무례히 행치 아니하며 자기의 유익을 구치 아니하며 성내지 아니하며 악한 것을 생각지 아니하며.

[갈 5:22-23] ²² 오직 성령의 열매는 사랑과 희락과 화평과 오래 참음과 자비와 양선과 충성과 ²³ 온유와 절제니 이 같은 것을 금지할 법이 없느니라.

이런 것이 우리에게 없음은 우리가 죄를 회개하지 않아 성령의 도우심을 스스로 가로막았기 때문이다. 예수께서도 이런 일이 일어날 것을 말씀하셨다.

[마 24:10-13] ¹⁰ 그 때에 많은 사람이 시험에 빠져 서로 잡아 주고 서로 미워하겠으며 ¹¹ 거짓 선지자가 많이 일어나 많은 사람을 미혹하게 하겠으며 ¹² 불법이 성하므로 많은 사람의 사랑이 식어지리라 ¹³ 그러나 끝까지 견디는 자는 구원을 얻으리라.

이런 때에 우리가 할 일이 무엇이겠는가?

서로 사랑하지 못해 믿는 형제자매들끼리 서로 원수 맺고, 분쟁하고, 분열하게 된 그 죄를 통회하며 회개해야 한다. 형제를 사랑하지 않고서는 결코 하나님의 뜻을 이루어 드릴 수 없음을 우리는 알아야 한다. 그래서 성경은 우리에게 하나님을 사랑하는 자는 형제를 사랑하라고 명한다.

[요일 4:20-5:1] [20] 누구든지 하나님을 사랑하노라 하고 그 형제를 미워하면 이는 거짓말 하는 자니 보는 바 그 형제를 사랑치 아니하는 자가 보지 못하는바 하나님을 사랑할 수가 없느니라 [21] 우리가 이 계명을 주께 받았나니 하나님을 사랑하는 자는 또한 그 형제를 사랑할지니라 [5:1] 예수께서 그리스도이심을 믿는 자마다 하나님께로서 난 자니 또한 내신 이를 사랑하는 자마다 그에게서 난 자를 사랑하느니라.

※ [신학개혁 11장]으로 가려면 ☞ p. 79

11

믿음의 대적 (4) :
과장된 상처

우리가 형제를 사랑하지 못하는 이유는 무엇일까?

이에 대해 생각해 보자. 사회학자들에 의하면 인간은 자기애가 강해 남에게 상처를 받으면 그것의 다섯 배나 되는 칭찬과 위로와 사랑을 받아야 보상된다고 한다. 이것을 이해하기 쉽게 설명해 보겠다.

만약 당신이 어떤 이에게 세 번을 잘해 주다가 한 번 상처를 주었다고 치자. 그러면 그는 당신에게 받은 상처 하나 때문에 당신을 미워하게 될 것이고, 당신은 세 번씩이나 잘해 주었는데 겨우 상처 한 번 가지고 그러느냐며 따질 것이다.

이제 입장을 바꿔보자. 만약 어떤 이가 당신에게 세 번을 잘해 주다가 한 번 상처를 주었다고 가정해 보자. 그러면 분명 당신은 그가 준 한 번의 상처 때문에 _그_가 미워질 것이다. 세 번이나 잘해 주었으니 상처 한 번 정도는 감수해도 되는데 말이다.

그런 당신을 그가 이해할 수 있을까?

이것은 인간의 보편적 성향이자 본능이다. 사람마다 정도의 차이가 있겠지만 그 누구도 이런 본능에서 자유로울 수는 없다. 그러나 인간은 스스로는 이것을 깨닫지 못한다. 왜냐하면, 인간은 늘 자기 입장에서만 생각하기 때문이다. 이것은 쉽게 생각하고 넘길 일이 아니다. 만약 다섯 번의 큰 상처받은 사람이 있다고 해 보자. 그의 상처가 회복되기 위해서는 그에게 스물다섯 번이나 지극정성으로 잘 대해 주어야 할 것이다.

어느 누가 이것을 감당할 수 있겠는가?

참으로 지독한 피해 의식인 것이다. 이런 편향된 성향으로 인해 인간은 비논리적이고 비이성적으로 행동할 때가 많다.

이런 이유 때문에 인간은 누구 할 것 없이 이기적이고, 욕심 많고, 감사할 줄 모르고, 자기 입장만 생각하는 그런 성향을 갖고 있다. 중요한 것은 나도 예외가 아니라는 사실이다. 우리가 예수 그리스도는 믿지만, 예수님 말씀대로 살아가지 못하는 이유도 바로 여기에 있다. 우리는 이것을 깨닫고 회개해야 한다. 또한, 우리는 우리의 이런 성향이 우리 주변 사람에게, 우리 교회에, 우리 사회에 큰 해악을 끼친다는 사실을 알아야 한다.

요즘 시대는 산업화, 도시화로 많은 사람이 모여 살다 보니 이런 상처들이 더욱 많아진다. 그래서 상처받지 않기 위해 관계 맺기를 꺼려하는 이들이 많다. 남과 어울리려고 해도 부딪히면 서로가 서로에게 상처 주는 일이 잦아 만남의 폭이 굉장히 좁아졌다. 사람들이 많이 모여 살면 살수록 인간관계의 폭은 점점 더 좁아지는 것이다.

상처가 깊은 현대인들이 서로 만나면 상대의 이기적인 마음과 자기중심적 생각, 게으름 등의 죄성으로 쉽게 상처받는다. 상대 또한 나의 이기적이고 자기중심적인 태도와 죄성으로 많은 상처를 받는다. 이것이 분노와 미움으로 변하고 마음속에 상처를 더욱 깊게 한다. 문제는 인간의 죄성은 이런 상처를 5배나 과장한다는 것이다. 그러나 인간은 이것을 느끼지 못한다. 그래서 성경은 남을 노엽게 하지 말라고 말씀한다.

[잠 18:19] 노엽게 한 형제와 화목하기가 견고한 성을 취하기보다 어려운즉 이런 다툼은 산성 문빗장 같으니라.

[갈 5:26, 개역개정] 헛된 영광을 구하여 서로 노엽게 하거나 서로 투기하지 말지니라.

인간의 죄성은 특히 이질감을 느끼는 상대에게 더욱 많은 분노와 혐오를 느끼고 상처도 더욱 많이 과장한다. 예를 들면, 자신과 동질감을 느끼는 사람에게 당한 피해와, 이질감을 느끼는 사람에게 당해 본 피해를 다르게 느낀다. 그래서 흑인은 백인을 증오하고 백인은 흑인을 혐오하며, 한국인은 일본인을 미워하고 일본인은 한국인을 싫어한다.

이들이 서로를 미워하는 이유가 무엇일까?

몇 가지 사례를 가지고 그 집단 전체를 판단하기 때문이다. 학자들은 이것을 부당한 일반화의 오류라고 말한다.

"부당한 일반화의 오류"란 몇 개의 사례나 경험으로 그 집단 전체를 단정 짓고 판단하는데서 생기는 오류를 말한다. 예를 들면, 몇몇 사람의 잘못된 행동을 보고 "저 학교 애들은 다 그래", "저 지역 사람들은 겉과 속이 달라", "우리 교단 사람은 신학이 바른데 저 교단 사람들은 신학이 바르지 못해", "우리나라 사람들은 다 부지런한데, 저 나라 사람들은 다 게을러" 등과 같이 일반화하는 것이다.

이것은 아주 편협하고 잘못된 생각이지만, 자신이 거기에 해당되지 않는 이상 대부분 사람이 그것을 당연시하고 아무렇지 않게 받아들이게 된다.

그런데 이런 일들을 교회에서도 못 본 체하며 방관한다. 이것이 남을 혐오하고, 서로 원수 맺고, 분열하는 원인이 된다. 인도자들은 이런 것이 바르지 못함을 지적해야 한다. 공의와 정의를 행할 것을 외쳐야 한다. 이로 인해 죄가 불거져 교회가 부패하게 되면 하나님께서 이것을 묵인한 교회에 큰 책임을 물을 것이다.

그러나 이것의 근본 원인이 과장된 피해 의식과 혐오 때문이며 누구나 이런 죄를 지을 수 있다는 것을 깨닫지 못하고 있으니 어떻게 사회에 선한 영향을 끼칠 수 있겠는가?

하나님께서는 인종과 나라와 민족과 출신에 관계없이 공의로 판단하라 하셨다.

[요 7:24] 외모로 판단하지 말고 공의의 판단으로 판단하라 하시니라.

[약 2:9] 만일 너희가 외모로 사람을 취하면 죄를 짓는 것이니 율법이 너희를 범죄자로 정하리라.

문제는 이런 현상이 우리 사회에 만연해 있다는 것이다.
여러분은 뉴스나 인터넷에서 악한 사람들이나 범죄자들에 대한 보도가 나오면 어떤 생각을 하는가?
또 여러분의 지인들이 자기에게 피해를 준 사람 이야기, 악한 사람들 이야기, 범죄자들 이야기를 여러분들에게 하면 여러분은 어떻게 받아들이는가?
마치 우리 주변에 온통 나와 나의 가족에게 큰 피해를 끼칠 악한 사람과 범죄자들로 가득한 것 같이 느껴질 것이다.
더욱 기가 막힌 사실은 실제로는 아무 피해도 입은 적이 없는 사람조차도 그런 혐오와 피해 의식을 가진다는 것이다. 받은 상처를 5배나 과장하는 정도가 아니라 없는 상처도 만들어 내는 것이다. 그래서 하나님께서는 다음과 같이 말씀하셨다.

[엡 4:29] 무릇 더러운 말은 너희 입 밖에도 내지 말고 오직 덕을 세우는데 소용되는 대로 선한 말을 하여 듣는 자들에게 은혜를 끼치게 하라.

우리는 내가 남을 혐오하는 이유가 내 안의 과장된 상처가 만들어낸 것이 아닌지 경각심을 갖고 자신을 돌아봐야 한다.
그것은 인간의 본능이기 때문에 어쩔 수 없는 일이라며 그냥 내버려 둘 텐가?
그렇다면 하나님의 심판이 임하는 것도 어쩔 수 없다.

사실 과장된 상처의 문제는 현대 사회의 도시화와 밀접한 관련이 있다. 사람이 많지 않는 시골 마을에서는 이웃과 가족같이 지내지만, 도시에서는 이웃과 주변 사람이 마치 잠재적 범죄자처럼 느껴진다. 실제로도 시골보다 도시의 범죄율이 더 높지만, 그보다 더 큰 이유는 인간의 과장되고 편향된 피해 의식과 혐오다.

그러나 이것이 범죄나 사고에 대해 조심할 필요가 없다는 의미는 아니다. 조심하는 것과 혐오, 즉 피해 의식은 완전히 다른 것이다. 조심하는 것은 지극히 정상적이고 당연한 것이다. 그러나 혐오와 피해 의식은 해소하지 않은 채 내면에 그대로 쌓아두게 되면 아무런 죄의식 없이 타인에게 악을 행하고 죄를 지을 수 있게 된다.

최근 사회적으로 문제시되고 있는 집단 따돌림이나 인터넷 악성 댓글이 그 대표적 사례가 아니던가?

게다가 이런 혐오와 피해 의식을 가지고 있던 사람이 실제 피해를 입기라도 해보라. 그는 실제보다 5배나 더한 피해를 느끼며 타인에 대한 강한 혐오와 반감을 내면에 완전히 고착시킬 것이다. 이런 사람은 타인에게 악을 행하면서도 그것이 악인 줄 모른다. 악행을 저지르면서도 정의를 행하는 것으로 착각하며 타인과 사회에 해악을 끼치는 무서운 괴물이 되는 것이다.

아이러니한 것은 한 해에도 수천 명이나 사망하는 교통사고에 대해서는 무덤덤하면서(한해 교통사고 사망자수 2012년 5,392명, 2016년 4,292명, 2019년 3,349명, 2020년 3,081명, 2021년 2,090명), 한 해 자살하는 사람 수가 13,000명이 넘어도 무감각하면서 사람에게 입는 피해나 피해의 가능성에 대해서만 유독 과민하게 반응한다는 것이다. 지나치게 비논리적이고 비이성적인 행동인 것이다.

더 흥미로운 것은 사람을 살상하는 차는 미워하지 않으면서, 나를 물어 상처를 낸 우리 집 애완견에게는 관대하면서, 우리 집 앞에 주차한 사람이나 시끄럽게 하는 이웃은 유독 미워한다는 것이다. 그것은 차나 애완견에 대해서는 분노와 혐오, 피해 의식을 내면에 쌓은 적이 없기 때문에 비교적 공정하고 너그럽게 대할 수 있는 것이다. 그러나 사람에 대한 피해 의식과 혐오는 내면에 계속해서 쌓아왔던 것이다. 그래서 사람을 대할 때마다 잠재되어 있던 피해 의식과 혐오가 자신도 모르게 튀어나와 그와 같이 과민하게 반응하고 쉽게 분노하는 것이다. 조금만 객관적인 입장에서 본다면 그것이 얼마나 편협한 행동인지 알 것인데도 누구도 그것을 인식하지 못한다.

또한, 사회학자들은 지나치게 높은 자의식(自意識)이 범죄를 유발한다고 말한다. 예를 들어, 지위가 높은 사람들이 갑질하다 사회 문제가 된 사례를 보면 예외 없이 그들의 특권의식과 우월의식이 그 원인이다. 그들은 늘 자신은 특별한 사람이므로 남들과 다른 대접을 받아야 한다고 생각한다. 그래서 자신의 생각보다 못한 대접을 받으면 피해 의식을 느껴 자신의 분노를 폭발시키는 것이다. 그러면서도 그들은 자신은 특별한 사람이므로 그렇게 해도 괜찮다고 착각하는 것이다. 그러나 자존감이 낮은 사람은 정당하지 못한 대우를 받아도 자신이 못난 탓이라 여기며 참고 넘어간다. 두 경우 다 문제이지만, 남에게 피해를 주는 쪽은 항상 높은 자의식을 가진 사람들이다.

예들 들면, 제1차, 제2차 세계 대전도 지나치게 높은 자의식에서 유발된 것이다. 즉, 힘센 육식 동물이 약한 초식 동물을 잡아먹는 게 당연하듯, 자기 민족은 우월하기 때문에 열등한 나라들을 정복하는 것을 당연하다고 생각한 것이다. 또한, 사회학자들에 따르면 미국에서 사회 문제가 된 혐오 범죄나 총기 난사 사건의 범인을 보면 백인들이 압도적으로 많은 것도 이런 특권의식과 우월의식에서 비롯되었다고 한다. 미국에서는 오랫동안 백인들이 사회적, 경제적, 교육적 특혜를 누려왔다. 그런데 유색인종들의 사회 경제적 지위가 향상되면서부터 백인들은 자신들이 마땅히 누려야 할 권리를 그들에게 빼앗겼다고 생각하게 된 것이다. 그런데 실질적으로 미국에서 가장 많이 억압받고 착취당했던 계급은 흑인이다. 하지만 그들은 오랫동안 불이익을 당해 비교적 낮은 자아의식을 가지고 있으므로 차별당하고 부당한 일을 당해도 참고 넘어가는 경우가 많다고 한다.

이와 같이 높은 자의식은 자신을 특별한 사람으로 착각하게 만든다. 그래서 자신은 남들보다 더 나은 대접을 받고, 남들보다 더 많이 누려야 한다고 여긴다. 그러다가 남들보다 나은 대접을 받지 못하거나, 남들보다 많은 것을 누리지 못할 때는 마치 자신이 피해자인 양 생각해 남에게 큰 피해를 주는 것이다. 이 또한 상처가 과장된 것이다.

우리는 평소 우리가 당연하게 여겼던 인간의 이런 심리들이 우리로 하여금 죄를 짓게 하고, 우리를 멸망하게 한다는 것을 깨달아야 한다. 기독교 역사를 보았을 때 하나님의 백성들이 하나님께 심판 받고 멸망한 것은 하나같이 그들이 자기 마음 가는 대로 행동했기 때문이다. 그러므로 우리는 피해 의식과 혐오하는 마음이 생길 때 마음 가는 대로 행하면 그로 인해 큰 죄를 저지르게 된다는 것을 깨닫고 즉시 멈춰야 한다. 그렇지 않으면 그것으로 인해 남에게 씻지 못할 큰 상처와 큰 피해를 주게 된다.

이와 같이 작금의 교회가 다른 말씀은 다 잘 실천하면서도 유독 "서로 사랑하라", "형제를 사랑하라"라는 최고 계명만은 지키지 못하는 것은 우리 마음에 새겨진 타인에 대한 과장되고 왜곡된 피해 의식과 혐오인 경우가 대부분이다. 이에 대해 인도자들이 선지자적, 제사장적 책임을 다해야 하지만, 그늘도 그것으로부터 자유롭지 못해 하나님으로부터 너무 멀어져 있다.

[암 5:22-24] [22] 너희가 내게 번제나 소제를 드릴지라도 내가 받지 아니할 것이요 너희 살진 희생의 화목제도 내가 돌아보지 아니하리라 [23] 네 노래 소리를 내 앞에서 그칠지어다 네 비파 소리도 내가 듣지 아니하리라 [24] 오직 공법을 물 같이, 정의를 하수 같이 흘릴지로다.

이렇듯 우리는 자신도 모르는 사이에 다른 이에게 많은 죄를 짓고 있다. 자신도 모르게 사회악, 교회악이 되어 버린 것이다. 그리고 이로 인해 우리는 공의와 정의를 잃어버렸다. 잘못된 가치관으로 남에게 혐오와 분노를 마구 쏟아내는 사회와 교회가 되어버린 것이다.

그런데 문제는 이런 피해 의식과 혐오를 씻기 위해서는 그것의 5배의 위로를 받아야 하는데 그런 사랑을 어디서 받을 수 있겠는가?

그러나 우리 믿는 사람은 가능하다. 성경 말씀에 우리 자신을 비추어 보며 우리의 피해 의식이 허상이며 과장된 것임을 깨달으면 된다. 남과 비교하면 자신을 항상 의롭게 여길 것이므로 반드시 성경 말씀과 비교해야 한다.

그리하면 우리가 선할 것 하나 없는 죄인임을 깨닫게 된다. 그런 심한 피해를 당한 적도 없었는데도 하나님께서 피해로부터 우리를 지켜 주셨는데도 우리가 마치 큰 피해자인 양 착각하고 또 언제 큰 피해를 당할지 모른다는 불안감에 시달리고 있음과 작은 상처에도 큰 상처인 양 과장하는 죄성 때문에 남들을 경계하고 미워함으로써 남을 사랑하지 못하고 오히려 남에게 큰 상처를 주었다는 것을 깨닫고 철저히 회개해야 한다.

그래서 예수께서는 우리에게 상처 준 자들의 죄와 잘못을 모두 용서하면 하나님께서도 우리의 죄와 잘못을 용서해 주신다고 말씀하신 것이다.

> [마 6:12-13a] **12** 우리가 우리에게 죄 지은 자를 사하여 준 것 같이 우리 죄를 사하여 주옵시고 **13** 우리를 시험에 들게 하지 마옵시고 다만 악에서 구하옵소서 … (=눅 11:4).

> [마 6:14] 너희가 사람의 과실을 용서하면 너희 천부께서도 너희 과실을 용서하시려니와.

위 말씀을 이렇게 이해해 보라. 우리가 형제를 용서하고 사랑하면 이것은 하나님께 꾸어드리는 것과 같다. 그러면 우리가 시험에 들거나 악에 빠질 때 하나님께서 그 꾸신 것을 돌려 주셔서 시험에 드는 것과 악에 빠지는 것을 막아 주실 것이다(눅 6:32-38). 그런데 이 시대에는 아무도 용서와 사랑을 실천하지 않아 이것을 경험하지 못하다 보니, 용서와 사랑은 아무도 가르치지 않고 누구도 행하지 않는 불신앙의 시대가 되어 버렸다. 그로 인해 교회는 점점 쇠퇴해져 가고만 있다.

하지만 여러분들이 남의 허물과 잘못을 너그럽게 용서하고 더 나아가 그런 이들을 긍휼히 여기고 사랑해 보라. 하나님께서 그것을 갚으셔서 우리를 시험에 들지 않게 하시고 악에서도 구하실 것이다.

※ [신학개혁 12장]으로 가려면 ☞ p. 84

12

언제든지 찾아올 수 있는 믿음의 시험

[마 15:21-28] **21** 예수께서 거기서 나가사 두로와 시돈 지방으로 들어가시니 **22** 가나안 여자 하나가 그 지경에서 나와서 소리 질러 가로되 주 다윗의 자손이여 나를 불쌍히 여기소서 내 딸이 흉악히 귀신들렸나이다 하되 **23** 예수는 한 말씀도 대답지 아니하시니 제자들이 와서 청하여 말하되 그 여자가 우리 뒤에서 소리를 지르오니 보내소서 **24** 예수께서 대답하여 가라사대 나는 이스라엘 집의 잃어버린 양 외에는 다른 데로 보내심을 받지 아니하였노라 하신대 **25** 여자가 와서 예수께 절하며 가로되 주여 저를 도우소서 **26** 대답하여 가라사대 자녀의 떡을 취하여 개들에게 던짐이 마땅치 아니하니라 **27** 여자가 가로되 주여 옳소이다마는 개들도 제 주인의 상에서 떨어지는 부스러기를 먹나이다하니 **28** 이에 예수께서 대답하여 가라사대 여자야 네 믿음이 크도다 네 소원대로 되리라 하시니 그 시로부터 그의 딸이 나으니라 (= 막 7:24-30).

본문의 가나안 여자는 큰 모욕과 멸시를 받았음에도 감정을 억누르고 온유한 태도와 말로 예수님을 대하는 모습을 보인다. 예수께서는 이런 가나안 여인을 보시고 "네 믿음이 크도다" 하시며 칭찬하셨다. 감정을 다스리지 못하면 죄만 지을 뿐이지만, 감정을 다스릴 수 있으면 올바른 신앙적 판단과 이성적 행동이 가능한데 예수께서는 이것을 믿음이라고 칭찬하신 것이다. 대부분의 그리스도인이 감정을 다스릴 수 있는 사람이 곧 믿음이 큰 사람이라는 사실을 전혀 깨닫지 못하고 있다. 다른 사례를 하나 더 살펴보겠다.

[막 2:3-5] **3** 사람들이 한 중풍병자를 네 사람에게 메워 가지고 예수께로 올새 **4** 무리를 인하여 예수께 데려갈 수 없으므로 그 계신 곳의 지붕을 뜯어 구멍을 내고 중풍병자의 누운 상을 달아내리니 **5** 예수께서 저희의 믿음을 보시고 중풍병자에게 이르시되 소자야 네 죄 사함을 받았느니라 하시니 (=눅 5:18-20; 마 9:2).

위와 같은 상황이 닥쳤을 때 대부분 사람은 다음과 같이 반응한다. 그리고 이것이 자신의 믿음을 갉아 먹는 것이라고 아무도 생각하지 못한다.

어떤 네 사람이 중풍병자를 침상에 매고 예수께로 데려온다. 그러나 무리들에게 막혀 예수께 데려갈 수가 없다. 사람들에게 비켜 달라고 부탁해 보지만 들은 척도 안 한다. 이에 중풍병자까지 나서 간절히 호소해 보지만 아무도 그에게 관심을 두지 않는다. 중풍병자를 돕던 네 사람은 결국 실망해 사람들을 원망하며 이렇게 결심한다.
"어휴, 나쁜 사람들, 내 이럴 줄 알았어. 앞으로는 누가 도와달라고 해도 나서지 말아야지. 괜히 헛수고만 했네"하며 중풍병자를 데리고 집으로 돌아간다.
중풍병자도 사람들을 원망하며 다음과 같이 다짐한다.
"이 나쁜 놈들, 내가 이럴 줄 알았어. 앞으로는 남들이 돕겠다고 해도 절대 응하지 말아야지. 괜히 고생만 했잖아!"

이런 생각은 마귀가 심어 준 것이다. 인간은 누구나 '가나안 여인'이나 '중풍병자를 도운 네 사람'과 같은 상황을 만나게 되면 분노, 피해 의식, 좌절 등의 감정에 휩싸이게 된다. 그러나 이런 감정을 믿음으로 잘 다스리지 못하면 그 사람의 믿음에 악영향을 미쳐, 그들에게 되갚아 주려고 할 것이고, 또 그들을 극도로 미워하고 혐오해 다시는 상종도 하지 않으려 할 것이다. 문제는 그들이 세상 사람들이 아니라 하나님께서 사랑하시는 우리 형제자매라는 것이다.

그래서 예수께서는 원수를 사랑하라고 하지 않으셨던가?

우리는 이것이 하나님께서 우리의 믿음을 시험하기 위해 의도하신 것임을 알아야 한다. 가나안 여자처럼 말이다. 그러나 이런 시험은 평소 자신의 감정을 다스려 본 경험이 없는 사람은 결코 이것을 이기지 못한다. 그러나 본문의 가나안 여인은 믿음으로 시험을 이겼다. 그녀는 분노할 수밖에 없는 상황임에도 이것을 참아내며 온유한 말과 행동으로 예수께 간청했다. 예수께서는 그런 그녀의 믿음을 칭찬하시고 소원대로 딸을 깨끗이 치유해 주셨다.

중풍병자를 도운 네 사람도 그렇다. 그들은 무리에 막혀 중풍병자를 예수께 데려갈 수 없었음에도 끝까지 포기하지 않고 지붕 위에 올라가서 기와를 벗기고 지붕을 뜯어 구멍을 내고 병자를 침상째 달아 내리는 수고도 마다하지 않았다. 수고도 수고이거니와 나중에 지붕을 복구하고 그 비용을 다 물어내야 하며, 지붕을 뜯을 때나 침상을 내릴 때 위험을 감수해야 한다. 복음서 기자들은 이에 대해 하나같이 "예수께서 그들의 믿음을 보시고…"라고 말했다. 형제를 위해 참고 인내하며 난관을 극복한 것을 믿음이라고 말씀하신 것이다.

가나안 여인은 인간이라면 누구나 느끼는 모멸감과 수치심을 믿음으로 억누르며 이겨냈다. 이것이 얼마나 어려운 일인지 경험해 본 사람은 알 것이다. 중풍병자를 도운 네 사람도 그렇다. 그들이 중도에 포기한다 해도 뭐라 할 수 없다. 그러나 그들은 중풍병자를 위해 끝까지 포기하지 않았다. 예수께서는 그들의 그런 마음을 믿음이라고 말씀하시고 칭찬하신 것이다. 이웃을 자신과 같이 사랑하라는 말씀을 몸소 실천한 것이다. 사람은 분노나 절망의 감정에 휩싸이면 누구나 그것에 휩싸여 신앙적이고 이상적인 판단을 제대로 할 수 없게 된다. 그러나 그런 마음을 다스리면 하나님께서 지혜를 주시고 문제를 해결할 수 있는 길을 열어 주신다.

여러분은 어떤가?

본문의 가나안 여자나 중풍병자를 메고 온 네 사람 같이 할 수 있겠는가?

결코 쉽지 않을 것이다. 예수께서도 말씀하셨듯이 이것은 큰 믿음이 있어야 가능한 일이다. 또한, 이것은 믿음의 시험이므로 이를 통과하지 못하면 믿음이 자라 이런 시험을 능히 이겨낼 수 있을 때까지 하나님께 고난과 징계를 받아야 한다(히 12:6-8). 이런 믿음의 시험을 통과해야만 하나님께서 우리를 쓰실 수 있다.

사도 바울에게 일어난 한 사건을 통해 이에 대해 좀 더 심도 있게 다루어 보자.

바울은 제1차 선교 여행 때 비시디아 안디옥과 이고니온에서 복음을 전하는 도중 그곳 유대인들에게 박해를 받고 쫓겨나자 루스드라 성으로 가서 그곳에서 복음을 전한다(행 13:50-14:7). 거기서 바울은 나면서부터 걷지 못하는 자를 걷게 하는 이적을 보인다(행 14:8-10). 그로 인해 사람들이 다 놀라며 그와 바나바를 신으로 떠받들며 그들에게 제사를 드리려 한다(행 14:11-13). 그러자 그들은 무리들을 말려 제사를 못하게 막는다(행 14:14-18). 여기까지만 본다면 바울은 이 지역에서 탄탄대로를 걸어야 한다. 그러나 갑자기 상황이 돌변한다. 비시디아 안디옥과 이고니온의 유대인들이 루스드라 성까지 몰려와서 이곳 무리를 충동하자, 무리가 돌로 바울을 친 후 그가 죽은 줄로 알고 시외로 끌어 내친다(행 14:19).

하나님께서는 왜 이 일을 막지 않으셨을까?

이는 하나님께서 스데반의 박해자인 바울에게 스데반과 똑같은 일을 당하게 하심으로 바울의 믿음을 시험하셨기 때문이다. 이때 바울이 받은 정신적 충격(트라우마, trauma)은 실로 엄청났을 것이다. 대부분 사람은 이런 일을 당하면 다시는 그 일을 하지 않으려 할 것이다. 그러나 믿음의 사람 바울은 달랐다. 그는 깨어난 후 자기를 돌로 친 사람들이 사는 루스드라 성과 자신을 죽이라며 무리를 충동한 유대인들이 사는 이고니온과 비시디아 안디옥으로 돌아가서 그곳에 있는 성도들에게 믿음을 굳게 하라고 권면하고 또 하나님 나라에 들어가기 위해서는 이런 환난을 겪어야 할 것이라 하며 그들을 격려한다.

[행 14:20-25] **20** 제자들이 둘러섰을 때에 바울이 일어나 성에 들어갔다가 이튿날 바나바와 함께 더베로 가서 **21** 복음을 그 성에서 전하여 많은 사람을 제자로 삼고 루스드라와 이고니온과 안디옥으로 돌아가서 **22** 제자들의 마음을 굳게 하여 이 믿음에 거하라 권하고 또 우리가 하나님 나라에 들어가려면 많은 환난을 겪어야 할 것이라 하고 **23** 각 교회에서 장로들을 택하여 금식 기도하며 저희를 그 믿은바 주께 부탁하고 **24** 비시디아 가운데로 지나가서 밤빌리아에 이르러 **25** 도를 버가에서 전하고 앗달리아로 내려가서 (※ 20절 "성에 들어갔다가" → 자신을 친 사람들이 사는 루스드라 성에 들어갔다가).

그 후 다시 자신의 파송교회인 수리아의 안디옥 교회로 돌아온 바울은 이에 굴하지 않고 또다시 제2차, 제3차 선교 여행을 떠난다. 그는 제1차 선교 여행 때 그런 일을 당했음에도 제2차, 제3차 선교 여행 때에 가는 곳곳마다 유대인들의 회당에 가서 복음을 전했다. 이는 그가 과거 자신이 그러했듯이 이들 유대인이 올바른 지식이 없어서 그러했음을 알고 이들을 용서했고, 핍박에 대한 두려움이나 죽음의 공포도 능히 이길 정도로 믿음이 굳건했기 때문에 가능한 일이었다. 그러했기에 하나님께서는 그를 이방인 선교에 크게 쓰셨고, 당시 세계의 중심지인 로마에까지 보내시어 세계 복음화에 초석이 되게 하셨다.

사도 바울이 어떻게 해서 기독교 역사상 가장 위대한 인물이 될 수 있었는지 이해가 되는가?

그러나 우리는 목회 현장이나 선교 현장에서 우리 주위의 형제자매의 허물을 보고 너무 쉽게 분노하고 판단하고 비판하고 정죄하며 다른 이의 허물을 용서하지 않음으로 하나님으로부터도 용서받지 못하고 쓰임받지 못하고 있다. 아브라함, 요셉, 다윗, 바울 등 믿음의 사람은 누구 할 것 없이 다 이런 시험을 이긴 사람들이다. 여기서 우리가 깨달아야 할 것은 수모를 당함도, 고난이 닥침도 다 하나님의 뜻 안에 있다는 것이다(삼하 16:5-13).

믿음의 사람들이 이런 상황을 어떻게 이겨냈고 또 그 결과가 어떠했는지 잘 보았는가?

이런 상황을 믿음으로 이겨내면 하나님의 뜻을 바로 깨닫게 되고 그로 인해 믿음이 더욱 성장하게 되는 원동력이 된다.

그렇다면 반대로 이들이 만약 이런 상황을 믿음으로 극복하지 못했다면 어떻게 되었을까?

가나안 여인이 예수님의 모욕적인 언사에 분노해 욕하고 비난하며 돌아갔다면 귀신 들린 딸은 영영 고침받지 못하고 일생을 고통 속에서 살았을 것이다. 또한, 중풍병자를 매고 온 네 사람이 무리 때문에 쉽게 포기하고 돌아갔더라면 중풍병자는 영영 병을 고침받지 못했을 것이다.

돌에 맞아 죽을 뻔한 바울이 다시는 선교를 안 하겠다 선언하고 안디옥 교회로 돌아갔다면 어떻게 되었겠는가?

마음을 다스리지 못하면 하나님께 큰 불순종을 저지르게 되고, 믿음이 피폐하게 되고, 분열과 다툼을 일으키게 된다.

[잠 29:22] 노하는 자는 다툼을 일으키고 분하여 하는 자는 범죄함이 많으니라.

우리는 이것이 하나님의 일에 얼마나 큰 걸림돌이 되는지를 깨닫고 통회하며 회개해야 한다. 그래야 이런 믿음의 시험을 이겨내어 하나님께 크게 쓰임받을 수 있다.

[잠 16:32] 노하기를 더디하는 자는 용사보다 낫고 자기의 마음을 다스리는 자는 성을 빼앗는 자보다 나으니라.

그러나 만약 우리가 이런 시험을 믿음으로 이기지 못한다면 분노와 피해 의식과 좌절감에서 헤어나지 못해 다시는 그런 사람들과 상종하지 않으려 하고 그런 일도 다시는 하지 않으려 할 것이다. 그리고 그 결과 하나님을 오해하게 되고, 그런 상처가 우리의 믿음을 다 갉아 먹음으로 결국 실패한 신앙인이 되고 말 것이다.

얼마나 어리석은 행동인가?

그런데도 우리는 이런 어리석은 행동으로 매번 상처를 키워 우리의 믿음을 다 갉아먹고 있는 것이다. 그러나 아이러니하게도 이런 시험에서 패한 사람은 결코 이것을 깨닫지 못한다. 자신의 실패 원인을 남에게서 찾고 주변 환경에서 찾으며 이것들만 탓하기 때문이다. 하지만 믿음의 시험을 이긴 사람은 수모 당함도 고난받음도 모두 하나님께서 우리에게 복 주시기 위한 것임을 너무 잘 안다. 그래서 결코 남을 원망하지 않는다(창 45:4-8; 50:19-21).

※ [신학개혁 13장]으로 가려면 ☞ p. 94

13

믿음의 대적 (5) :
손실 혐오 성향

우리가 하나님 뜻대로 살아가지 못하는 것은 극복하기 어려운 인간의 본능 때문인 경우가 많다. 그중 하나가 바로 손실 회피 성향이다. 이것은 인간이 이익보다 손해에 훨씬 민감해 이를 피하고 싶어하는 성향을 말하는데, 손실 혐오(Loss Aversion)라는 말로도 많이 쓰인다. 이것을 몇 가지 사례를 통해 알아보자.

첫 번째 사례를 보자.

로또복권의 1등 당첨 확률은 814만분의 1이라고 한다. 로또를 매주 100장씩 사도 평균 1,565년은 걸려야 1등에 당첨될 수 있다. 그런데 만약 이번 회에 1등으로 당첨된 사람이 역대 최고 금액인 400억에 당첨되었다고 하자. 그러면 그로 인해 다음 회에 로또를 사는 사람이 더 많이 늘기는 하겠지만 폭발적인 반응은 얻지 못한다.

하지만 과거 광우병 파동 때 보면 인간이 광우병에 걸린 소를 먹고 광우병에 걸릴 확률은 로또복권 1등 당첨보다 더 희박하다. 그러나 사람들은 이를 극도로 두려워해 미국산 소고기 수입금지 시위를 벌이며 극렬히 맞섰다. 이는 인간의 보편적 성향으로 복권은 이득으로 받아들이므로 덜 민감하게 반응했지만, 소고기 문제는 손실로 받아들였기 때문에 훨씬 더 민감하게 반응하는 것이다.

이런 상황은 다음과 같이 요약할 수 있다.

① 인간은 동일한 크기의 이익과 손실이 있을 때 이익에 대한 기대보다, 손실에 대한 두려움을 훨씬 더 크게 느낀다.
② 인간은 이익을 위해 행동하기보다 손실을 막기 위해 행동하는 성향이 더 크다.

두 번째 사례를 보자.

몇 년 전 그리스 재정 위기 사태 때 그리스 정부는 외부의 재정 지원을 받기 위해서 3억 유로의 연금 삭감과 최저임금 22퍼센트 삭감, 공공부문 1만 5,000명 감원 등의 긴축 재정을 받아들여야 했다. 그러나 그리스 사람들의 강력한 반발에 한바탕 곤욕을 치러야 했다. 이 긴축안은 그리스 사람들이 바로 체감하는 손실이다. 그러나 이것을 받아들이지 않았을 경우 이보다 훨씬 큰 손실이 예상된다. 국가 부도에 직면하고, 수많은 기업이 문을 닫아 많은 사람이 직장을 잃고 실업자가 되어야 할 상황이지만, 그리스 사람들은 당장 확보하고 있는 것을 손해 보고 싶지 않다는 손실 혐오 심리로 강력히 반발해 대규모 폭동까지 일으켰다.

두 번째 사례의 성향은 다음과 같이 두 가지로 요약할 수 있다.

첫째, ③ 인간은 같은 가치라도 얻을 때의 가치보다 잃을 때의 가치를 훨씬 크게 느껴서 일단 손에 쥔 것은 다시 놓기를 몹시 꺼린다.

또한, 이것은 내 손에 들어왔다고 생각했는데 아닐 경우에도 동일하게 적용된다. 예를 들어, 정부지원금 대상자가 되어 100만 원을 받을 거라고 해서 엄청나게 기뻐했는데 얼마 후 연락이 와 행정착오였다고 하며 대상자에게서 탈락된다면 그에 따른 상실감은 매우 크다. 실제로는 아무런 손해도 보지 않았는데 큰 손해로 느껴지는 것이다.

둘째, ④ 또 인간은 자신의 신원이 노출될 때에는 자신의 치부를 드러내지 않으려고 행동을 절제하지만, 익명성(匿名性)이 보장된 상황에서는 인간의 본성을 그대로 드러내는 행동을 한다. 즉, 개인이 집단의 익명성 뒤로 숨을 때, 자제력을 잃고 판단력을 상실해 극단적 행동까지도 서슴지 않는다는 것이다.

셋째, 당장의 손실은 크게 느끼면서, 미래의 손실은 외면하는 사례다.

요즘은 현금보다 신용카드로 물건을 많이 구매하는데, 이것은 과잉소비나 충동구매의 원인이 된다. 이는 대부분 사람이 물건을 살 때 당장 느끼는 기쁨과 미래의 고통 중 당장의 기쁨을 더 선호해서다. 돈에 여유가 많이 없어도 외식하고, 여행가고, 빚을 내서 고급 차를 사고 집을 사는 심리가 이것이다. 미래에 빚을 갚느라 생활비와 용돈을 줄이며 허리끈을 졸라매야 하고, 그래도 부족해 맞벌이를 하며 돈벌이에 더 매달려야 하는 고통을 현재의 만족을 위해 기꺼이 감수하는 것이다. 이는 인간이 손실을 극도로 혐오하면서도 당장의 만족이 있다면 미래의 손실은 외면하는 성향이 있음을 말한다.

위 셋째 예를 요약하면 다음과 같다.

⑤ 인간은 손해에 대단히 민감하게 반응하면서도 현재의 기쁨과 만족을 위해서라면 미래의 큰 손실이나 고통에 대해서는 괘념하지 않는 존재다. 즉, 인간이 미래의 큰 손해와 고통을 당장의 기쁨과 만족을 위해 기꺼이 감수하는 비논리적이고 비이성적 성향을 가졌다는 말이다. 이는 즉각석 보상은 본능적 욕구와 감정의 문제인 반면, 지연되는 미래의 고통은 이성의 영역으로 통상적으로 본능과 감정이 이성에 앞서기 때문이다.

성경에서도 위 세 가지 성향이 나타난 곳이 많이 있다.

[민 13:30-33; 14:1-4] **30** 갈렙이 모세 앞에서 백성을 안돈시켜 가로되 우리가 곧 올라가서 그 땅을 취하자 능히 이기리라 하나(→ 이익에 대한 기대) **31** 그와 함께 올라갔던 사람들은 가로되 우리는 능히 올라가서 그 백성을 치지 못하리라 그들은 우리보다 강하니라 하고(→ 손실에 대한 두려움) **32** 이스라엘 자손 앞에서 그 탐지한 땅을 악평하여 가로되 우리가 두루 다니며 탐지한 땅은 그 거민을 삼키는 땅이요 거기서

본 모든 백성은 신장이 장대한 자들이며 ³³ 거기서 또 네피림 후손 아낙 자손 대장부들을 보았나니 우리는 스스로 보기에도 메뚜기 같으니 그들의 보기에도 그와 같았을 것이니라(→ 인간의 손실 혐오 성향을 부추김) // **14:1** 온 회중이 소리를 높여 부르짖으며 밤새도록 백성이 곡하였더라 ² 이스라엘 자손이 다 모세와 아론을 원망하며 온 회중이 그들에게 이르되 우리가 애굽 땅에서 죽었거나 이 광야에서 죽었더면 좋았을 것을 ³ 어찌하여 여호와가 우리를 그 땅으로 인도하여 칼에 망하게 하려 하는고 우리 처자가 사로잡히리니 애굽으로 돌아가는 것이 낫지 아니하랴 ⁴ 이에 서로 말하되 우리가 한 장관을 세우고 애굽으로 돌아가자 하매(→ 이익을 위하지 않고 손실을 막기 위해 행동함).

이는 ① 동일한 크기의 이익과 손실이 있을 때 이익에 대한 기대보다, 손실에 대한 두려움을 훨씬 더 크게 느끼고, ② 이익을 위해서 행동하기보다 손실을 막기 위해 행동하는 성향으로 인함이며, ④ 개인이 집단의 익명성 뒤로 숨을 때, 자제력을 잃고 판단력을 상실해 불신앙을 저지른 경우이다(민 14:10에 보면 이스라엘 백성들이 여호와를 거역하지 말라고 설득하는 여호수아와 갈렙을 돌로 치려 한다).

이것은 하나님께서 하신 약속에 대한 기대보다 당장의 손실에 대한 두려움이 더 커서 생긴 사건이다. 손실 혐오라는 말이 그대로 와 닿는다. 이런 불신앙의 결과로 하나님께서는 그들이 행한 대로 갚아 40년간 광야를 떠돌다 죽게 만드는 엄청난 손실을 안겨 주셨다. 자아가 시키는 대로 하면 누구나 다 이렇게 된다. 다음 예를 보자.

[삼상 15:8-9] ⁸ 아말렉 사람의 왕 아각을 사로잡고 칼날로 그 모든 백성을 진멸하였으되 ⁹ 사울과 백성이 아각과 그 양과 소의 가장 좋은 것 또는 기름진 것과 어린 양과 모든 좋은 것을 남기고 진멸키를 즐겨 아니하고 가치 없고 낮은 것은 진멸하니라.

[삼상 15:23-24] **23** 이는 거역하는 것은 사술의 죄와 같고 완고한 것은 사신 우상에게 절하는 죄와 같음이라 왕이 여호와의 말씀을 버렸으므로 여호와께서도 왕을 버려 왕이 되지 못하게 하셨나이다 **24** 사울이 사무엘에게 이르되 내가 범죄하였나이다 내가 여호와의 명령과 당신의 말씀을 어긴 것은 내가 백성을 두려워하여 그 말을 청종하였음이니이다.

인간은 ① 손실에 대한 두려움을 매우 크게 느끼고, ② 손실을 막기 위해 노력한다. 또한, 인간은 ③ 잃을 때의 상실감이 매우 커 자기 손에 들어온 것을 놓기를 몹시 꺼리고 ⑤ 현재의 기쁨과 만족만 있으면 미래의 큰 손실에 대해서는 무감각해질 수 있다.

사울이 아말렉 왕 아각을 죽이지 않고 사로잡은 것은 아각을 백성에게 보여 줌으로 자신의 위상을 드높이고자 한 행동이다. 이는 현재의 기쁨과 만족 때문에 미래의 큰 손실에 대해 무감각해졌기 때문이다. 또 사울이 아말렉의 모든 소유를 진멸하라는 하나님의 명령을 어긴 것은 백성들이 손에 들어온 것을 놓기를 몹시 꺼렸으므로 그것을 못 가지게 하면 그들이 반발할까 봐 두려워한 것이다. 그는 백성들에게 인심을 잃기가 싫었던 것이다. 그러나 현재의 만족과 손실을 막기 위해 한 행동이 오히려 하나님으로부터 버림받고 차기 왕의 자리를 넘겨 줘야 하는 엄청난 손실을 초래했다. 이렇듯 손실 혐오 본능은 인간으로 하여금 비논리적이고 비이성적으로 행동하게 해 하나님의 말씀을 거역하게 만든다.

지금까지의 이야기가 무엇을 말하는지 아는가?

우리가 인간의 본능과 타고난 성격과 기질대로만 행동한다면 무조건 죄를 짓게 되어 있다는 말이다. 우리가 저들과 같은 죄와 불순종은 결코 저지르지 않을 것이라고 착각하는 이유는 하와와 같은 유혹에 직면하지 않았고, 가나안 정탐 후의 이스라엘 백성들과 같은 큰 두려움에 처해 보지 않았고, 사울과 같은 높은 지위에 올라보지 못했고, 부자 관리 같은 큰 재물을 가져보지 못했기 때문이다.

만약 저들 같은 시험이 왔을 때 인간의 본능과 타고난 성격을 억누르고 믿음으로 이길 수 있는 이가 몇 명이나 될 것 같은가?

의인은 없다. 하나도 없다. 자신이 죄인인 줄도 모르고 의인인 줄 착각하며 사는 자들은 저들과 같은 입장과 상황이 되면 100퍼센트 죄를 짓고 불순종을 저지르게 되어 있다. 오직 자신이 죄인임을 깨닫고 회개하는 자만이 이런 시험을 이겨낼 수 있다.

이와는 반대로 손실 혐오 성향이라는 본능을 이긴 사람들을 보자.

[창 22:2] 여호와께서 가라사대 네 아들 네 사랑하는 독자 이삭을 데리고 모리아 땅으로 가서 내가 네게 지시하는 한 산 거기서 그를 번제로 드리라.

[창 22:12] … 그 아이에게 네 손을 대지 말라 아무 일도 그에게 하지 말라 네가 네 아들 네 독자라도 내게 아끼지 아니하였으니 내가 이제야 네가 하나님을 경외하는 줄을 아노라.

인간은 ① 손실에 대한 두려움을 크게 느끼고, ② 손실을 막기 위해 갖은 노력을 기울이지만, 아브라함은 이런 본능을 하나님을 경외하고 신뢰하는 마음으로 이겨냈다.

[창 39:7-9] **7** 그 후에 그 주인의 처가 요셉에게 눈짓하다가 동침하기를 청하니 **8** 요셉이 거절하며 자기 주인의 처에게 이르되 나의 주인이 가중 제반 소유를 간섭지 아니하고 다 내 손에 위임하였으니 **9** 이 집에는 나보다 큰이가 없으며 주인이 아무 것도 내게 금하지 아니하였어도 금한 것은 당신뿐이니 당신은 자기 아내임이라 그런즉 내가 어찌 이 큰 악을 행하여 하나님께 득죄하리이까.

인간은 ① 손해에 대한 두려움을 크게 느끼고, ② 손해를 막기 위해 행동하지만, 요셉은 이런 본능을 하나님을 경외하는 마음으로 이겨 내었다.

[삼상 24:6] … 내가 손을 들어 여호와의 기름 부음을 받은 내 주를 치는 것은 여호와의 금하시는 것이니 그는 여호와의 기름 부음을 받은 자가 됨이니라.

[삼상 26:11] 내가 손을 들어 여호와의 기름 부음을 받은 자를 치는 것을 여호와께서 금하시나니 너는 그의 머리 곁에 있는 창과 물병만 가지고 가자.

인간은 ③ 일단 자기 손에 들어온 것은 다시 놓기를 몹시 꺼리고 ⑤ 현재의 기쁨과 만족을 위해서라면 미래의 큰 손해에 대해서는 무감각해지지만, 다윗은 이런 본능을 하나님을 경외하는 믿음으로 이겼다.

손실 혐오 성향은 인간의 본능이므로 이를 우리 스스로 극복하기란 대단히 어렵다. 그런데 신앙생활의 불신앙은 많은 경우 이것으로 인해 초래된다. 왜냐하면, 우리의 본성은 늘 말씀을 지키고, 말씀대로 사는 것을 손해로 인식하기 때문이다.

예를 들면, 혼자 있을 때 평정심을 유지하던 사람이 다른 이와 함께 할 때는 그로 인해 평정심이 무너지고 신앙의 위기가 찾아오는 것도 이런 손실 혐오 성향 때문일 경우가 많다. 손해 안 보려고 양보 안 하고, 손해 보기 싫어 남에게 베풀지 못하고 인색하게 굴며, 손실 좀 입었다고 남을 정죄하고, 손실 입힌 사람을 용서하지 못한다. 그래서 다른 형제자매들과 함께하지 못하고 자꾸 벌어져 간다.

다른 형제자매와 함께하면 미래에 큰 유익을 얻는다. 하지만 우리의 본능은 우리로 하여금 눈앞의 손실을 견디지 못하게 만들어 미래의 유익을 상실하게 만든다. 그런데 이것을 역으로 보면 이렇다. 우리는 누구나 남 때문에 손해를 입는 것에 크게 분노하는데, 그 분노를 이기지 못해 남을 미워하고 남에게 해를 가하고 남과 원수를 맺어 장래에 임할 하나님의 징계를 기꺼이 감수하는 어리석은 존재인 것이다(마 25:41-46). 이런 것을 깨닫지 못하고 본능대로만 행동하면 누구나 다 걸려 넘어지게 되어 있다.

설사 남에게 잘 베풀고 잘 섬기는 사람일지라도 속내를 들여다보면 다른 경우도 있다. 이런 사람들은 다른 이에게 인색하게 비춰지는 것 자체를 손실로 보기 때문에 남들의 평가나 시선이 있을 때에는 열심히 남을 섬기고 베푼다. 하지만 다른 이의 평가가 없거나 보는 눈이 없을 때는 바로 손실 혐오 성향이 발동해서 앞의 경우와 같이 걸려 넘어지고 마는 것이다. 이것이 바로 보편적 인간의 본성인 것이다.

우리는 우리가 조금도 의로울 것이 없는 죄인임을 자각해야 한다. 자신의 죄를 숨기고 자신을 의롭게 여기는 자는 "용서하라", "서로 사랑하라", "자기의 유익을 구하지 말고 남의 유익을 구하라"(고전 10:24)와 같은 말씀들은 결코 지킬 수 없다. 우리의 믿음의 선진들은 이 말씀대로 살았다.

그러나 이 시대의 그리스도인들은 저런 말씀쯤은 안 지켜도 구원받는데 지장이 없다고 배워 왔기에 하나같이 결코 남을 용서하지 못하고, 결코 사랑하지 못한다. 말씀을 지키려 해도 지키는 과정에서 오는 눈앞의 손실을 자아가 견디지 못한다.

손실 혐오라는 말이 괜히 나왔겠는가?

그러므로 우리는 이런 손실 혐오 성향으로 인해 저지르는 죄를 깨닫고 철저히 회개해 성령님의 도우심을 구해야 한다. 그러면 성령께서 이런 본성을 이길 힘을 주신다. 그렇지 않고서는 이런 본성을 결코 이기지 못한다.

또한, 우리는 다음을 알아야 한다. 말씀대로 살면 당장 손해를 보지만 때가 되면 하나님께서 우리에게 큰 유익으로 돌려 주신다(갈 6:9; 눅 6:35,38).

세상 이치도 그렇지 않은가?

씨를 뿌렸으면 결실할 때까지 거름과 물을 주고 김 매는 수고를 하며 인내하고 기다려야 한다. 그래야 결실할 수 있다.

씨를 뿌렸다고 바로 결실할 수 있겠는가?

성경은 우리에게 다음과 같이 말씀하고 있다.

"본능을 이겨야 믿음의 사람이 되며, 현재의 손실이 있어야 미래의 유익이 있다."

본능을 이겨낸 아브라함과 요셉과 다윗이 어떤 복을 받았는지 알지 않는가?

반대로 본능대로만 산 수많은 사람이 어떻게 되었는지 성경을 봐서 다 알 것이다.

※ [신학개혁 14장]으로 가려면 ☞ p. 100

14

용서해야 할 죄와 책망해야 할 죄

예수께서는 우리에게 다음과 같이 말씀하셨다.

[눅 6:37] 비판치 말라 그리하면 너희가 비판을 받지 않을 것이요 정죄하지 말라 그리하면 너희가 정죄를 받지 않을 것이요 용서하라 그리하면 너희가 용서를 받을 것이요 (= 약 4:11).

[마 18:35] 너희가 각각 중심으로 형제를 용서하지 아니하면 내 천부께서도 너희에게 이와 같이 하시리라.

그러나 다음에서는 신랄(辛辣)하게 서기관들과 바리새인들을 비판하셨다.

[마 23:25-28] 25 화 있을진저 외식하는 서기관들과 바리새인들이여 잔과 대접의 겉은 깨끗이 하되 그 안에는 탐욕과 방탕으로 가득하게 하는도다 26 소경된 바리새인아 너는 먼저 안을 깨끗이 하라 그리하면 겉도 깨끗하리라 27 화 있을진저 외식하는 서기관들과 바리새인들이여 회칠한 무덤 같으니 겉으로는 아름답게 보이나 그 안에는 죽은 사람의 뼈와 모든 더러운 것이 가득하도다 28 이와 같이 너희도 겉으로는 사람에게 옳게 보이되 안으로는 외식과 불법이 가득하도다.

왜 그러셨을까?

이는 다른 이의 잘못을 용서해야 할 경우가 있고 책망해야 할 경우가 있기 때문이다. 먼저 용서해야 할 경우를 보자.

[마 6:12] 우리가 우리에게 죄 지은 자를 사하여 준 것 같이 우리 죄를 사하여 주옵시고.

[마 18:21-22] ²¹ 그 때에 베드로가 나아와 가로되 주여 형제가 내게 죄를 범하면 몇 번이나 용서하여 주리이까 일곱 번까지 하오리이까 ²² 예수께서 가라사대 네게 이르노니 일곱 번뿐 아니라 일흔 번씩 일곱 번이라도 할지니라.

이와 같이 용서해야 할 죄는 형제가 나에게 지은 사적인 죄다. 그러나 다음의 죄는 사적인 죄가 아니라, 다른 이의 신앙에까지 악영향을 미치는 죄이므로 용서의 대상이 아닌 것이다. 바울은 이런 자와는 가까이 하지 말며 이런 자들에게서 돌아서라고 했다.

[고전 5:11, 개역개정] 이제 내가 너희에게 쓴 것은 만일 어떤 형제라 일컫는 자가 음행하거나 탐욕을 부리거나 우상 숭배를 하거나 모욕하거나 술 취하거나 속여 빼앗거든 사귀지도 말고 그런 자와는 함께 먹지도 말라 함이라.

[딤후 3:2-5] ² 사람들은 자기를 사랑하며 돈을 사랑하며 자긍하며 교만하며 훼방하며 부모를 거역하며 감사치 아니하며 거룩하지 아니하며 ³ 무정하며 원통함을 풀지 아니하며 참소하며 절제하지 못하며 사나우며 선한 것을 좋아 아니하며 ⁴ 배반하여 팔며 조급하며 자고하며 쾌락을 사랑하기를 하나님 사랑하는 것보다 더하며 ⁵ 경건의 모양은 있으나 경건의 능력은 부인하는 자니 이 같은 자들에게서 네가 돌아서라.

그러나 이 시대 우리는 정반대로 하고 있다. 형제가 부지중(不知中)에 우리에게 잘못을 해 우리가 피해를 입거나 마음이 상한 경우에는 용서하지 않으면서, 형제가 다음과 같이 행한 경우는 쉽게 눈감아 준다.

[갈 5:19-21] **19** 육체의 일은 현저하니 곧 음행과 더러운 것과 호색과 **20** 우상 숭배와 술수와 원수를 맺는 것과 분쟁과 시기와 분냄과 당 짓는 것과 분리함과 이단과 **21** 투기와 술 취함과 방탕함과 또 그와 같은 것들이라 전에 너희에게 경계한 것 같이 경계하노니 이런 일을 하는 자들은 하나님의 나라를 유업으로 받지 못할 것이요.

이 시대 그리스도인들이 이와 같다.
인도자들조차 그렇지 않던가?
원수 맺고, 분쟁하고, 시기하고, 분내고, 당 짓고, 분리하는 것은 이 시대의 인도자들이 다 하는 것들이다. 게다가 서로의 사생활에 간섭하지 않다 보니 인도자들 중에서도 음행과 더러운 것과 호색과 술 취함과 방탕함까지 두루 갖춘 사람이 상당수다. 이런 죄는 모든 사람 앞에서 엄히 책망해야 한다(딤전 5:19-20; 갈 2:11-14). 왜냐하면, 교회에 악영향을 미치는 죄는 엄히 권고하고 책망해야 잘못을 바로잡고 죄가 누룩같이 번지는 것을 막을 수 있기 때문이다(고전 5:6; 민 25:1-11).

[레 19:17, 개역개정] … 네 이웃을 반드시 견책하라 그러면 네가 그에 대하여 죄를 담당하지 아니하리라(= 겔 33:1-9) (※ 견책[譴責]-잘못을 꾸짖고 나무람).

[엡 5:11-13] **11** 너희는 열매 없는 어두움의 일에 참예하지 말고 도리어 책망하라 **12** 저희의 은밀히 행하는 것들은 말하기도 부끄러움이라 **13** 그러나 책망을 받는 모든 것이 빛으로 나타나나니 나타나지는 것마다 빛이니라.

그러나 일방적인 비방이 되어서는 안 되므로 예수께서는 먼저 그 사람과만 상대해 권고하고, 듣지 않으면 한두 사람을 데려가 권하고, 그래도 듣지 않으면 교회의 모든 사람 앞에서 책망하라 하셨다(딤전 5:20). 그리고 회개하는 자는 용서하라고 명하셨다.

> [마 18:15-17] ¹⁵ 네 형제가 죄를 범하거든 가서 너와 그 사람과만 상대하여 권고하라 만일 들으면 네가 네 형제를 얻은 것이요 ¹⁶ 만일 듣지 않거든 한 두 사람을 데리고 가서 두 세 증인의 입으로 말마다 증참케 하라 ¹⁷ 만일 그들의 말도 듣지 않거든 교회에 말하고 교회의 말도 듣지 않거든 이방인과 세리와 같이 여기라(※ 딤전 5:19-20; 갈 2:11-14).

> [눅 17:3b] … 만일 네 형제가 죄를 범하거든 경계하고 회개하거든 용서하라(※ "경계" → [개역개정] "경고").

여기서 알아야 할 것은 죄를 뉘우친다고 해서 회개가 아니라는 것이다. 반드시 회개에 합당한 열매를 맺어야 한다. 이는 삶의 변화가 있어야 한다는 말이다. 진정한 회개는 성령의 역사하심을 부른다. 따라서 다음과 같은 열매를 맺어야 진정한 회개인 것이다.

> [갈 5:22-23] ²² 오직 성령의 열매는 사랑과 희락과 화평과 오래 참음과 자비와 양선과 충성과 ²³ 온유와 절제니 이 같은 것을 금지할 법이 없느니라.

그런데 지금의 교회는 다른 이들의 본이 되어야 할 위치에 있는 이들까지도 우울하며, 늘 분을 품고 있으며, 형제를 용서하지 않으며, 무자비하며, 악하며, 배반하며, 무절제한 삶을 살고 있음에도 모두가 이를 방임하다가 온 교회에 그 죄가 미치게 되었다. 이런 잘못을 권고하고 책망해 그것을 바로잡아야 교회가 온전해질 수 있다.

또한, 이 시대에는 개인의 신앙 인격과 사생활이야 어떻든지 간에 일만 잘하면 된다는 사상이 팽배해 있다. 이것이 하나님께서 이 시대에 분노하신 이유다. 혹자는 모세를 비방한 미리암이 하나님께 큰 징계를 받은 것(민수기 12장)을 운운하면서 인도자를 비방하면 안 된다고 주장한다.

그렇다면 다윗과 헤롯의 사생활을 책망한 나단과 세례 요한 그리고 인도자들의 죄악을 책망하다가 핍박받거나 죽임을 당한 선지자들은 큰 잘못을 한 것인가?

그리고 베드로의 잘못을 모든 사람 앞에서 책망한(갈 2:11-14) 바울은 큰 결례를 범한 것인가?

그들은 핍박을 각오하고 인도자들의 잘못을 바로잡으려고 한 것이다. 예수께서는 잘못을 바로잡기 위해 핍박받는 것에 대해 다음과 같이 말씀하셨다.

[마 5:10, 12] **10** 의를 위하여 핍박을 받은 자는 복이 있나니 천국이 저희 것임이라 / **12** 기뻐하고 즐거워하라 하늘에서 너희의 상이 큼이라 너희 전에 있던 선지자들을 이같이 핍박하였느니라.

용서를 빙자한 죄의 방임은 결코 있어서는 안 되는 일이다. 그러나 이 시대 교회의 행태는 성경 말씀과 정반대로 가고 있음을 우리는 다시금 깨달아야 할 것이다. 다른 이들이 나에게 지은 사적인 죄는 너그럽게 용서해 주되, 신앙이 본이 되어야 될 이들이 말씀에 불순종하거나 그리스도인으로서 해서는 안 될 행동을 한다면 반드시 책망해야 한다. 우리가 만약 죄를 보고도 핍박이 두려워 책망하지 않는다면 받을 핍박보다 더한 하나님의 징계가 우리에게 있을 것이다(레 19:17; 겔 33:1-9).

결론을 맺겠다. 이 시대 우리는 사사로운 이유로 형제에게 분노해 형제를 미워하고, 비판하고, 정죄하며 용서하지 못한다. 우리는 이것을 회개하고 돌이켜야 한다. 그리고 다른 이들에게 서로 사랑할 것을 권고해야 한다. 그러나 모두가 그것을 외면한다. 또한, 우리는 우리에게 죄 지은 자는 용서하지 않고, 책망과 권고가 필요한 이들 곧 돈을 사랑하고, 재물을 섬기며, 음행을 저지르고, 형제 사랑은 안중에도 없는 인도자들을 함부로 용서했다. 이런 자들은 용서의 대상이 아니라 책망의 대상이며 멀리 해야 할 대상이다(고전 5:11).

우리는 그런 죄를 눈감아 준 것을 회개하고 돌이켜야 한다. 그런 이들을 책망하지 않음으로 그 죄가 온 교회에 누룩같이 번져 교회가 심각하게 부패되었다. 그리고 그로 인해 우리에게 큰 재앙이 닥쳤다.

아니라고 말할 수 있겠는가?

※ [신학개혁 15장]으로 가려면 ☞ p. 108

# 15

용서하라! 그리고 서로 사랑하라!

1) 용서와 사랑의 주요 대상
　용서와 사랑을 실천하기란 여간 어렵지 않다. 한두 번 행해 보지만 부족한 믿음에 상처받고 낙심하기 일쑤다.
　그렇다면 용서와 사랑을 믿는 이들에게 행한다면 좀 쉬울까?

　　[갈 6:10] 그러므로 우리는 기회 있는 대로 모든 이에게 착한 일을 하되 더욱 믿음의 가정들에게 할지니라.

위 말씀과 같이 할 수 있겠는가?
그렇다면 다음 말씀은 어떨까?

　　[마 5:44] … 너희 원수를 사랑하며 너희를 핍박하는 자를 위하여 기도하라.

　　[눅 6:27-28] 27 … 너희 원수를 사랑하며 너희를 미워하는 자를 선대(善待)하며 28 너희를 저주하는 자를 위하여 축복하며 너희를 모욕하는 자를 위하여 기도하라.

위 말씀을 보면 대개 그리스도인을 핍박하는 불신자들을 떠올리지만 그렇지만은 않다. 요셉을 해하려 하고 종으로 판 이들은 그의 형제들이었다. 또 다윗을 죽이려고 혈안이 되어 쫓아다니는 이들은 같은 하나님을 믿는 사울왕과 그의 신하들이었다. 하나님의 아들이신 예수 그리스도를 박해하고 십자가에 못 박은 이들도, 믿음의 사람 스데반을 돌로 쳐 죽인 이들도 모두 같은 하나님을 믿는 유대인들이었다. 또 중세나 현대의 기독교를 봐도 의인을 박해하는 원수는 특별한 때를 제외하고는 대부분이 소금의 맛을 잃어버린 그리스도인들이었다.

[마 23:34, 37] **34** 그러므로 내가 너희에게 선지자들과 지혜 있는 자들과 서기관들을 보내매 너희가 그 중에서 더러는 죽이고 십자가에 못박고 그 중에 더러는 너희 회당에서 채찍질하고 이 동네에서 저 동네로 구박하리라 / **37** 예루살렘아 예루살렘아 선지자들을 죽이고 네게 파송된 자들을 돌로 치는 자여 암탉이 그 새끼를 날개 아래 모음 같이 내가 네 자녀를 모으려 한 일이 몇 번이나 그러나 너희가 원치 아니하였도다.

[요 16:2] 사람들이 너희를 출회할 뿐 아니라 때가 이르면 무릇 너희를 죽이는 자가 생각하기를 이것이 하나님을 섬기는 예라 하리라.

회심 전 바울도 이런 자 중 하나였다. 이들이 형제를 박해한 이유는 이러했다.

[요 16:3] 저희가 이런 일을 할 것은 아버지와 나를 알지 못함이라.

[롬 10:2] 내가 증거하노니 저희가 하나님께 열심이 있으나 지식을 좇은 것이 아니라.

또한, 기독교 역사를 봐도 자신들과 다른 신학이나 교리를 가진 이들을 이단으로 정죄하며 처형하기까지 했다. 그러나 성경의 가르침은 그렇지 않았다.

[딛 3:10] 이단에 속한 사람을 한두 번 훈계한 후에 멀리하라.

이스라엘의 율법교사조차도 이런 하나님의 뜻을 알고 있었다.

[행 5:33-39] ³³ 저희가 듣고 크게 노하여 사도들을 없이하고자 할 새 ³⁴ 바리새인 가말리엘은 교법사로 모든 백성에게 존경을 받는 자라 공회 중에 일어나 명하여 사도들을 잠간 밖에 나가게 하고 ³⁵ 말하되 이스라엘 사람들아 너희가 이 사람들에게 대하여 어떻게 하려는 것을 조심하라 ³⁶ 이전에 드다가 일어나 스스로 자랑하매 사람이 약 사백이나 따르더니 그가 죽임을 당하매 좇던 사람이 다 흩어져 없어졌고 ³⁷ 그 후 호적할 때에 갈릴리 유다가 일어나 백성을 꾀어 좇게 하다가 그도 망한즉 좇던 사람이 다 흩어졌느니라 ³⁸ 이제 내가 너희에게 말하노니 이 사람들을 상관 말고 버려두라 이 사상과 이 소행이 사람에게로서 났으면 무너질 것이요 ³⁹ 만일 하나님께로서 났으면 너희가 저희를 무너뜨릴 수 없겠고 도리어 하나님을 대적하는 자가 될까 하노라 하니.

만약 우리에게도 하나님의 뜻을 몰라 우리를 박해하는 자가 있다면, 사울왕을 두 번씩이나 용서하고 살려 준 다윗과 같이 우리 손으로 심판할 것이 아니라 우선 설득하고 권면해야 할 것이다(삼상 24장; 26장; 마 18:15-17).

설득해도 안 되면 멀리하면 될 것이다. 다윗도 사울을 설득하고 권면했지만 안 되어서 사울의 손이 미치지 못하는 블레셋 지역으로 갔다(삼상 27:1,4). 자신의 손으로 정죄하지 않고 한두 번 훈계한 후 멀리한 것이다(딛 3:10). 그러나 우리 중 대다수는 박해받는 의인이라기보다, 당을 짓고 형제와 분열하고 다른 형제를 박해하는 자에 속한다.

[고전 1:12-13] ¹² … 너희가 각각 이르되 나는 바울에게 나는 아볼로에게 나는 게바에게 나는 그리스도에게 속한 자라 하는 것이니 ¹³ 그리스도께서 어찌 나뉘었느뇨 바울이 너희를 위하여 십자가에 못박혔으며 바울의 이름으로 너희가 세례를 받았느뇨.

[갈 5:20-21] **20** 우상 숭배와 술수와 원수를 맺는 것과 분쟁과 시기와 분냄과 당 짓는 것과 분리함과 이단과 **21** 투기와 술 취함과 방탕함과 또 그와 같은 것들이라 전에 너희에게 경계한 것 같이 경계하노니 이런 일을 하는 자들은 하나님의 나라를 유업으로 받지 못할 것이요.

형제에 대한 고정관념과 편견 그리고 시기와 분노와 미움의 감정을 가지고 있으면 형제가 아무리 옳은 말을 하고 바른 일을 해도 결코 그것이 바르게 보이지 않는다. 그래서 공의와 정의를 잃고 형제를 비판하고 정죄해 하나님의 뜻을 거역하게 된다. 형제에게 노하는 자마다 심판을 받는다(마 5:22)는 말씀과 형제를 미워하는 자는 영생이 그 곳에 거하지 않는다는 말씀(요일 3:15)이 이런 죄는 결코 가볍지 않음을 보여 준다.

이와 같이 형제에 대한 편견과 시기, 분노, 미움의 감정들을 마음에서 지우는 것이 바로 용서와 사랑인 것이다. 그것을 행하지 않으면 우리도 하나님이 대적하는 자가 되고 만다.

2) 남을 용서하고 사랑해야 기도하며 구하는 것을 받을 수 있다

이 시대의 그리스도인들은 용서와 사랑에 대해 너무 가볍게 생각하는 경향이 있지만, 예수께서는 용서와 사랑에 최고의 가치를 두고 말씀하셨다. 특이하게도 기도에 관한 말씀과 용서와 사랑에 관한 말씀은 항상 함께 나온다. 대표적 말씀이 바로 다음이다.

[마 6:9-15] **9** 그러므로 너희는 이렇게 기도하라 … **10** … **12** 우리가 우리에게 죄 지은 자를 사하여 준 것 같이 우리 죄를 사하여 주옵시고 **13** … **14** 너희가 사람의 과실을 용서하면 너희 천부께서도 너희 과실을 용서하시려니 **15** 너희가 사람의 과실을 용서하지 아니하면 너희 아버지께서도 너희 과실을 용서하지 아니하시리라.

복음서의 다른 말씀들도 그러하다.

(다음 말씀에서 ⓒ는 원인[Cause] 또는 조건[Condition]이고, ⓔ는 그것의 결과 또는 그것이 미친 영향[Effect]이다).

[막 11:22-25] ²² 예수께서 대답하여 저희에게 이르시되 하나님을 믿으라 ²³ 내가 진실로 너희에게 이르노니 누구든지 ⓔ 이 산더러 들리어 바다에 던지우라 하며 그 말하는 것이 이룰 줄 믿고 마음에 의심치 아니하면 그대로 되리라 ²⁴ 그러므로 내가 너희에게 말하노니 ⓔ 무엇이든지 기도하고 구하는 것은 받은 줄로 믿으라 그리하면 너희에게 그대로 되리라 ²⁵ 서서 기도할 때에 아무에게나 혐의가 있거든 ⓒ 용서하라 그리하여야 하늘에 계신 너희 아버지도 ⓔ 너희 허물을 사하여 주시리라 하셨더라.

위 말씀 또한 "ⓒ 다른 이의 잘못을 용서하는 사람은 ⓔ 하나님께서 그의 허물을 사하여 주시므로 무엇이든 이루어질 줄 믿고 기도하고 구하면 다 받게 된다"로 풀이할 수 있다(마 21:21-22는 기도하고 구하는 것의 응답에 관한 말씀임에도 유일하게 용서에 관한 말씀이 없다. 그러나 이것의 평행구절이 바로 위 막 11:22-25이다). 또 다른 말씀을 보자.

[눅 17:3-6] ³ … 만일 네 형제가 죄를 범하거든 경고하고 회개하거든 ⓒ 용서하라 ⁴ 만일 하루 일곱 번이라도 네게 죄를 얻고 일곱 번 네게 돌아와 내가 회개하노라 하거든 너는 ⓒ 용서하라 하시더라 ⁵ 사도들이 주께 여짜오되 우리에게 믿음을 더하소서 하니 ⁶ 주께서 가라사대 ⓒ 너희에게 겨자씨 한 알만한 믿음이 있었더라면 ⓔ 이 뽕나무 더러 뿌리가 뽑혀 바다에 심기우라 하였을 것이요 그것이 너희에게 순종하였으리라.

위 3-5절에서 예수께서 "형제가 네게 지은 죄를 용서하라"라고 하시자 제자들이 "우리에게 믿음을 더하소서"라고 한 것은 용서가 결코 쉽지 않다는 것을 말한다. 그러나 예수께서는 "형제를 용서하는 믿음"을 "겨자씨 한 알만한 믿음"이라고 하셨다. 따라서 위 말씀은 "ⓒ 형제를 용서할 수 있는 작은 믿음만 있어도 Ⓔ 너희가 구하는 것은 무엇이든 다 이룰 수 있다"라는 의미로 풀이할 수 있다. 또 다른 말씀을 살펴보자.

[마 18:18-22] **18** 진실로 너희에게 이르노니 Ⓔ 무엇이든지 너희가 땅에서 매면 하늘에서도 매일 것이요 무엇이든지 땅에서 풀면 하늘에서도 풀리리라 **19** 진실로 다시 너희에게 이르노니 너희 중에 두 사람이 땅에서 합심하여 Ⓔ 무엇이든지 구하면 하늘에 계신 내 아버지께서 그들을 위하여 이루게 하시리라 **20** 두 세 사람이 내 이름으로 모인 곳에는 나도 그들 중에 있느니라 **21** 그 때에 베드로가 나아가 가로되 주여 형제가 내게 죄를 범하면 몇 번이나 용서하여 주리이까 일곱 번까지 하오리이까 **22** 예수께서 가라사대 네게 이르노니 Ⓒ 일곱 번뿐 아니라 일곱 번을 일흔 번까지라도 할지니라.

예수께서 기도하고 구하는 것에 대해 말씀하시자, 베드로가 바로 뒤이어 '용서'에 관해 말한 것은 형제의 잘못을 용서해야 구하는 것을 이룰 수 있다는 것을 예수께 여러 번 들어 알았기 때문일 것이다. 따라서 위 말씀을 원인과 결과로 분석해 보면 "Ⓒ 무한히 용서하는 사람은 Ⓔ 무엇을 구하든지 하나님께서 다 이루어 주신다"라고 할 수 있다.

지금까지 말씀을 보면 믿음의 척도는 '남을 용서할 수 있느냐 없느냐'였다. 즉, 남을 용서할 수 있는 믿음이 있으면 하나님께서 우리가 기도하며 구하는 것을 모두 이루어 주시지만, 그렇지 않으면 구하는 것을 이루어 주지 않을 뿐 아니라, 우리 죄도 용서하지 않으시겠다는 말씀이다. 여기서 더 나아가 요한복음에서는 서로 사랑하라고 말씀한다.

[요 15:7, 10, 12] **7** Ⓒ 너희가 내 안에 거하고 내 말이 너희 안에 거하면 Ⓔ 무엇이든지 원하는 대로 구하라 그리하면 이루리라 / **10** 내가 아버지의 계명을 지켜 그의 사랑 안에 거하는 것 같이 너희도 Ⓒ 내 계명을 지키면 내 사랑 안에 거하리라 / **12** 내 계명은 곧 내가 너희를 사랑한 것 같이 너희도 Ⓒ 서로 사랑하라 하는 이것이니라 (= 요 14:13-15, 15:16-17).

위 말씀은 예수님의 계명인 ⓒ "서로 사랑하라"라는 말씀을 지킨다면 Ⓔ 무엇이든 구하는 대로 다 이루어 주신다는 말씀이다. 다음이 이것을 함축해서 잘 설명한다.

> [요일 3:21-24] **21** 사랑하는 자들아 만일 ⓒ 우리 마음이 우리를 책망할 것이 없으면 하나님 앞에서 담대함을 얻고 **22** Ⓔ 무엇이든지 구하는 바를 그에게서 받나니 이는 ⓒ 우리가 그의 계명을 지키고 그 앞에서 기뻐하시는 것을 행함이라 **23** 그의 계명은 이것이니 곧 그 아들 예수 그리스도의 이름을 믿고 그가 우리에게 주신 계명대로 ⓒ 서로 사랑할 것이니라 **24** ⓒ 그의 계명들을 지키는 자는 Ⓔ 주 안에 거하고 주는 저 안에 거하시나니 우리에게 주신 성령으로 말미암아 그가 우리 안에 거하시는 줄을 우리가 아느니라.

혹자는 다음 말씀을 보면 기도 응답에 관한 말씀 중에 용서와 사랑의 조건이 없는 구절이라 생각할 것이다. 그러나 결코 그렇지 않다.

> [눅 11:9-13] **9** … Ⓔ 구하라 그러면 너희에게 주실 것이요 찾으라 그러면 찾을 것이요 문을 두드리라 그러면 너희에게 열릴 것이니 **10** 구하는 이마다 받을 것이요 찾는 이는 찾을 것이요 두드리는 이에게 열릴 것이니라 **11** 너희 중에 아비된 자 누가 ⓒ 아들이 생선을 달라 하면 생선 대신에 뱀을 주며 **12** 알을 달라 하면 전갈을 주겠느냐 **13** 너희가 악할지라도 좋은 것을 ⓒ 자식에게 줄 줄 알거든 하물며 너희 천부께서 구하는 자에게 성령을 주시지 않겠느냐(= 마 7:7-12).

위 말씀을 자세히 살펴보면 Ⓔ 하나님께 기도하고 구하는 것을 받기 위해서는 ⓒ 하나님의 자녀여야 한다는 것이다. 그런데 하나님의 자녀는 아무나 되는 것이 아니다.

[눅 6:35] 오직 너희는 원수를 사랑하고 선대하며 아무것도 바라지 말고 빌리라 그리하면 너희 상이 클 것이요 또 지극히 높으신 이의 아들이 되리니 … (※ 빌리라 → 빌려 주라).

[마 5:44-45] ⁴⁴ 나는 너희에게 이르노니 너희 원수를 사랑하며 너희를 핍박하는 자를 위하여 기도하라 ⁴⁵ 이같이 한즉 하늘에 계신 너희 아버지의 아들이 되리니 … (※ 롬 8:14).

즉, 위 말씀들을 요약하면 "Ⓔ 기도하고 구하는 것을 받기 위해서는 하나님의 아들이 되어야 하는데, 그러기 위해서는 Ⓒ 원수를 사랑하고 남에게 선하게 대하며 자신을 박해하는 자를 위하여 기도하며 조건 없이 베풀어야 한다"이다.
이 또한 용서와 사랑을 말씀하신 것이 아닌가?
구약에서도 기도에 대한 말씀에는 이런 조건이 달려 있다.

[사 1:15-19] ¹⁵ Ⓔ 너희가 손을 펼 때에 내가 눈을 가리우고 너희가 많이 기도할지라도 내가 듣지 아니하리니 이는 Ⓒ 너희의 손에 피가 가득함이라 ¹⁶ Ⓒ 너희는 스스로 씻으며 스스로 깨끗케 하여 내 목전에서 너희 악업을 버리며 악행을 그치고 ¹⁷ 선행을 배우며 공의를 구하며 학대 받는 자를 도와주며 고아를 위하여 신원하며 과부를 위하여 변호하라 하셨느니라 ¹⁸ 여호와께서 말씀하시되 오라 우리가 서로 논론하자 Ⓔ 너희 죄가 주홍 같을지라도 눈과 같이 희어질 것이요 진홍 같이 붉을지라도 양털 같이 되리라 ¹⁹ Ⓒ 너희가 즐겨 순종하면 Ⓔ 땅의 아름다운 소산을 먹을 것이요.

[사 58:9-11] ⁹ Ⓔ 네가 부를 때에는 나 여호와가 응답하겠고 네가 부르짖을 때에는 말하기를 내가 여기 있다 하리라 만일 Ⓒ 네가 너희 중에서 멍에와 손가락질과 허망한 말을 제하여 버리고 ¹⁰ 주린 자에게 네 심정이 동하며 괴로와하는 자의 심정을 만족케 하면 Ⓔ 네 빛이 흑암 중에서 발하여 네 어두움이 낮과 같이 될 것이며

¹¹ 나 여호와가 너를 항상 인도하여 마른 곳에서도 네 영혼을 만족케 하며 네 뼈를 견고케 하리니 너는 물 댄 동산 같겠고 물이 끊어지지 아니하는 샘 같을 것이라.

  이 시대 그리스도인들은 성경 말씀 중 하나님께서 약속하신 축복만 눈에 보이고, 마땅히 행해야 할 용서와 사랑은 마치 성경에 전혀 없는 말씀같이 취급한다.
  예수 그리스도의 계명을 어기는 자를 그리스도인이라 할 수 있겠는가? 용서와 사랑을 행하지 않으면서 어떻게 신학자, 목사, 선교사라고 떳떳하게 말할 수 있겠는가?
  우리의 죄악은 다른 곳에 있지 않다. 이것이 바로 이 시대에 살고 있는 우리 그리스도인의 가장 큰 죄악이다.

※ [신학개혁 16장]으로 가려면 ☞ p. 114

16

감정을 제어해야 예수님의 말씀을 행할 수 있다

인간은 영혼(靈魂)과 육체(肉體)로 구성되어 있지만(이분설), 기능적으로 보면 영(靈, spirit, 얼), 혼(混, soul, 넋), 육체(肉體, body, 몸)로 나눌 수 있다(삼분설). 성경에서 혼과 영을 따로 구별해서 말하는 대표 구절은 다음과 같다.

[살전 5:23] 평강의 하나님이 친히 너희로 온전히 거룩하게 하시고 또 너희 온 ① 영(πνεῦμα[프뉴마: 바람])과 ② 혼(ψυχή[프쉬케: 숨,호흡])과 ③ 몸이 우리 주 예수 그리스도 강림하실 때에 흠 없게 보전되기를 원하노라.

[히 4:12] 하나님의 말씀은 살았고 운동력이 있어 좌우에 날선 어떤 검보다도 예리하여 ② 혼(ψυχή[프쉬케])과 ① 영(πνεῦμα[프뉴마])과 및 ③ 관절과 골수를 찔러 쪼개기까지 하며 또 마음의 생각과 뜻을 감찰하나니.

기능적 측면으로서의 영혼을 살펴보자 먼저, 인간의 혼(魂, soul)은 인간의 본능적 욕구(식욕, 수면욕, 배설욕, 성욕 등)와 감정(기쁨, 분노, 슬픔, 즐거움, 두려움, 염려, 미움, 욕심 등) 등을 관장(管掌)하고 있다. 그리고 영(靈, sprit)은 인간의 도덕적, 이성적 측면 곧 우리가 양심, 의지, 이성 등으로 부르는 것들을 관장한다. 우리가 예수 믿고, 말씀을 깨닫고, 회개하는 것 등도 영에 의한 것이다. 혼과 영은 유기적으로 결합되어 있어 서로 영향을 미치고 또 영향을 받는다([영ㄹ혼]→자아[自我]).

따라서 성령 충만한 이들은 이 영이 혼을 억제해 죄를 짓지 못하도록 하는 것이다([(성령→영)⊇혼]→자아). 그러나 선악과 사건 이후부터 하나님과 인간의 영 사이의 직접적인 소통이 끊겼고 이로 인해 혼이 육체를 지배하게 되면서 인간은 전적으로 타락하게 된 것이다([영⊆혼]→자아). 영은 그저 최소한의 양심만 관장하게 된 것이다. 현대의 그리스도인들은 죄를 회개하지 않음으로 성령의 역사하심을 가로막아 영이 제 역할을 하지 못해 혼이 온통 우리의 자아를 사로잡은 상태임을 알아야 한다([(성령→|영)⊆혼]→자아).

그렇다면 혼이 우리를 지배하게 되면 왜 문제가 되는 걸까?

인간의 마음은 영혼이 지배한다. 그 중 혼은 본능적 욕구와 감정을 관장하고, 영은 냉철하게 생각해야 하는 이성의 영역을 관장한다. 그래서 어떤 상황이 생기면 혼의 본능적 욕구나 감정이 먼저 튀어나와 우리의 자아를 사로잡아 버린다. 그러나 영은 이성적으로 옳은지 그른지를 생각하고, 고민하고, 판단해야 하므로 혼보다 항상 늦다. 이와 같이 혼의 본능적 욕구나 감정이 활성화되면 영은 제 기능을 발휘하지 못하므로 늘 죄를 범하게 된다.

우리는 살아오면서 직접적(직접 받은 해) 또는 간접적(남에게 듣거나 언론에서 본 일들)으로 받은 상처들이 마음에 내재되어 있다. 이것이 영을 누르고 우리 자아를 사로잡고 있어 남을 용서하거나 사랑하지 못하는 것이다. 또 돈과 재물이 없으면 겪는 어려움을 경험하고 들어 잘 알고 있으므로 그것을 염려하고 두려워해 돈을 사랑하고 재물을 섬김으로 하나님께로부터 너무 멀어져 있다.

문제는 혼에 내재된 이런 감정들이 우리 영에 영향을 미쳐 성경적인 바른 판단을 못하게 한다. 이런 감정들을 마음에서 지워야 예수님의 말씀을 행할 수 있다. 그러기 위해서는 먼저 우리 마음속의 과장되고 편협한 감정들로 예수님의 말씀을 행하지 못한다는 것을 깨달아야 한다. 그리고 예수님의 말씀을 행하지 못한 죄를 하나님께 자백하고 회개해야 한다. 그렇다면 성령께서 우리의 마음을 만져 주시고 회복시켜 주셔서 예수님의 말씀을 행할 수 있게 된다.

여러분들은 다음 말씀에 대해 어떻게 생각하는가?

[눅 6:27-28] 27 … 너희 원수를 사랑하며 너희를 미워하는 자를 선대하며 28 너희를 저주하는 자를 위하여 축복하며 너희를 모욕하는 자를 위하여 기도하라.

여기서 우리가 알아야 할 것은 위 말씀의 너희 원수와 너희를 미워하는 자와 너희를 저주하는 자와 너희를 모욕하는 자는 하나님을 믿는 우리의 형제자매라는 것이다. 구약에 보면 이웃을 자신과 같이 사랑하라고 말씀하셨고(레 19:17), 살인하지 말라고 했지만(출 20:13), 하나님을 섬기지 않는 이방인들이나 하나님의 말씀을 거역한 이스라엘 사람은 용서하지 말고 죽이라 했다(출 32:27; 신 13:1-11). 이는 하나님을 대적하는 이들은 예수께서 말씀하신 위 말씀의 대상이 아닌 것이다.

그렇다면 우리의 전도 대상인 불신자들은 어떻게 대하란 말인가?

우리가 서로 사랑하면 불신자들은 우리의 선한 행실을 보고 하나님께 영광 돌리며 하나님께로 돌아오게 된다.

[요 13:35] 너희가 서로 사랑하면 이로써 모든 사람이 너희가 내 제자인 줄 알리라.

[마 5:16] 이같이 너희 빛을 사람 앞에 비취게 하여 저희로 너희 착한 행실을 보고 하늘에 계신 너희 아버지께 영광을 돌리게 하라.

[벧전 2:12] 너희가 이방인 중에서 행실을 선하게 가져 너희를 악행한다고 비방하는 자들로 하여금 너희 선한 일을 보고 권고하시는 날에 하나님께 영광을 돌리게 하려 함이라.

따라서 우리는 가장 먼저 우리의 형제자매들을 사랑하기 위해 애써야 한다. 여러분은 여러분의 형제자매들과 문제가 생겨 서로 마음을 상하거나 서로 피해를 본 일이 많았을 것이다. 물론 여러분은 여러분이 남에게 준 상처나 피해보다 남에게 받은 상처나 피해가 훨씬 더 많았다고 생각할 것이다. 그러나 남들도 다 자신이 더 큰 피해자라고 생각한다(인간은 누구나 자신이 받은 상처를 5배나 과장한다는 것을 상기하라). 그렇기 때문에 상대가 자기 잘못은 인정하지 않고 모든 것을 여러분 잘못으로 몰거나 여러분에게 피해를 배상하라고 할 것이다.

이때의 상대는 여러분으로 인해 감정이 많이 격해진 상태다. 이럴 때에는 아무리 상대를 설득하고 이해시키려고 해도 감정이 온통 그의 자아를 사로잡고 있으므로 여러분의 이성적 권고는 상대에게 전혀 먹혀들지 않는다. 이럴 때 여러분이 그와 대립하며 자기의 주장을 펼치다가는 설득은커녕 그와 원수가 될 뿐이다. 그래서 예수께서는 우리의 원수와 우리를 미워하고 저주하고 모욕하는 자를 대적하지 말고 그의 상처와 피해에 공감해 주라고 하신 것이다.

[눅 6:29-31] [29] 네 이 뺨을 치는 자에게 저 뺨도 돌려 대며 네 겉옷을 빼앗는 자에게 속옷도 금하지 말라 [30] 무릇 네게 구하는 자에게 주며 네 것을 가져가는 자에게 다시 달라지 말며 [31] 남에게 대접을 받고자 하는 대로 너희도 남을 대접하라.

만약 위와 같이 행하지 않는다면 여러분과 여러분의 형제자매들은 깊어진 감정의 골로 인해 서로 원수되어 갈라서고 말 것이다. 사실 인간은 본능적 욕구와 감정에 지배를 받고 있으므로 위와 같이 한다는 것은 불가능하지만 하나님의 자녀들은 할 수 있다.

[눅 6:32-36] [32] 너희가 만일 너희를 사랑하는 자를 사랑하면 칭찬 받을 것이 무엇이뇨 죄인들도 사랑하는 자를 사랑하느니라 [33] 너희가 만일 선대하는 자를 선대하면 칭찬 받을 것이 무엇이뇨 죄인들도 이렇게 하느니라 [34] 너희가 받기를 바라고 사람들에게 빌리면 칭찬 받을 것이 무엇이뇨 죄인들도 의수히 받고자 하여 죄인에게

빌리느니라 **35** 오직 너희는 원수를 사랑하고 선대하며 아무 것도 바라지 말고 빌리라 그리하면 너희 상이 클 것이요 또 지극히 높으신 이의 아들이 되리니 그는 은혜를 모르는 자와 악한 자에게도 인자로우시니라 **36** 너희 아버지의 자비하심 같이 너희도 자비하라(※ 35절 빌리라 → 빌려 주라).

위 35절에 보면 그와 같이 하면 하나님의 아들이 된다고 말씀하셨다. 이는 예수 믿는다고 모두 하나님의 자녀가 아니라, 예수 믿고 그의 말씀을 행해야 하나님의 자녀가 됨을 말하는 것이다. 말씀을 행해 하나님의 자녀가 된 이의 특권은 다음과 같다.

[눅 11:9-13] **9** … 구하라 그러면 너희에게 주실 것이요 찾으라 그러면 찾을 것이요 문을 두드리라 그러면 너희에게 열릴 것이니 **10** 구하는 이마다 받을 것이요 찾는 이가 찾을 것이요 두드리는 이에게 열릴 것이니라 **11** 너희 중에 아비된 자 누가 아들이 생선을 달라 하면 생선 대신에 뱀을 주며 **12** 알을 달라 하면 전갈을 주겠느냐 **13** 너희가 악할지라도 좋은 것을 자식에게 줄 줄 알거든 하물며 너희 천부께서 구하는 자에게 성령을 주시지 않겠느냐.

우리 믿는 사람이 서로 사랑하지 않으면 하나님의 뜻을 이루지 못할 뿐 아니라, 오히려 하나님의 일을 훼방하는 것이 되므로 피차 멸망할 뿐이다.

[갈 5:13-16] **13** 형제들아 너희가 자유를 위하여 부르심을 입었으나 그러나 그 자유로 육체의 기회를 삼지 말고 오직 사랑으로 서로 종노릇하라 **14** 온 율법은 네 이웃 사랑하기를 네 몸 같이 하라 하신 한 말씀에 이루었나니 **15** 만일 서로 물고 먹으면 피차 멸망할까 조심하라 **16** 내가 이르노니 너희는 성령을 좇아 행하라 그리하면 육체의 욕심을 이루지 아니하리라.

※ [신학개혁 17장]으로 가려면 ☞ p. 121

17

작은 자들

[막 9:41-50] ⁴¹ 누구든지 너희를 그리스도에게 속한 자라 하여 물 한 그릇을 주면 내가 진실로 너희에게 이르노니 저가 결단코 상을 잃지 않으리라 ⁴² 또 누구든지 나를 믿는 이 소자 중 하나를 실족케 하면 차라리 연자 맷돌을 그 목에 달리우고 바다에 던지움이 나으리라 ⁴³ 만일 네 손이 너를 범죄케 하거든 찍어 버리라 불구자로 영생에 들어가는 것이 두 손을 가지고 지옥 꺼지지 않는 불에 들어가는 것보다 나으니라 ⁴⁴ (없음) ⁴⁵ 만일 네 발이 너를 범죄케 하거든 찍어 버리라 절뚝발이로 영생에 들어가는 것이 두 발을 가지고 지옥에 던지우는 것보다 나으니라 ⁴⁶ (없음) ⁴⁷ 만일 네 눈이 너를 범죄케 하거든 빼어 버리라 한 눈으로 하나님의 나라에 들어가는 것이 두 눈을 가지고 지옥에 던지우는 것보다 나으니라 ⁴⁸ 거기는 구더기도 죽지 않고 불도 꺼지지 아니하느니라 ⁴⁹ 사람마다 불로서 소금 치듯 함을 받으리라 ⁵⁰ 소금은 좋은 것이로되 만일 소금이 그 맛을 잃으면 무엇으로 이를 짜게 하리요 너희 속에 소금을 두고 서로 화목하라 하시니라 (※ 소자(小子) → [개역개정] 작은 자).

본문 말씀은 현대 그리스도인들이 볼 때 이해하기 어렵거나 오해의 소지가 있는 부분들이 있다. 그중 하나가 "소자"(小子) 곧 "작은 자"가 구체적으로 누구를 가리키느냐 하는 것이다.

그렇다면 예수께서는 어떤 이들을 왜 "작은 자"라고 부르셨을까?

[막 9:42] 누구든지 나를 믿는 이 소자 중 하나를 실족케 하면 차라리 연자 맷돌을 그 목에 달리우고 바다에 던지움이 나으리라(=마 18:6; 눅 17:2).

[마 18:10] 삼가 이 소자 중에 하나도 업신여기지 말라 너희에게 말하노니 저희 천사들이 하늘에서 하늘에 계신 내 아버지의 얼굴을 항상 뵈옵느니라.

[마 25:40] … 너희가 여기 내 형제 중에 지극히 작은 자 하나에게 한 것이 곧 내게 한 것이니라.

위 말씀들은 소자(小子) 곧 작은 자들이 그리스도인임을 가리킨다. 예수께서 이들을 작은 자라 하신 것은 이들이 돈, 지위, 명예와 같은 세상 것은 모두 버리고 오직 복음만을 위해 사는 사람이기 때문이다(고전 1:26-28).

그렇다면 우리는 이 작은 자들을 어떻게 대해야 할까?

이를 위해 먼저 본문 말씀을 살펴보자. 본문의 "실족케 하다"(막 9:42)와 "범죄케 하다"(막 9:43,45,47)의 원어는 σκανδαλίζω[스칸달리조]인데, 이것의 진정한 의미는 다음과 같다.

본문 말씀의 "누구든지 너희를 그리스도에게 속한 자라 하여 물 한 그릇이라도 주면 … 저가 결단코 상을 잃지 않으리라"(막 9:41)와 "서로 화목하라"(막 9:50b) 그리고 본문 말씀의 평행구절인 마태복음 18:5-17의 "누구든지 내 이름으로 이런 어린 아이 하나를 영접하면 곧 나를 영접함이니"(마 18:5)와 "삼가 이 작은 자 중의 하나도 업신여기지 말라"(마 18:10a), "이 작은 자 중의 하나라도 잃어지는 것은 하늘에 계신 너희 아버지의 뜻이 아니니라"(마 18:14)를 보면 본문 말씀의 "실족케 하다"(막 9:42)와 "범죄케 하다"(막 9:43,45,47)는 다음과 같이 이해할 수 있다.

만약 당신이 어려움을 당한 형제를 외면하거나 업신여겼다고 하자. 그렇다면 그 형제는 당신으로 인해 분노하게 될 것이고, 당신을 미워하고 당신을 원수처럼 여길 것이다. 당신으로 인해 그 형제가 실족해 죄를 범하게 된 것이다. 그리고 그로 인해 당신도 그와 화목하지 못하게 될 것이다.

[잠 18:19] 노엽게 한 형제와 화목하기가 견고한 성을 취하기보다 어려운즉 ….

우리는 양과 염소의 비유의 왼편에 있는 자들(마25:41-46)처럼 형제의 어려움을 보고도 외면하거나 형제를 업신여기는 것이 형제를 사랑하라는 계명을 어긴 범죄이며, 그로 인해 형제마저 실족하게 하는 이중 범죄임을 알아야 한다. 그래서 예수께서는 양과 염소의 비유와 다음 말씀에서 형제를 예수님을 대하듯 하라고 명하신 것이다.

[요 13:20] … 나의 보낸 자를 영접하는 자는 나를 영접하는 것이요 나를 영접하는 자는 나를 보내신 이를 영접하는 것이니라(=마 10:40).

[눅 10:16] 너희 말을 듣는 자는 곧 내 말을 듣는 것이요 너희를 저버리는 자는 곧 나를 저버리는 것이요 나를 저버리는 자는 나 보내신 이를 저버리는 것이라.

본문 말씀이 이것을 말씀하고 있다.

[막 9:41-42] ⁴¹ 누구든지 너희를 그리스도에게 속한 자라 하여 물 한 그릇을 주면 내가 진실로 너희에게 이르노니 저가 결단코 상을 잃지 않으리라 ⁴² 또 누구든지 나를 믿는 이 소자 중 하나를 실족케 하면 차라리 연자 맷돌을 그 목에 달리우고 바다에 던지움이 나으리라(=요일 3:14-15).

요즘 시대에는 물 한 그릇을 그렇게 큰 섬김으로 여기지 않겠지만, 메마르고 무더운 중동의 환경과 기후에서 긴 여행을 하는 사람 입장에서의 물 한 그릇은 참으로 절실하고 귀한 섬김일 것이다. 위 42절의 실족하게 한다는 말은 형제를 저버림으로, 형제를 영접하지 않음으로, 형제를 업신여김으로 형제의 분노를 촉발해 그를 실족하게 한 것으로 볼 수 있다(창 37장의 요셉). 다음 말씀의 범죄하게 하다는 말도 이와 같다.

> [마 18:6-10] ⁶ 누구든지 나를 믿는 이 소자 중 하나를 실족케 하면 차라리 연자맷돌을 그 목에 달리우고 깊은 바다에 빠뜨리우는 것이 나으니라 ⁷ ⋯ ⁸ 만일 네 손이나 네 발이 너를 범죄케 하거든 찍어 내버리라 불구자나 절뚝발이로 영생에 들어가는 것이 두 손과 두 발을 가지고 영원한 불에 던지우는 것보다 나으니라 ⁹ 만일 네 눈이 너를 범죄케 하거든 빼어 내버리라 한 눈으로 영생에 들어가는 것이 두 눈을 가지고 지옥 불에 던지우는 것보다 나으니라 ¹⁰ 삼가 이 소자 중에 하나도 업신여기지 말라 너희에게 말하노니 저희 천사들이 하늘에서 하늘에 계신 내 아버지의 얼굴을 항상 뵈옵느니라.

위에서 "범죄한 손이나 발을 찍어 내버리라", "눈을 빼어 내버리라"라는 표현은 실제로 이같이 하라는 의미가 아니라, 이런 범죄의 심각성을 각인시키기 위한 말씀으로 이런 죄를 저질렀을 때 철저히 회개할 것과 또다시 죄를 저지르지 않도록 그 원인까지도 제거하라는 경고의 의미인 것이다. 왜냐하면, 하나님이 쓰실 작은 자를 업신여기거나 실족하게 하는 것은 곧 하나님을 외면하고 멸시하는 것과도 같기 때문이다(요 13:20).

이제 본문의 핵심 주제가 되는 말씀인 마가복음 9:50을 함께 살펴보자.

> [막 9:50] 소금은 좋은 것이로되 만일 소금이 그 맛을 잃으면 무엇으로 이를 짜게 하리요 너희 속에 소금을 두고 서로 화목하라.

소금에 관해 이야기할 때 대개 소금의 방부제 역할을 이야기하지만, 예수께서는 소금에 관해서 말씀할 때 항상 소금의 맛을 이야기하셨다(마 5:13a; 눅 14:34).

왜 그럴까?

과거 이스라엘 사람들이 음식을 만들 때 음식에 간을 맞출 수 있는 건 오직 소금뿐이었다. 아무리 음식을 잘 만들어도 소금이 없으면 음식 맛을 제대로 낼 수 없었다. 이와 같이 그 시대의 소금은 싱겁고 맛없는 음식을 간이 잘 된 아주 맛있는 음식으로 거듭나게 하는 유용한 것이었다. 이것에 초점을 맞추어 마가복음 9:50의 의미를 풀어 보겠다.

예수님 시대의 어떤 이가 손님들을 대접하기 위해 정성스럽게 음식을 만들었다. 그런데 그 집에는 음식에 맛을 낼 소금이 전혀 없었다. 그래서 손님들에게 맛없는 밋밋한 음식을 대접할 수밖에 없었다. 그런데 어떤 이가 그것을 보고 자신이 가진 소금을 주어 그 사람이 만든 음식에 넣어 맛을 내게 했다. 손님들이 와서 음식을 맛보고는 모두가 그 음식을 칭찬한다. 그러나 음식에 스며들어 그 음식을 맛있게 하는데 결정적인 역할을 한 소금에 대해서는 관심조차 갖지 않는다.

왜 그럴까?

그것은 소금이 음식에 섞여져 훌륭한 맛을 내게 하지만, 음식에 녹아들어 눈에 보이지도 드러나지도 않기 때문이다.

소금이 음식에 맛을 내기 위해 존재하듯, 우리 그리스도인도 하나님 뜻을 이루어 드리기 위해 살아야 한다. 이를 위해서는 우리가 각자의 소금을 가지고 서로를 섬기며 서로 화목해야 한다. 그런데 이런 소금의 역할은 겉으로 드러나지도 않고 아무도 알아 주지 않는 순전히 하나님과 뜻과 남의 유익을 위한 일이기 때문에 믿음의 사람이 아니면 행하기 극히 어렵다.

그러나 그것을 행하지 않으면 우리는 아무 쓸데없어 다만 밖에 버려져 사람에게 밟힐 뿐이다(마 5:13). 이는 그것이 그리스도인이라면 마땅히 행해야 할 그리스도의 법이기 때문이다.

[갈 6:2] 너희가 짐을 서로 지라 그리하여 그리스도의 법을 성취하라.

[고전 10:24, 33] **24** 누구든지 자기의 유익을 구치 말고 남의 유익을 구하라 / **33** 나와 같이 모든 일에 모든 사람을 기쁘게 하여 나의 유익을 구치 아니하고 많은 사람의 유익을 구하여 저희로 구원을 얻게 하라.

※ [신학개혁 18장]으로 가려면 ☞ p. 126

18

사랑이 없는 리더는 자격 미달이다

하나님께서는 어떤 사람에게 하나님의 자녀들을 이끌어갈 지도자를 맡기실까?

이 문제를 논하기 위해서 다음을 생각해 보자.

양치기 출신에 배운 것도 없고, 정치 경력도 없는 다윗이 어떻게 이스라엘의 왕이 될 수 있었을까?

다윗하면 가장 먼저 떠오르는 것은 골리앗을 물리친 이야기일 것이다. 도저히 상대가 될 것 같지 않는 소년 다윗이 290센티미터의 블레셋 장수 골리앗에 맞서 싸워 그를 죽이고 승리했으니 얼마나 대단한 일인가?

그러나 사람들은 이 일 이후 다윗이 겪는 고난에 대해서는 별로 주목하지 않는다. 블레셋과의 전투에서 골리앗을 이기고 전쟁마다 승리를 거둔 다윗이 그 후에 겪은 것은 영광과 존귀가 아니라, 10년이 넘는 도망자 생활이었다.

왜 이런 과정이 필요할까?

요셉과의 대조를 통해 그 이유를 찾아보자.

하나님께서는 요셉에게 두 차례의 꿈을 통해 열두 형제 중 가장 존귀한 자가 될 것이라는 계시를 주신다(창 37:5-11). 그때 요셉은 뛸 듯이 기뻐하며 이제 남은 것은 존귀한 자가 되어 형들을 다스리는 일뿐이라고 생각했을 것이다. 그러나 그 꿈의 결과는 형들의 미움을 사 그들에게 죽을 뻔했다가 유다의 만류로 겨우 목숨을 건져 애굽에 노예로 팔린 것이었다.

다윗 이야기와 많이 닮아 있지 않은가?

열두 형제뿐만 아니라 아버지보다도 더 존귀한 자가 될 것이라는 계시를 받은 요셉과 일곱 형을 제치고 사무엘에게 기름 부음을 받았으며 모두가 무서워 벌벌 떠는 골리앗을 물리친 다윗의 기분은 어떠했을까(삼상 16-17장)?

아마도 한껏 교만해져서 다른 이들이 다 하찮고 우습게 보였을 것이다. 그런데 이때부터 고난이 시작된다. 선 줄로 생각하는 자는 넘어질까 조심해야 하는 것이다(고전 10:12).

이런 고난은 왜 올까?

이것은 이상히 여길 것이 아니다(벧전 4:12-13). 요셉과 다윗이 고난받은 것은 그들의 교만한 마음과 다른 이들을 존중할 줄 모르는 악한 마음을 모두 깨어 부수기 위한 하나님의 섭리다. 그로 인해 그들은 애굽 총리와 이스라엘 왕이 되어 하나님의 뜻에 따라 하나님의 백성들을 잘 이끌 수 있었다. 그래서 하나님께서는 고난도 기쁘게 여기라고 하신 것이다(약 1:2-4).

이에 대해 좀 더 구체적으로 살펴보자. 사실 하나님을 사랑하는 자는 흔해도 이웃(형제)까지 사랑하는 의인은 극히 드물다. 다윗의 큰 형 말대로 다윗의 내면에도 분명 교만함과 완악함이 있었다.

> [삼상 17:28] 장형 엘리압이 다윗의 사람들에게 하는 말을 늘은지라 그가 다윗에게 노를 발하여 가로되 네가 어찌하여 이리로 내려왔느냐 들에 있는 몇 양을 뉘게 맡겼느냐 나는 네 교만과 네 마음의 완악함을 아노니 네가 전쟁을 구경하러 왔도다.

주석가들은 다윗의 큰 형 엘리압이 다윗의 거룩한 분노를 교만과 완악함으로 격하시키는 실책을 범하고 있다고 지적하며 오히려 이런 엘리압이 교만하고 완악하다고 말한다. 그러나 다윗도 한낱 인간이다. 성경은 인간은 전적으로 부패했으며, 의인은 하나도 없다고 증언한다(전 7:20; 롬 3:10-18). 만약 다윗의 신앙이 모든 면에서 완전했더라면 그는 골리앗을 물리치고 블레셋과의 여러 전쟁에서 승리를 거둔 후 바로 이스라엘의 왕이 되었어야 옳다. 그러나 다윗은 이후 무려 10여 년을 사울을 피해 도망 다니며 온갖 고난을 겪는다. 요셉의 경우도 이와 같다.

> [창 37:2-5] ² … 요셉이 십 칠세의 소년으로서 그 형제와 함께 양을 칠 때에 그 아비의 첩 빌하와 실바의 아들들로 더불어 함께 하였더니 그가 그들의 과실을 아비에게 고하더라 ³ 요셉은 노년에 얻은 아들이므로 이스라엘이 여러 아들보다 그를 깊이 사랑하여 위하여 채색옷을 지었더니 ⁴ 그 형들이 아비가 형제들보다 그를 사랑함을 보고 그를 미워하여 그에게 언사가 불평하였더라 ⁵ 요셉이 꿈을 꾸고 자기 형들에게 고하매 그들이 그를 더욱 미워하였더라.

하나님께서 아브라함에게 하신 약속 곧 하늘의 별과 같고 바닷가의 모래와 같이 많게 하리라는 언약(창 22:16-18)을 이루시기 위해 17세의 요셉을 택하셨다. 이는 야곱의 열두 아들 중 요셉이 그것을 이룰 만한 그릇이었기 때문이다. 그래서 하나님께서는 요셉에게 꿈을 통해서 두 번이나 그것을 보여 주셨다(창 37:6-10). 하나님께서 두 번씩이나 꿈을 보여 주셨다는 것은 그 꿈의 확실성을 말하는 것으로 하나님이 이 일을 하시기로 작정하셨으니 반드시 그대로 이루시겠다는 것을 말씀하시는 것이다(창 41:32 참고).

그런데 17세 때의 요셉은 하나님을 잘 믿고 잘 섬겼지만, 형제들과의 관계는 좋지 못했다. 그는 아버지의 사랑을 독차지하면서 마음이 교만해져 형들의 잘못을 아버지에게 일러바쳤고, 형들의 마음을 배려하지 않고 자신이 꾼 꿈을 형들에게 함부로 자랑했다. 사실 17세의 소년에게 이것은 당연할 수도 있지만, 하나님께서는 그를 애굽의 총리가 되게 하셔서 이스라엘 민족을 태동(胎動)하게 하는 큰 그릇으로 사용하려고 하셨기에 이런 면마저도 철저하게 깨뜨려야 했다.

이에 하나님께서는 그를 다음과 같이 연단하셨다. 형들에게 미움을 사 죽을 위기에 처하게 해 그의 미성숙한 인격을 깨닫게 하셨고(창 37:18-24;

42:21), 가장 천한 자가 되게 하셔서 그를 겸손하게 만드셨고(창 37:36), 억울한 일을 당하게 하셔서 다른 이의 심정도 알게 하셨다(창 39장). 즉, 노예생활을 통해 남을 섬기고, 감옥에서 왕의 죄수들을 돌보는 일을 맡음을 통해 섬김과 배려를 배우게 하신 것이다(창 39:22; 40:4).

여기서 우리가 깨달아야 할 것은 요셉이 충성한 것은 자기 것이 아니라 남의 것이었으며, 큰 일이 아니라 작은 일이었다는 점이다.

노예로 일했고 또 옥에서 왕의 죄수들을 섬겼던 요셉에게 자기 것이 어디 있으며 자기 일이 어디 있겠는가?

모두 남의 것에 충성함이요, 남의 유익을 위한 일뿐 아니겠는가?

그런데도 요셉은 남의 것과 남의 유익을 위해 최선을 다했다.

그러하기에 하나님께서 그에게 한 나라의 경영과 이스라엘 12지파의 시초가 된 형들과 그들의 자녀들을 다 맡기신 것이 아니겠는가?

다윗도 마찬가지다. 하나님께서는 다윗이 아직 어릴 때 그를 마음에 들어 하셔서 왕의 재목으로 택하셨다(삼상 16:1; 행 13:22). 그리고 그와 늘 함께하셨다(삼상 17:37). 그러나 어릴 적 다윗은 아직 믿음이 완전하지 못해 요셉과 같이 형제들 앞에서는 교만하고 완악하게 행동했다(삼상 17:28). 사무엘에게 기름부음을 받은 후에는 더욱 그리했을 것이다.

일곱 형을 제치고 막내인 자기가 위대한 선지자 사무엘에게 기름부음을 받았으니 오죽했겠는가?

거기에다 골리앗까지 물리치고 싸움터에서도 지혜롭게 행동해 승승장구함으로 백성들의 사랑도 한 몸에 받은 그가 아니던가?

이 때 다윗은 그 다음 수순은 자신이 왕이 되는 것이라고 생각했을 것이다. 그러나 하나님께서는 다윗을 바로 왕으로 삼지 않으셨다. 다윗은 왕으로 쓰임받기 전 십여 년을 도망 다니며 한 나라의 경영에 필요한 많은 것을 배워야 했다.

그런데 이런 연단이 1-2년에 끝나는 것이 아니라 왜 10년 넘게 걸려야 할까(학자들에 따르면 다윗과 요셉의 고난 기간은 각각 10년과 13년이었다고 한다)?

그것은 인간의 죄성은 결코 쉽게 바뀌지 않기 때문이다. 말씀을 듣고 배운다고 고쳐지는 게 아니다. 고난과 환난을 겪고 그것을 극복하는 과정을 통해 믿음이 온전해진다. 하나님께서 요셉과 다윗에게 알게 하려 하신 것은 바로 다음이었다.

[레 19:18] 원수를 갚지 말며 동포를 원망하지 말며 이웃 사랑하기를 네 몸과 같이 하라 나는 여호와니라.

어린 시절 그들은 누구보다도 하나님을 사랑했지만, 교만과 자랑으로 인간관계에 있어서는 문제가 많았다. 그래서 하나님의 뜻에 맞게 나라를 경영하기에는 믿음이 많이 부족한 상태였다. 성경은 완전한 믿음을 다음과 같이 말한다.

[롬 13:10] 사랑은 이웃에게 악을 행치 아니하나니 그러므로 사랑은 율법의 완성이니라.

[갈 5:14] 온 율법은 네 이웃 사랑하기를 네 몸 같이 하라 하신 한 말씀에 이루었나니.

요셉도 이것을 위해 연단 받았다. 요셉은 형들의 미움을 사 죽을 위기에 처했다가 유다의 중재로 겨우 목숨을 건져 노예로 팔려갔을 때 이것이 하나님의 징계임을 직감했을 것이다(창 37장). 아버지의 사랑을 독차지하려고, 형들의 잘못을 아버지에게 일러 바치고, 형들의 마음을 배려하지 않고 함부로 자신을 자랑하는 극도의 이기심 때문이라는 것을 말이다. 사실 이런 마음은 누구나 다 가지고 있는 것이다. 그러나 그런 마음을 깨지 않고서는 결코 하나님께 쓰임받지 못한다. 생각해 보라.
요셉이 총리가 되기까지 한 일은 무엇인가?

그가 한 일이라고는 노예 생활을 하며 주인과 주인의 것을 잘 섬기고 돌보는 것이었으며, 옥에 갇혀서 왕의 죄수들을 섬기는 일뿐이었다.

왜 그런 줄 아는가?

하나님께서는 남의 일에도 충성하고, 작은 일에도 최선을 다하며, 남을 성심껏 섬기는 사람에게 큰 일을 맡기시기 때문이다.

이웃 사랑이 왜 율법의 완성이자 최고의 계명이겠는가?

그래야 하나님의 뜻을 이루어 드릴 수 있기 때문이다. 요셉도 이것을 깨달았고 또 그대로 행했다. 그 결과 요셉의 신앙 인격은 자기를 죽이려 했던 형들과 그들의 자녀를 사랑할 정도로 성화(聖化)된다.

[창 50:21] 당신들은 두려워 마소서 내가 당신들과 당신들의 자녀를 기르리이다 하고 그들을 간곡한 말로 위로하였더라.

이는 요셉이 그들의 형제로써 한 말이 아니라 애굽의 총리로서 한 말이다. 요셉은 충분히 형들과 그들의 자녀들을 마음 내키는 대로 할 수 있었다. 그러나 환난과 노예 생활과 옥에서 왕의 죄수들을 섬기면서 하나님의 뜻을 안 그는 형들에게 원수를 갚지 않았고, 그들을 원망하지 않았고 오히려 그들과 그들의 자녀들을 사랑한 것이다.

다윗도 그러하다. 하나님께서는 그가 도망자 생활을 하며 극심한 고난을 받을 때 그와 같은 처지에 있는 사람들을 보내셔서 남을 이해하고 배려하는 마음을 갖도록 하셨다.

[삼상 22:1-2] [1] 그러므로 다윗이 그곳을 떠나 아둘람 굴로 도망하매 그 형제와 아비의 온 집이 듣고는 그리로 내려가서 그에게 이르렀고 [2] 환난 당한 모든 자와 빚진 자와 마음이 원통한 자가 다 그에게로 모였고 그는 그 장관이 되었는데 그와 함께 한 자가 사백명 가량이었더라.

다윗은 자신과 비슷한 처지의 사람들과 함께하면서 다른 이들의 어려움도 이해하게 되었고, 율법에 이른 바대로 그들을 자기 자신과 같이 사랑하려 애썼을 것이다. 그리고 그 노력의 결과는 다음과 같다.

[대상 12:22] 그 때에 사람이 날마다 다윗에게로 돌아와서 돕고자 하매 큰 군대를 이루어 하나님의 군대와 같았더라.

원래 정상적인 사람이라면 권력자 사울에게로 가지 언제 붙잡혀 죽을지 모르는 도망자 다윗에게는 가지 않을 것이다. 그러나 다윗의 신앙 인격이 사람들의 마음을 사로잡았음으로 도망자 생활 중에서도 이스라엘의 왕이 되었을 때 필요한 사람들을 조직할 수 있었다. 이런 생활 중에 다윗은 어느덧 그의 원수 사울왕을 자기 손으로 해하지 않고 하나님의 뜻에 맡길 정도로 믿음이 성숙해져 갔다(삼상 24장; 26장).

하나님께서 쓰시는 사람이 되기 위해서는 반드시 이런 자질을 갖추어야 한다. 즉, 작은 것에도 충성하고 남의 것에도 충성하고, 하나님께서 맡기신 이들을 잘 섬기고 잘 돌보고, 다른 이들을 용서하고 사랑하는 마음 말이다.

교회나 단체 그리고 신학교에서 배운 지식만으로 하나님의 일을 하려 하는가?

어림도 없다. 하나님께서는 그렇게 호락호락한 분이 아니시다.

※ [신학개혁 19장]으로 가려면 ☞ p. 131

19

우리가 생각하는 믿음과 성경에서 말씀하는 믿음

믿음에 행함 곧 하나님 사랑(순종)과 형제 사랑이 더해져야 믿음이 온전해져 구원받을 수 있지만, 인간은 전적으로 타락하고 부패한 존재이므로 스스로는 결코 남을 사랑할 수도, 말씀에 순종할 수도 없다. 하지만 우리가 (하나님의 징계를 받을 때) 성경 말씀에 자신을 비추어 보고 죄를 깨닫고 회개하면 성령의 충만함을 받는데, 그때 우리가 영으로써 몸의 행실을 죽이고 성령을 따라 행하면 된다. 그러면 하나님께 순종하고, 형제를 사랑할 수 있게 된다.

[롬 8:13-14] **13** 너희가 육신대로 살면 반드시 죽을 것이로되 영으로써 몸의 행실을 죽이면 살리니 **14** 무릇 하나님의 영으로 인도함을 받는 그들은 곧 하나님의 아들이라.

[갈 5:16] 내가 이르노니 너희는 성령을 좇아 행하라 그리하면 육체의 욕심을 이루지 아니하리라 (→ 성령을 좇아 행한다는 말은 곧 하나님 뜻대로 행한다는 말이다).

이런 내용을 간략히 정리하자면 "인간은 전적으로 타락한 존재여서 모든 행위가 자기 의(義)를 세우기 위한 행위일 뿐이므로 행위로는 결코 구원받지 못하지만, 자신의 죄를 깨닫고 회개해 성령의 충만함을 받으면 하나님의 뜻대로 행할 수 있으므로 구원받을 수 있다"라고 할 수 있다.

그렇다면 실제 삶에서는 이것을 어떻게 적용하면 좋을까?

대부분의 그리스도인이 '하나님의 살아계심과 예수께서 우리의 구주시라는 것을 받아들이는 마음'만을 믿음으로 생각한다. 그러나 예수를 구주로 믿고, 성경을 하나님의 말씀으로 믿고, 성경 말씀에 자신을 비추어 보아 자신의 죄를 깨닫고, 말씀대로 살지 못함을 회개해 성령의 충만함을 받고, 성령에 힘입어 말씀에 순종하는 일련의 과정들이 다 믿음인 것이다. 이들 중 어느 하나라도 빠지면 순종이 없는 죽은 믿음이 되는 것이다. 예수를 구주로 믿지 않는 자가 순종할 수 없고, 성경이 하나님 말씀임을 믿지 못하는 자가 순종할 수 없고, 자신의 죄를 깨닫지 못하는 자가 순종할 수 없고, 죄를 회개하지 않는 자가 순종할 수 없다.

여기서 명심할 것은 믿음은 자라지 않으면 점점 쇠퇴해 결국 젖먹이 수준으로 전락한다는 것이다(히 5:12-13). 믿음은 죄를 깨닫고, 회개하고, 순종하는 과정 속에서 자란다. 그리고 믿음이 자람에 따라 더 많은 죄를 깨닫고, 더 많이 회개하고, 더 많이 순종할 수 있게 된다.

그러나 가장 초보 수준인 죄를 깨닫는 것조차도 결코 쉬운 일이 아니다. 우리가 죄를 깨닫지 못하는 이유는 성경 말씀에 자신을 비추어본 게 아니라, 바리새인들처럼 자신보다 못한 이에게 자신을 비춰봄으로써 자기를 의롭게 여겼기 때문이다(눅 18:11-12). 자기를 의롭게 여기면 죄를 깨닫지 못해 하나님의 뜻을 행할 수 없으므로 결코 구원받을 수 없다.

예수만 믿으면 구원받는다면 바울은 왜 다음과 같은 말을 했겠는가?

[고전 9:27] 내가 내 몸을 쳐 복종하게 함은 내가 남에게 전파한 후에 자기가 도리어 버림이 될까 두려워함이로라.

[빌 2:12] 그러므로 나의 사랑하는 자들아 너희가 나 있을 때 뿐 아니라 더욱 지금 나 없을 때에도 항상 복종하여 두렵고 떨림으로 너희 구원을 이루라.

[빌 3:10-12] **10** 내가 그리스도와 그 부활의 권능과 그 고난에 참예함을 알려하여 그의 죽으심을 본받아 **11** 어찌하든지 죽은 자 가운데서 부활에 이르려 하노니 **12** 내가 이미 얻었다 함도 아니요 온전히 이루었다 함도 아니라 오직 내가 그리스도 예수께 잡힌바 된 그것을 잡으려고 좇아가노라.

믿는 이라면 누구나 다 성경 말씀을 지키고 행하려는 것이다. 그런데 옛날이나 지금이나 모든 믿는 사람이 범하는 치명적인 죄가 하나 있다. 그것은 의무적이거나 어렵지 않게 지킬 수 있는 말씀은 남을 의식해서든 자기 의에 사로잡혀서든 간에 모두가 열심히 지키고 행하지만, 자기 몸을 쳐 복종해야 지킬 수 있는 "하나님과 재물을 겸하여 섬기지 못한다", "형제를 사랑하라" 등의 말씀은 서로 간의 묵인하에 헌신짝처럼 여긴다는 것이다.

그래서 예수님의 명령에 따라 복음을 전파하고 세계 곳곳에서 선교하지만, 하나님보다 재물을 더 사랑하며, 믿는 형제들끼리 다투고 원수 맺고 분쟁을 일삼는 이율배반적 행동을 하는 것이다. 이것도 행하고 저것도 버리지 말아야 할 것이다.

그런데도 우리는 성경에 나오는 이스라엘의 죄악을 보고 손가락질하며 그들을 비판한다. 그러나 재물을 사랑하는 것은 우상 숭배와 같고, 형제를 사랑하지 않는 것은 최고의 법을 어긴 최고의 불순종이다. 또 저들이 할례를 받고 율법만 지키면 구원받는다고 여겼듯이, 이 시대 우리도 예수 믿고 예배만 잘 드리면 구원받는다고 자위하며 자신을 속여 형제를 사랑하지 않으면 사망에 머물러 있음(요일 3:14)과 재물이 있는 자는 하나님 나라에 들어가기가 심히 어렵다는 말씀(막 10:23)은 일부러 잊으려 했다.

형제 사랑을 무의미하다고 생각하고, 하나님보다 재물을 더 귀히 여기는 자들의 예배를 하나님께서 받으시겠는가?

하나님께서 찾으시는 사람은 예배를 잘 드리는 사람이 아니라, 자기 몸을 쳐 복종하게 하면서까지 하나님과 형제를 사랑하는 사람이며 구원도 그의 것이다.

이런 죄로 인해 과거에는 그렇게도 잘 나타나던 하나님의 능력이 하나님의 외면하심으로 지금은 전혀 나타나지 않고 있다. 그래서 이 시대에는 무엇을 하든 재물과 사람에 의지할 수밖에 없어 제 아무리 열심히 복음을 전하고 선교해도 모래 위에 집을 짓는 것 같은 헛수고만 계속되고 있다. 재물을 의지하는 마음을 버리고 잃어버린 사랑을 회복해야 때마다 일마다 하나님의 능력이 나타나 반석 위에 주초를 놓아 집을 짓듯 할 수 있다.

혹자는 믿는 이들도 완전히 부패한 인간이므로 이같이 행하는 것은 불가능하다고 말한다. 그러나 그들은 말씀을 알면서도 행하지 않음이 죄인 것(약 4:17; 눅 12:47)과 죄를 깨닫고(이것이 가장 어렵다) 회개하면 성령께서 도우셔서 말씀대로 행할 수 있다는 것을 망각하고 있다.

[빌 2:13] 너희 안에서 행하시는 이는 하나님이시니 자기의 기쁘신 뜻을 위하여 너희로 소원을 두고 행하게 하시나니.

그렇다면 이 시대의 교회는 왜 이렇게까지 믿음이 추락했을까?

이 시대 인도자들이 저지른 가장 큰 실수는 바로 믿음과 사랑과 순종(=하나님 뜻대로 행함=예수님 말씀을 행함)을 별개의 것으로 본 것이다. 하지만 인간이 육체와 영혼으로 구성되어 있듯이, 믿음도 순종과 사랑과 유기적으로 견고하게 결합되어 있다. 영혼 없는 몸이 죽은 것 같이 순종과 사랑이 없는 믿음도 죽은 믿음이다. 따라서 성경이 믿음으로 구원받는다고 말씀해도 거기에는 순종과 사랑과 그 밖의 요소가 함께 포함되어 있다고 보아야 한다. 또한, 성경은 구원을 말씀하면서 그와 함께 거룩함 곧 성화(聖化)를 말씀하고 있다.

[살후 2:13] 주의 사랑하시는 형제들아 우리가 항상 너희를 위하여 마땅히 하나님께 감사할 것은 하나님이 처음부터 너희를 택하사 성령의 거룩하게 하심과 진리를 믿음으로 구원을 얻게 하심이니(→ 거룩하게 하심[성화] + 믿음 = 구원).

[롬 6:22] 이제는 너희가 죄에게서 해방되고 하나님께 종이 되어 거룩함에 이르는 열매를 얻었으니 이 마지막은 영생이라 (→ 순종[하나님께 종이 됨]→거룩함에 이름[성화] = 구원).

[히 12:14] 모든 사람으로 더불어 화평함과 거룩함을 좇으라 이것이 없이는 아무도 주를 보지 못하리라 (→ 사랑[모든 사람으로 더불어 화평함] + 거룩함을 쫓음[성화] = 구원).

우리가 성화되기 위해서는 믿음 외에도 환난, 인내, 연단, 소망, 사랑 등이 필요하다.

[약 1:2-4] ² 내 형제들아 너희가 여러 가지 시험을 만나거든 온전히 기쁘게 여기라 ³ 이는 너희 믿음의 시련이 인내를 만들어 내는 줄 너희가 앎이라 ⁴ 인내를 온전히 이루라 이는 너희로 온전하고 구비하여 조금도 부족함이 없게 하려 함이라.

[히 10:36] 너희에게 인내가 필요함은 너희가 하나님의 뜻을 행한 후에 약속을 받기 위함이라.

[롬 5:3-4] ³ 다만 이뿐 아니라 우리가 환난 중에도 즐거워하나니 이는 환난은 인내를, ⁴ 인내는 연단을 연단은 소망을 이루는 줄 앎이로다.

[히 6:11-12] ¹¹ 우리가 간절히 원하는 것은 너희 각 사람이 동일한 부지런을 나타내어 끝까지 소망의 풍성함에 이르러 ¹² 게으르지 아니하고 믿음과 오래 참음으로 말미암아 약속들을 기업으로 받는 자들을 본받는 자 되게 하려는 것이니라 (= 벧전 1:21).

[고전 13:13] 그런즉 믿음 소망 사랑 이 세 가지는 항상 있을 것인데 그 중에 제일은 사랑이라(=살전 5:8).

소망이 믿음이나 다른 덕목보다 상위 덕목인 것은 하나님의 약속 곧 상주심과 부활과 하나님 나라에 대한 소망이 환난(고난)과 믿음의 시련 중에서도 오래 참음과 인내를 만들어 우리를 연단함으로 우리 믿음이 자라 우리가 하나님의 뜻에 순종할 수 있도록 하기 때문이다. 또 사랑이 성화의 최고 덕목인 것은 사랑이 믿음, 포용, 인내, 소망의 결정체이자(고전 13:7), 순종 중 최고의 순종이기 때문이다. 우리는 이런 덕목들을 통해 거룩함(성화)에 이르는데 이것은 하나님의 뜻대로 행할 수 있는 믿음에 이른다는 말과도 같다. 이는 이 덕목들이 우리를 구원에 이르게 하는 덕목이기도 하기 때문이다.

[벧전 1:9] 믿음의 결국 곧 영혼의 구원을 받음이라.

[행 14:22] 제자들의 마음을 굳게 하여 이 믿음에 거하라 권하고 또 우리가 하나님 나라에 들어가려면 많은 환난을 겪어야 할 것이라 하고(=약 1:12).

[마 24:13] 그러나 끝까지 견디는 자는 구원을 얻으리라(=막 13:13).

[눅 21:19] 너희의 인내로 너희 영혼을 얻으리라.

[롬 8:24] 우리가 소망으로 구원을 얻었으매 ….

[요일 3:14] 우리는 형제를 사랑함으로 사망에서 옮겨 생명으로 들어간 줄을 알거니와 ….

이들 중 믿음은 가장 기본적이고 중요한 요소여서 이것이 없으면 성화의 다른 덕목들도 존재할 수 없지만, 역으로 보면 환난과 시련을 참고 견디지 못하면 믿음은 추락하며, 소망이 없으면 오래 참을 수도 없고 인내할 수도 없어서 믿음이 추락하고, 사랑이 없으면 산을 옮길 만한 믿음이 있을지라도 아무것도 아닌 것이 되어 버린다(고전 13:2).

이는 회개와 순종도 마찬가지다. 앞에서도 언급했듯이 우리가 죄를 깨닫고 회개하면 성령께서 역사하셔서 하나님 뜻대로 행할 수 있도록 도우시므로 우리의 믿음은 더욱 성장하게 된다. 그리고 믿음이 성장하면 성장한 만큼 더 많은 죄를 깨닫게 되고 더 많이 회개하고 더 많이 순종함으로 믿음이 더욱 성장하게 된다. 그러나 우리가 죄를 깨닫지 못하면 자기 의에 사로잡혀 행하게 되므로 믿음이 추락하게 되고, 죄를 깨달아도 회개하지 않으면 성령께서 도우시지 않으므로 순종할 수 없어 믿음이 추락하게 된다.

성화의 덕목들도 우리의 믿음이 자라도록 돕지만, 여기에 회개와 순종이 더해져야 온전한 믿음이 될 수 있다. 이는 성화의 덕목들과 회개와 순종은 '믿음'과 유기적으로 공고히 결합되어 있어 서로 분리될 수 없기 때문이다. 예를 들어 보자.

하나님의 뜻을 이루어 드리기 위해서는 믿는 형제자매들이 서로 사랑해야 한다. 그러나 서로 사랑하려 해도 부패한 인간의 죄성이 서로 시기하고, 미워하고, 정죄하게 만들어 갈등과 분열을 일으킨다. 믿음의 사람이라면 이런 믿음의 시련을 참고 견뎌내며 "서로 사랑하라"는 명령에 순종해야 하지만, 우리는 전적으로 타락한 존재이기에 결코 남을 사랑할 수 없다.

그래서 하나님께서 우리를 징계하시고 우리에게 고난(환난)을 주시는데 이때 우리가 우리 죄를 깨닫고 회개하며 우리가 예수님 말씀에 순종해 형제를 사랑하면 하나님께서 ① 우리에게 상 주시고(히 11:6, 26) ② 때마다 일마다 우리와 함께 하셔서 우리를 도우시며(살후 3:16) ③ 장차 우리에게 하나님 나라를 유업으로 주신다(갈 4:7)는 소망을 가지고 순종하려 애쓴다면 성령께서 활발히 역사하셔서 우리를 도우시므로 어려움이 오고 시련이 닥쳐도 오래 참고 인내하며 말씀에 순종해 서로 사랑할 수 있게 된다.

이러하기에 베드로도 성도들에게 믿음 위에 다음의 덕목들을 더하라고 명했다.

> [벧후 1:5-7, 11] **5** 이러므로 너희가 더욱 힘써 너희 믿음에 덕을 덕에 지식을 **6** 지식에 절제를 절제에 인내를 인내에 경건을 **7** 경건에 형제 우애를 형제 우애에 사랑을 공급하라 / **11** 이같이 하면 우리 주 곧 구주 예수 그리스도의 영원한 나라에 들어감을 넉넉히 너희에게 주시리라 (※ "형제 우애": φιλαδελφία[필라델피아], "사랑": ἀγάπη[아가페]).

여기서 '형제 우애'는 헬라어로 'φιλαδελφία'[필라델피아]인데, 이것은 그리스도인들이 친형제자매 같이 서로 친밀하게 지내는 것을 말한다(※ 살전 4:9 → 형제 사랑). 현대 교회가 믿음을 가장 큰 덕목으로 여기는 것과는 달리 초대 교회 때는 형제 우애와 사랑을 가장 큰 덕목으로 여겼다. 믿음은 그리스도인이라면 누구나 갖추어야 할 가장 기본 덕목일 뿐이었다.

여러분의 믿음을 전적으로 다시 재고해 보라. 성경 말씀 중 자신이 지킬 수 있는 말씀만 지키고, 지키기 어렵거나 지키기 싫은 말씀은 헌신짝처럼 여기면 믿음이 어린아이와 같이 되어 환난이나 믿음의 시련이 오면 참지 못하고 세상으로 도망가며, 부활과 하나님 나라에 대한 소망이 없으며, 사랑이 식어 결코 구원받을 수 없다. 또한, 성경 말씀에 자신을 비추어 보지 않아 자신을 의롭게 여기며 죄를 회개하지 않는 자는 성령께서 도우실 수 없으므로 순종할 수 없어 결국 구원받지 못하는 믿음으로 전락하고 만다.

※ [신학개혁 20장]으로 가려면 ☞ p. 138

20

고난과 시험은 왜 오는 것일까?

아담과 하와가 범죄한 이후 인간은 하나님과의 영적 교제가 모두 단절되어 그 마음이 심히 부패하고 타락하게 되었다.

[렘 17:9a] 만물보다 거짓되고 심히 부패한 것은 마음이라.

[막 7:21-23] ²¹ 속에서 곧 사람의 마음에서 나오는 것은 악한 생각 곧 음란과 도적질과 살인과 ²² 간음과 탐욕과 악독과 속임과 음탕과 흘기는 눈과 훼방과 교만과 광패이니 ²³ 이 모든 악한 것이 다 속에서 나와서 사람을 더럽게 하느니라(=마 15:19-20a).

따라서 인간은 말씀과 성령의 인도하심이 아니고는 결코 선을 행할 수가 없다.

[시 119:11] 내가 주께 범죄하지 아니하려 하여 주의 말씀을 내 마음에 두었나이다.

[요 16:13] 진리의 성령이 오시면 그가 너희를 모든 진리 가운데로 인도하시리니 ….

[갈 5:16] 내가 이르노니 너희는 성령을 좇아 행하라 그리하면 육체의 욕심을 이루지 아니하리라.

그러나 말씀과 성령의 인도하심에 따라 순종하며 산다는 게 쉽지 않다.

[롬 7:18-24] **18** 내 속 곧 내 육신에 선한 것이 거하지 아니하는 줄을 아노니 원함은 내게 있으나 선을 행하는 것은 없노라 **19** 내가 원하는바 선은 하지 아니하고 도리어 원치 아니하는바 악은 행하는도다 **20** 만일 내가 원치 아니하는 그것을 하면 이를 행하는 자가 내가 아니요 내 속에 거하는 죄니라 **21** 그러므로 내가 한 법을 깨달았노니 곧 선을 행하기 원하는 나에게 악이 함께 있는 것이로다 **22** 내 속 사람으로는 하나님의 법을 즐거워하되 **23** 내 지체 속에서 한 다른 법이 내 마음의 법과 싸워 내 지체 속에 있는 죄의 법 아래로 나를 사로잡아 오는 것을 보는도다 **24** 오호라 나는 곤고한 사람이로다 이 사망의 몸에서 누가 나를 건져 내랴.

그러나 우리는 우리가 죄인이라는 것조차 깨닫지 못한다. 그러하기에 하나님께서는 우리가 죄를 깨닫고 하나님의 뜻대로 행할 수 있도록 하기 위해 우리 마음을 연단하신다.

[렘 17:9-10] **9** 만물보다 거짓되고 심히 부패한 것은 마음이라 누가 능히 이를 알리요마는 **10** 나 여호와는 심장을 살피며 폐부를 시험하고 각각 그의 행위와 그의 행실대로 보응하나니.

[잠 17:3] 도가니는 은을 풀무는 금을 연단하거니와 여호와는 마음을 연단하시느니라.

[시 26:2] 여호와여 나를 살피시고 시험하사 내 뜻과 내 마음을 단련하소서.

(※ 위 말씀에서 "심장"과 "마음" 그리고 "폐부"와 "뜻"의 히브리어 원어는 같다).

하나님께서는 우리의 마음을 연단하시기 위해 우리에게 고난과 환난을 주시는데, 이것의 목적은 다음 두 가지로 요약할 수 있다.

첫째, 하나님께서는 우리가 하나님의 뜻에 온전히 순종할 수 있도록 연단하기 위해 고난과 환난을 주신다.

[욥 23:10] 나의 가는 길을 그가 아시나니 그가 나를 단련하신 후에는 내가 정금 같이 나오리라.

[슥 13:9] 내가 그 삼분지 일을 불 가운데 던져 은같이 연단하며 금 같이 시험할 것이라 그들이 내 이름을 부르리니 내가 들을 것이며 나는 말하기를 이는 내 백성이라 할 것이요 그들은 말하기를 여호와는 내 하나님이시라 하리라.

인간은 타고난 죄인이므로 모든 이가 자기 의를 세우기 위해 행할 뿐이다. 그래서 하나님께서는 우리에게 하나님의 의에 복종해 하나님 뜻대로 행할 수 있도록 하기 위해 다음과 같은 고난과 시련을 주시는 것이다.

[고후 1:8-9] ⁸ 형제들아 우리가 아시아에서 … 힘에 지나도록 심한 고생을 받아 살 소망까지 끊어지고 ⁹ 우리 마음에 사형 선고를 받은 줄 알았으니 이는 우리로 자기를 의뢰하지 말고 오직 죽은 자를 다시 살리시는 하나님만 의뢰하게 하심이라.

[고후 12:7] 여러 계시를 받은 것이 지극히 크므로 너무 자고하지 않게 하시려고 내 육체에 가시 곧 사단의 사자를 주셨으니 이는 나를 쳐서 너무 자고하지 않게 하려 하심이니라.

[약 1:2-4] ² 내 형제들아 너희가 여러가지 시험을 만나거든 온전히 기쁘게 여기라 ³ 이는 너희 믿음의 시련이 인내를 만들어내는 줄 너희가 앎이라 ⁴ 인내를 온전히 이

루라 이는 너희로 온전하고 구비하여 조금도 부족함이 없게 하려 함이라.

둘째, 하나님께서는 우리의 불순종을 책망하고 징계하기 위해 고난을 주신다.

[히 12:6-7] ⁶ 주께서 그 사랑하시는 자를 징계하시고 그의 받으시는 아들마다 채찍질하심이니라 하였으니 ⁷ 너희가 참음은 징계를 받기 위함이라 하나님이 아들과 같이 너희를 대우하시나니 어찌 아비가 징계하지 않는 아들이 있으리요 (= 잠 3:11-12).

[계 3:19] 무릇 내가 사랑하는 자를 책망하여 징계하노니 그러므로 네가 열심을 내라 회개하라.

그러므로 우리에게 이런 고난이 왔을 때 우리 죄를 깨닫고 회개한다면, 하나님께서는 우리와 함께하셔서 우리에게 좋은 열매를 맺게 하신다.

[계 3:20] 볼지어다 내가 문밖에 서서 두드리노니 누구든지 내 음성을 듣고 문을 열면 (= 열심을 내고 회개하면) 내가 그에게로 들어가 그로 더불어 먹고 그는 나로 더불어 먹으리라.

[히 12:11] 무릇 징계가 당시에는 즐거워 보이지 않고 슬퍼 보이나 후에 그로 말미암아 연달한 자에게는 의의 평강한 열매를 맺나니 (※ 연달한 자 → [개역개정] 연단 받은 자들).

[레 26:40-42] ⁴⁰ 그들이 자기의 죄악과 그 열조의 죄와 및 그들이 나를 거스린 허물을 자복하고 또 그들이 나를 대항하였으므로 ⁴¹ 나도 그들을 대항하여 그 대적의 땅으로 끌어갔음을 깨닫고 그 할례 받지 아니한 마음이 낮아져서 그들의 죄악의 형

벌을 순히 받으면 **42** 내가 야곱과 맺은 내 언약과 이삭과 맺은 내 언약을 생각하며 아브라함과 맺은 내 언약을 생각하고 그 땅을 권고하리라.

위의 레위기 26:41 하반부 말씀처럼 우리가 받는 징계(환난)는 예외 없이 우리의 죄악 때문임을 깨닫고 징계를 달게 받아야 할 것이다. 그래야 우리에게 연단이 되어 믿음이 더욱 자란다. 징계를 받을 때 원망과 불평이 있으면 그 징계는 우리에게 독이 될 뿐이다.

[약 1:12] 시험을 참는 자는 복이 있도다 이것에 옳다 인정하심을 받은 후에 주께서 자기를 사랑하는 자들에게 약속하신 생명의 면류관을 얻을 것임이니라.

[벧전 4:12-13] **12** 사랑하는 자들아 너희를 시련하려고 오는 불시험을 이상한 일 당하는 것 같이 이상히 여기지 말고 **13** 오직 너희가 그리스도의 고난에 참예하는 것으로 즐거워하라 이는 그의 영광을 나타내실 때에 너희로 즐거워하고 기뻐하게 하려 함이라.

[행 14:22] 제자들의 마음을 굳게 하여 이 믿음에 거하라 권하고 또 우리가 하나님 나라에 들어가려면 많은 환난을 겪어야 할 것이라 하고.

[롬 8:17-18] **17** 자녀이면 또한 후사 곧 하나님의 후사요 그리스도와 함께 한 후사니 우리가 그와 함께 영광을 받기 위하여 고난도 함께 받아야 될 것이니라 **18** 생각건대 현재의 고난은 장차 우리에게 나타날 영광과 족히 비교할 수 없도다.

하나님께서는 고난을 통해 우리 마음을 단련시키신 후에는 반드시 우리를 시험(Test)하신다(이것을 간과하는 이들이 너무 많다). 고난은 마음을 단련해 믿음을 성장시키는 것이 주된 목적이지만, 시험은 성장한 우리 믿음을 검증하는 것이 목적이다. 어떤 때는 이 둘이 함께 오기도 한다. 시험의 대표적 예가 바로 하나님께서 아브라함을 연단하신 후 그가 참으로 하나님을 경외하는지 아시기 위해 친히 시험하신 것이다.

> [창 22:1-2, 12] **1** 그 일 후에 하나님이 아브라함을 시험하시려고 그를 부르시되 아브라함아 하시니 그가 가로되 내가 여기 있나이다 **2** 여호와께서 가라사대 네 아들 네 사랑하는 독자 이삭을 데리고 모리아 땅으로 가서 내가 네게 지시하는 한 산 거기서 그를 번제로 드리라 / **12** 사자가 가라사대 그 아이에게 네 손을 대지 말라 아무 일도 그에게 하지 말라 네가 네 아들 네 독자라도 내게 아끼지 아니하였으니 내가 이제야 네가 하나님을 경외하는 줄을 아노라.

히스기야가 받은 시험도 그러하다(이에 대해서는 왕하 18-20장; 사 36-39장; 대하 32장을 참고하라). 유다 왕 히스기야는 하나님께서 기뻐하시는 사람이었다. 그래서 하나님께서는 그와 함께하셔서 그를 늘 형통하게 하셨다. 그런 그에게 첫 번째 시험이 왔다. 앗수르 왕이 대군을 보내어 유다를 위협하며 여호와가 너희를 구해내지 못할 것이니 항복하라고 압박한 것이다. 그러나 히스기야는 그들의 권유를 물리치고 하나님을 의지하기로 결단한다. 그리고는 선지자 이사야에게 기도를 요청하고 자신도 하나님께 간절히 기도한다. 그러자 하나님께서는 그의 그런 결단에 화답해 천사를 보내 앗수르 군대 18만 5천 명을 쳐서 그들을 퇴각시키신다.

이런 그에게 또 한 번의 큰 위기가 찾아온다. 병들어 죽게 된 것이다. 히스기야는 하나님께 매달리며 간절히 기도해 생명을 15년 연장 받게 된다. 이 소문을 들은 바벨론 왕은 유다의 하나님께서는 앗수르 군대를 진멸시키고, 죽을 병도 치유하시며, 해를 십도 물러가게 하는 이적을 일으키시는 전능하신 분이라 것을 알고 유다와 화친을 맺고 싶어 히스기야에게 사신을 보낸다. 이때 하나님께서는 히스기야의 마음을 알기 위해 그를 시험하신다.

[대하 32:31] 그러나 바벨론 방백들이 히스기야에게 사자를 보내어 그 땅에서 나타난 이적을 물을 때에 하나님이 히스기야를 떠나시고 그 심중에 있는 것을 다 알고자 하사 시험하셨더라.

여기서 히스기야는 그만 실족하고 만다. 그는 바벨론 사신들에게 그를 부강하게 하셨고 그에게 이적을 베푸신 하나님을 자랑하고 하나님께 영광을 돌렸어야 했다. 그러나 그는 바벨론 사신들에게 자신의 소유 곧 보물과 무기를 보여 주며 자신의 부와 힘을 자랑하기에 급급했다. 교만이라는 감정에 패한 것이다. 이에 하나님께서 그에게 징계를 내리신다.

[왕하 20:16-18 = 사39:5-7] 16 이사야가 히스기야에게 이르되 여호와의 말씀을 들으소서 17 여호와의 말씀이 날이 이르리니 무릇 왕궁의 모든 것과 왕의 열조가 오늘까지 쌓아 두었던 것이 바벨론으로 옮긴 바 되고 하나도 남지 아니할 것이요 18 또 왕의 몸에서 날 아들 중에서 사로잡혀 바벨론 왕궁의 환관이 되리라 하셨나이다.

우리는 하나님께 큰 은혜와 사랑을 받았음에도 불순종해 믿음의 시험에서 패한 경우 반드시 그에 따른 징계가 있음을 알아야 한다. 또 그와 더불어 우리가 우리 불순종과 죄를 깨닫고 회개할 때에는 하나님께서 긍휼(은혜)을 베푸신다는 것도 알아야 한다.

[대하 32:24-26] 24 그 때에 히스기야가 병들어 죽게 된 고로 여호와께 기도하매 여호와께서 그에게 대답하시고 또 이적으로 보이셨으나 25 히스기야가 마음이 교만하여 그 받은 은혜를 보답지 아니하므로 진노가 저와 유다와 예루살렘에 임하게 되었더니 26 히스기야가 마음의 교만함을 뉘우치고 예루살렘 거민들도 그와 같이 하였으므로 여호와의 노가 히스기야의 생전에는 저희에게 임하지 아니하니라.

하나님께서는 각자의 믿음의 분량(정도)에 따라 어떤 이에게는 작은 일을, 또 어떤 이에게는 큰 일을 맡기신다(달란트 비유에서도 그러했다).

[롬 12:3] 내게 주신 은혜로 말미암아 너희 중 각 사람에게 말하노니 마땅히 생각할 그 이상의 생각을 품지 말고 오직 하나님께서 각 사람에게 나눠주신 믿음의 분량대로 지혜롭게 생각하라.

하나님께 크게 쓰임받기 위해서는 큰 믿음이 있어야 한다. 그러나 믿음은 거저 자라는 게 아니다. 고난을 거치고 시험을 이김으로써 자란다. 믿음이 더욱 큰 사람이 되기 위해서는 더 높은 단계의 고난과 시험을 거쳐야 한다.

그렇지 못한 사람이 하나님께 크게 쓰임받는다고 착각해 이것저것 일을 벌인다면 어떻게 되겠는가?

이런 자를 금방 알아차리기란 쉽지 않겠지만, 결국 그 열매로 모두 나타난다.

[마 7:15-18] **15** 거짓 선지자들을 삼가라 양의 옷을 입고 너희에게 나아오나 속에는 노략질하는 이리라 **16** 그의 열매로 그들을 알지니 가시나무에서 포도를 또는 엉겅퀴에서 무화과를 따겠느냐 **17** 이와 같이 좋은 나무마다 아름다운 열매를 맺고 못된 나무가 나쁜 열매를 맺나니 **18** 좋은 나무가 나쁜 열매를 맺을 수 없고 못된 나무가 아름다운 열매를 맺을 수 없느니라.

[고후 11:13-15] **13** 저런 사람들은 거짓 사도요 궤휼의 역군이니 자기를 그리스도의 사도로 가장하는 자들이니라 **14** 이것이 이상한 일이 아니라 사단도 자기를 광명의 천사로 가장하나니 **15** 그러므로 사단의 일군들도 자기를 의의 일군으로 가장하는 것이 또한 큰 일이 아니라 저희의 결국은 그 행위대로 되리라.

즉, 시험을 통과해 하나님께 믿음을 인정받은 사람은 하나님께서 그와 함께하셔서 그를 통해서 일하시지만, 그렇지 못한 사람은 자신이 하나님의 일을 한다고 착각하지만, 결국 마귀의 자녀가 되어 마귀의 일만 하게 된다는 것이다.

연단과 시험을 거치지 않은 이가 하나님의 뜻대로 행할 수 있겠는가?

그러므로 우리는 반드시 고난과 시련을 견디고 시험을 이겨야만 한다. 이런 고난과 시험은 길고, 힘들고, 어려울 것 같이 생각되겠지만 성경은 우리가 견딜 만한 기간과 능히 감당할 수 있는 고난과 시험만을 주신다고 말씀한다.

[계 2:10] 네가 장차 받을 고난을 두려워 말라 볼지어다 마귀가 장차 너희 가운데서 몇 사람을 옥에 던져 시험을 받게 하리니 너희가 십일 동안 환난을 받으리라 네가 죽도록 충성하라 그리하면 내가 생명의 면류관을 네게 주리라.

[고전 10:13] 사람이 감당할 시험 밖에는 너희에게 당한 것이 없나니 오직 하나님은 미쁘사 너희가 감당치 못할 시험 당함을 허락지 아니하시고 시험 당할 즈음에 또한 피할 길을 내사 너희로 능히 감당하게 하시느니라.

지금까지 말한 것과는 전혀 다른 류(類)의 시험도 있다. 이것은 하나님께서 주시는 시험이 아니라, 우리의 죄로 인해 우리 스스로 실족해 시험에 빠진 것으로 ① 욕심 ② 염려와 두려움 ③ 게으름 등이 주요 원인이다.

[창 3:4-5] ⁴ 뱀이 여자에게 이르되 너희가 결코 죽지 아니하리라 ⁵ 너희가 ① 그것을 먹는 날에는 너희 눈이 밝아 하나님과 같이 되어 선악을 알 줄 하나님이 아심이니라.

[요 13:2] 마귀가 벌써 시몬의 아들 가룟 유다의 마음에 ① 예수를 팔려는 생각을 넣었더라.

[행 5:3] 베드로가 가로되 아나니아야 어찌하여 사단이 네 마음에 가득하여 네가 성령을 속이고 ① 땅값 얼마를 감추었느냐.

[마 13:22] 가시떨기에 뿌리웠다는 것은 말씀을 들으나 ② 세상의 염려와 ① 재리의 유혹에 말씀이 막혀 결실치 못하는 자요(※ 재리 → [개역개정] 재물).

[출 17:3] 거기서 백성이 물에 갈하매 그들이 모세를 대하여 원망하여 가로되 당신이 어찌하여 우리를 애굽에서 인도하여 내어서 ② 우리와 우리 자녀와 우리 생축으로 목말라 죽게 하느냐(※ "생축" → [개역개정] "가축").

[민 14:2-4] ² 이스라엘 자손이 다 모세와 아론을 원망하며 온 회중이 그들에게 이르되 우리가 애굽 땅에서 죽었거나 이 광야에서 죽었더면 좋았을 것을 ³ 어찌하여 여호와가 ② 우리를 그 땅으로 인도하여 칼에 망하게 하려 하는고 우리 처자가 사로잡히리니 애굽으로 돌아가는 것이 낫지 아니하랴 ⁴ 이에 서로 말하되 우리가 한 장관을 세우고 애굽으로 돌아가자 하매.

[마 25:26] 그 주인이 대답하여 가로되 악하고 ③ 게으른 종아 나는 심지 않은 데서 거두고 헤치지 않은데서 모으는 줄로 네가 알았느냐.

성경은 이런 시험이 하나님으로부터 비롯된 시험이 아니라, 인간이 자기 욕심에 끌려 미혹됨으로써 만들어낸 시험이라 말씀하고 있다.

[약 1:13-15] ¹³ 사람이 시험을 받을 때에 내가 하나님께 시험을 받는다 하지 말지니 하나님은 악에게 시험을 받지도 아니하시고 친히 아무도 시험하지 아니하시느니

라 **¹⁴ 오직 각 사람이 시험을 받는 것은 자기 욕심에 끌려 미혹됨이니 ¹⁵ 욕심이 잉태한즉 죄를 낳고 죄가 장성한즉 사망을 낳느니라.**

이는 환난과 고난과 징계 후 오는 시험은 하나님께로부터 오는 게 맞지만, 이런 것 없이 시험만 오는 것은 하나님께로부터 오는 게 아니라 우리가 죄에 미혹되었기 때문이라는 말이다. 그래서 NIV, KJV 등에서는 이런 시험을 유혹(명사 : temptation, 동사 : tempt)으로 번역한다. 앞에서도 밝혔듯이 이것은 우리 욕심뿐 아니라 염려와 두려움, 나태함 등으로 실족하는 경우도 포함된다. 또한, 이것은 우리 연약한 믿음과 죄로 인해 우리 스스로가 만든 시험이지 하나님께서 주신 시험이 아니다. 우리가 이런 시험(유혹)에 빠지는 것은 믿음의 연단이 부족해서인데 이는 고난이 오면 세상 것들을 의지해 고난을 회피하거나 세상으로 도피하기 때문이다.

[마 19:21-22] **²¹ 예수께서 가라사대 네가 온전하고자 할진대 가서 네 소유를 팔아 가난한 자들을 주라 그리하면 하늘에서 보화가 네게 있으리라 그리고 와서 나를 좇으라 하시니 ²² 그 청년이 재물이 많으므로 이 말씀을 듣고 근심하며 가니라.**

[딤후 4:10] **데마는 이 세상을 사랑하여 나를 버리고 데살로니가로 갔고 ….**

다음 말씀들도 이런 시험 곧 유혹을 말하는 것이다.

[마 6:13] **우리를 시험에 들게 하지 마시옵고 다만 악에서 구하시옵소서 ….**
(= NIV : And lead us not into temptation, but deliver us from the evil one).

[마 26:41] **시험에 들지 않게 깨어 있어 기도하라 마음에는 원이로되 육신이 약하도다** (시험 → temptation).

[눅 22:40] 시험에 들지 않기를 기도하라(→ [개역개정] "유혹에 빠지지 않게 기도하라").

(※ 위 말씀에서 "시험"과 "유혹"은 헬라어로는 모두 'πειρασμός'[페이라스모스]다 그리고 위 마태복음 26:41과 누가복음 22:40은 평행구절이다).

위 말씀들은 어떤 고난과 시험도 받지 않게 해 달라는 의미가 결코 아니다. 이것은 우리가 영적으로 깨어 있지 않으면 마귀의 유혹에 번번이 걸려 넘어지므로, 늘 깨어 있어 그런 유혹에 대처할 수 있도록 해 달라는 의미이자, 그런 시험이 와도 능히 이겨내 죄를 짓지 않도록 도와 달라는 의미인 것이다(다윗도 깨어 있지 않아 간음과 살인죄를 저질렀다).

그러나 깨어 있어도 믿음의 연단이 부족하면 이겨낼 수가 없으므로 하나님께서 주신 고난과 징계를 마땅히 받아 마음을 단련해야 할 것이다. 마귀는 지금 이 순간에도 미혹될 만한 자를 찾아 두루 다니므로 우리는 늘 근신하고 깨어 있어야 할 것이다.

[벧전 5:8] 근신하라 깨어라 너희 대적 마귀가 우는 사자 같이 두루 다니며 삼킬 자를 찾나니.

※ [신학개혁 21장]으로 가려면 ☞ p. 144

21

성경에서 보는 고난과 시험

하나님께서는 17세의 요셉에게 형제들보다도 부모보다도 더 존귀한 자가 되는 꿈을 두 번씩이나 보여 주셨다(창 37:5-11). 요셉은 마치 세상을 다 얻은 것 같이 기뻐하며 형들과 아버지 앞에서 자랑했지만, 그로 인한 결과는 형들의 미움을 사 애굽에 종으로 팔려간 것이었다(창 37:25-28). 요셉은 17세 때 이미 이스라엘의 구원을 위해 하나님께 택함 받았지만, 하나님께서 쓰실만한 그릇이 되기에는 많이 부족했다. 그래서 하나님께서는 고난을 통해 그의 믿음을 연단하셨다.

[시 105:17-19] **17** 한 사람을 앞서 보내셨음이여 요셉이 종으로 팔렸도다 **18** 그 발이 착고에 상하며 그 몸이 쇠사슬에 매였으니 **19** 곧 여호와의 말씀이 응할 때까지라 그 말씀이 저를 단련하였도다.

요셉의 이런 고난은 하나님께서 함께하셨기에 그가 능히 감당할만한 일이었다.

[창 39:2-3] **2** 여호와께서 요셉과 함께 하시므로 그가 형통한 자가 되어 그 주인 애굽 사람의 집에 있으니 **3** 그 주인이 여호와께서 그와 함께 하심을 보며 또 여호와께서 그의 범사에 형통케 하심을 보았더라.

이처럼 요셉이 고난을 통해 연단 받던 어느 날 요셉에게 큰 시험이 닥쳤다. 그것은 주인 아내의 집요한 유혹이었다.

[창 39:7-12] [7] 그 후에 그 주인의 처가 요셉에게 눈짓하다가 동침하기를 청하니 [8] 요셉이 거절하며 자기 주인의 처에게 이르되 나의 주인이 가중 제반 소유를 간섭지 아니하고 다 내 손에 위임하였으니 [9] 이 집에는 나보다 큰이가 없으며 주인이 아무 것도 내게 금하지 아니하였어도 금한 것은 당신 뿐이니 당신은 자기 아내임이라 그런즉 내가 어찌 이 큰 악을 행하여 하나님께 득죄하리이까 [10] 여인이 날마다 요셉에게 청하였으나 요셉이 듣지 아니하여 동침하지 아니할 뿐더러 함께 있지도 아니하니라 [11] 그러할 때에 요셉이 시무하러 그 집에 들어갔더니 그 집 사람은 하나도 거기 없었더라 [12] 그 여인이 그 옷을 잡고 가로되 나와 동침하자 요셉이 자기 옷을 그 손에 버리고 도망하여 나가매.

한낱 종에 불과한 요셉이 주인 아내의 이런 요구를 거부하는 것은 큰 해나 죽임을 당할 것을 각오해야 가능한 일이었다. 그러나 요셉은 하나님께 죄를 지을 수 없다 하여 그녀의 유혹을 담대히 물리쳤다. 그러자 하나님께서는 요셉에게 피할 길을 내어 주시고 그와 함께하시고 자비를 베푸셨다.

[창 39:20-21] [20] 이에 요셉의 주인이 그를 잡아 옥에 넣으니 그 옥은 왕의 죄수를 가두는 곳이었더라 요셉이 옥에 갇혔으나 [21] 여호와께서 요셉과 함께 하시고 그에게 인자를 더하사 전옥에게 은혜를 받게 하시매 (※ "전옥" → [개역개정] "간수장").

요셉은 이런 큰 시험을 어떻게 이길 수 있었을까?
이는 하나님께서 요셉을 종으로 팔리게 하셔서 십여 년간 친히 연단하셨는데 요셉이 그런 고난을 이겨냈기 때문이었다.
다윗도 소년 때 이미 왕의 재목으로 하나님께 기름 부음을 받았다(삼상 16:1-13). 그리고 얼마 후 전쟁터에 심부름을 갔다가 골리앗을 물리치게 되고(삼상 17장) 여러 전쟁에서 큰 전공을 세우며 백성들의 사랑을 한 몸에 받게 된다(삼상 18:5-7). 다윗의 마음에는 지금 당장이라도 왕이 될 것만 같았을 것이다. 그러나 그가 크게 쓰임받기 위해서는 더 많은 연단이 필요했다. 하나님께서는 사울의 질투심을 연단의 도구로 삼아 다윗이 십여 년을 사울을 피해 다니며 고난받게 하셔서 그의 믿음을 연단하신다. 그때 심정을 다윗은 다음과 같이 노래한다.

> [삼하 22:5-6] ⁵ 사망의 물결이 나를 에우고 불의의 창수가 나를 두렵게 하였으며 ⁶ 음부의 줄이 나를 두르고 사망의 올무가 내게 이르렀도다(※ "불의의 창수" → 파멸의 홍수).

그러나 하나님께서는 다윗과 함께하시어 이런 고난을 능히 이겨낼 수 있도록 하셨고 위기의 순간에도 피할 길도 내어 주셨다.

> [삼상 23:14] 다윗이 황무지 요새에도 있었고 또 십 황무지 산골에도 유하였으므로 사울이 매일 찾되 하나님이 그를 그의 손에 붙이지 아니하시니라.

그리고 이런 고난이 그를 왕으로 쓰일만한 큰 그릇으로 준비되게 한다. 하나님께서는 다윗에게 사울을 죽일 수 있는 절호의 기회를 두 번씩이나 주며 그를 시험하지만, 사울을 해하지 않고 하나님의 뜻에 맡긴다(삼상 24장, 26장). 다윗은 두 번의 시험을 모두 이긴 것이다. 다윗이 이 시험들을 통과하고 때가 되자 하나님께서는 사울을 쳐 죽게 하시고(삼상 31장) 다윗을 왕위에 오르게 하신다(삼하 5:4).

믿음의 사람 요셉과 다윗에게 왜 이런 시험이 필요했을까?

요셉은 이스라엘의 자손 곧 원수 같은 형들과 그 자녀들을 돌볼 책임이 있었고, 다윗은 이스라엘 백성들을 믿음으로 잘 이끌고 양육할 책임이 있었다. 그러나 어린 시절의 이들은 하나님을 사랑하는 사람이었지만, 수많은 사람을 이끌고 나아가기는 아직 많이 부족했다. 과거 중세 유럽의 기사들은 항상 칼을 휴대하고 다녔지만, 어린 아들에게는 절대 칼을 주지 않았다. 잘못해서 남을 해칠 수 있고 자신도 다칠 수가 있기 때문에 먼저 나무 칼로 수련하다가 어느 정도 능숙해진 후에야 진짜 칼을 주었다. 이와 같이 요셉과 다윗도 백성들을 공의와 정의로 잘 다스릴 수 있도록 하기 위해 그와 같은 혹독한 고난이 필요했던 것이다.

우리도 이와 마찬가지다. 예수님의 계명을 따라 서로 사랑하기 위해서는 말씀과 고난을 통한 연단을 많이 받아야 한다. 그래야 형제에게 상처를 주어 넘어지게 하는 일이 없고, 형제에게 상처받아 넘어지는 일이 없게 된다.

또한, 우리는 고난이 하나님 말씀을 온전히 믿고 모든 것을 하나님의 뜻에 맡기는 훈련과정임을 알아야 한다. 하나님께서 아브라함에게 이삭을 통해 큰 민족을 이루어 주실 것을 약속하셨다. 그리고 이삭이 태어나서 어느 정도 성장했을 때 그를 번제로 드리라고 명하셨다. 그런데 그는 그 명령에 절대적으로 순종한다. 또한, 하나님께서는 요셉에게 형제들보다도 그의 부모보다도 더 존귀한 자가 될 것이라는 계시를 두 번씩이나 주셨다. 그리고 얼마 후 요셉은 형들의 미움을 사 애굽의 친위대장 집에 노예로 팔려간다. 또 거기서 억울한 누명을 쓰고 옥에 갇히기도 한다. 그런데도 그는 자신을 노예로 판 형들을 원망하지 않고 맡은 바 일에 최선을 다했다. 다윗도 마찬가지다. 하나님께서 사무엘을 통해 다윗에게 차기 왕으로 세우실 것을 말씀하셨다. 그리고 골리앗을 물리치고 전쟁마다 승리를 거두어 백성들의 사랑을 한 몸에 받는다. 그러자 사울왕이 그를 시기해 그를 죽이려고 혈안이 되어 10년간 쫓아다닌다. 그러다가 다윗은 사울을 죽일 절호의 기회를 두 번씩이나 맞지만, 그를 죽이지 않고 두 번씩이나 살려 준다.

이들의 공통점은 불합리한 명령에도, 억울한 일을 당해 노예가 되거나 도망자 신세가 되어도 그것이 다 하나님의 뜻임을 알고 하나님의 모든 것을 뜻에 맡기고 주어진 상황에 최선을 다한 것이다. 그들은 하나님의 명을 거역할 수도 있었고, 자기를 해하려 한 원수를 자기 손으로 죽일 수도 있었다. 그러나 그들은 하나님을 전적으로 신뢰해 그분을 원망하지 않고 그분의 뜻에 모든 것을 맡긴 것이다.

여러분도 지금 고난받고 있는가?
불합리한 일을 당했는가?
그로 인해 다른 이들을 원망하고 있는가?

그래서는 안 된다. 그런 일을 당한 것도 다 하나님의 뜻이다. 불합리한 일을 원망하지 말고, 나에게 해를 끼친 이들을 원망하지 마라. 다 하나님께서 쓰시기에 합당한 깨끗한 그릇으로 만드는 과정이다.

[딤후 2:21] 누구든지 이런 것에서 자기를 깨끗하게 하면 귀히 쓰는 그릇이 되어 거룩하고 주인의 쓰심에 합당하며 모든 선한 일에 예비함이 되리라.

우리는 하나님께서 우리에게 고난과 시험을 주시는 것은 우리를 연단해 하나님의 뜻대로 행할 수 있게 해 우리에게 복을 주려 하심임을 알아야 한다.

[신 8:14-16] **14** 두렵건대 네 마음이 교만하여 네 하나님 여호와를 잊어버릴까 하노라 여호와는 너를 애굽 땅 종 되었던 집에서 이끌어 내시고 **15** 너를 인도하여 그 광대하고 위험한 광야 곧 불뱀과 전갈이 있고 물이 없는 간조한 땅을 지나게 하셨으며 또 너를 위하여 물을 굳은 반석에서 내셨으며 **16** 네 열조도 알지 못하던 만나를 광야에서 네게 먹이셨나니 이는 다 너를 낮추시며 너를 시험하사 마침내 네게 복을 주려 하심이었느니라.

그러나 가나안 정탐 후의 이스라엘 백성들은 하나님께서 그들에게 가나안 땅으로 인도해 큰 복을 주신고 약속했음에도, 염려와 두려움 때문에 하나님을 원망하며 애굽으로 돌아가자고 했던 것이다. 하나님을 온전히 믿지 못했던 것이다.

> [민 14:2-4] **2** 이스라엘 자손이 다 모세와 아론을 원망하며 온 회중이 그들에게 이르되 우리가 애굽 땅에서 죽었거나 이 광야에서 죽었더면 좋았을 것을 **3** 어찌하여 여호와가 우리를 그 땅으로 인도하여 칼에 망하게 하려 하는고 우리 처자가 사로잡히리니 애굽으로 돌아가는 것이 낫지 아니하랴 **4** 이에 서로 말하되 우리가 한 장관을 세우고 애굽으로 돌아가자 하매.

우리가 성경에 쓰인 하나님의 말씀을 전적으로 믿는다면 그 분의 말씀에 온전히 순종해야 한다. 그리고 우리나 고난을 당함도, 억울한 일을 당함도, 부당한 일을 당함도 모두가 우리를 연단하시고 시험하시는 하나님의 뜻임을 알고 남을 원망하지 말고 원수를 갚지 말고 하나님의 뜻에 모든 것을 맡겨야 한다. 그러면 하나님께서 우리를 높이시고 크게 쓰신다. 그러나 이스라엘 자손과 같이 하나님께서 분명히 약속하셨음에도 하나님을 믿지 못해 지도자를 원망하고 하나님의 뜻을 거역하는 행위를 한다면, 더 크고 긴 고난을 맞게 될 것이다. 그렇게 되지 않기 위해 우리는 어떤 고난도 기꺼이 감수하며 마음을 연단해야 할 것이다.

【우리를 생각해 보게 만드는 말】

천장강대임어시인야(天將降大任於是人也)
→ 하늘이 장차 그 사람에게 큰일을 맡기려고 하면
필선고기심지(必先苦其心志)
→ 반드시 먼저 그 마음과 뜻을 괴롭게 하고

노기근골 아기체부(勞其筋骨 餓其體膚)
→ 근육과 뼈를 깎는 고통을 주고 몸을 굶주리게 하고
공핍기신 행불란기소위(空乏其身 行拂亂其所爲)
→ 생활은 빈곤에 빠뜨리고 하는 일마다 어지럽게 한다.
소이동심인성(所以動心忍性)
→ 그 이유는 마음을 흔들어 참을성을 기르기 위함이며
증익기소불능(增益其所不能)
→ 지금까지 할 수 없었던 일을 하게 하려 함이다.

『맹자』의 고자하[告子下] 15장)

이들은 이것을 어떻게 알았을까?
그런데 우리 그리스도인이 이것을 모른다면 부끄러운 일 아니던가?

※ [신학개혁 22장]으로 가려면 ☞ p. 150

22

이 시대의 그리스도인들이 선을 행하지 못하는 이유

(설명을 위해 예배와 기도와 말씀과 헌금과 십일조 등은 우리의 신앙 성장과 하나님의 일의 수행을 돕는 도구이므로 이것을 도구적 신앙 행위라 하고, 하나님의 뜻을 행하는 것 곧 하나님 사랑과 형제 사랑과 관련된 말씀을 행하는 것을 본질적 신앙 행위라고 하겠다).

이 시대 그리스도인들은 도구적 신앙 행위인 예배와 기도와 말씀과 헌금과 십일조 등은 중요하게 여기면서, 본질적 신앙 행위 곧 "하나님과 재물을 겸하여 섬기지 마라", "용서하라", "서로 사랑하라" 등의 말씀은 가볍게 여긴다.

이러할진데 하나님께서 예배와 기도와 말씀, 헌금과 십일조를 기뻐받으시겠는가?

행하지도 않는 말씀과 신앙 성장에 전혀 도움이 안 되는 예배와 기도가 무슨 유익이 있겠는가?

의의 말씀을 경험하지 못한 어린아이와 같은 신앙을 가진 인도자들이 성도들이 드린 헌금과 십일조를 하나님의 뜻에 맞게 쓰겠는가?

이 시대의 그리스도인들의 믿음이 왜 이렇게 되었을까?

그 이유를 함께 알아보자.

첫째, 도구적 신앙 행위는 지키지 않으면 금방 알 수 있는 것이어서 변명의 여지가 없지만, 본질적 신앙 행위는 하나님 사랑과 순종, 형제 사랑과 용서와 같이 추상적이고 구체적인 형태가 없는 것이어서 얼마든지 핑계와 변명이 가능하다. 돈과 재물을 하나님보다 더 의지하고 사랑하면서도 그것을 하나님께 드리기 위해 곧 교회와 선교와 구제를 위해 쓰려고 한다 하면 그만이고, 형제들과 서로 분쟁하고, 원수 맺고, 당을 짓고 분열하면서도 그들의 죄와 허물 때문에 도저히 함께 할 수 없다 하면 그만이고, 이런 행위에 대해 뜻있는 자들이 회개를 촉구하고 개선할 것을 요구하면 우리가 하는 하나님의 일들을 저 사탄마귀가 방해하려고 한다고 하면 그만인 것이다.

둘째, 돈과 재물을 배설물같이 여기며 오직 하나님만 의지하고 하나님만 사랑하기 위해서는 염려와 두려움, 탐욕 등과 같은 감정과 싸워 이겨야 하고, 형제를 사랑하기 위해서는 '분노', '미움', '시기' 등의 감정과 싸워 이겨야 한다. 그러나 아무도 이것과 싸우되 피 흘리기까지 대항하지 않고 있다.

> [히 12:4-5] [4] 너희가 죄와 싸우되 아직 피 흘리기까지는 대항치 아니하고 [5] 또 아들들에게 권하는 것 같이 너희에게 권면하신 말씀을 잊었도다 ···.

분노조절장애라는 말을 들어본 적이 있을 것이다. 이는 현대인들이 분노를 억제하지 못해 사회적 물의를 빚는 것을 두고 하는 말이다. 그런데 실제 그런 장애를 겪고 있는 게 아니라 우월한 힘과 지위를 이용해 자신보다 열등한 이들에게 분노를 폭발시키며 인간으로서 차마할 수 없는 언행을 일삼고는 자신의 의지로는 어찌할 수 없었다고 변명하고 합리화하기 위해 그 같은 말을 쓰는 경우가 대부분이다. 이런 이들은 주위의 눈을 의식하거나 자신의 처지를 좌지우지할 수 있는 사람을 만나면 분노를 잘 억제한다.

교회도 이와 마찬가지다. 인도자들이 돈과 재물과 인적부흥만을 탐해도, 인도자들 간에 서로 시기하고, 미워하고, 다투고, 원수 맺고, 분열해도 아무도 그것을 탓하지 않는다. 누군가가 그것은 죄라고 지적하고 성도들도 그렇게 하면 안 된다고 권고해야 인도자들의 악한 감정들이 제어되고 탐욕이 억제되어 돈보다 하나님을 더 사랑하게 되고, 재물보다 하나님을 더 의지하게 되고, 형제를 용서하고 사랑할 줄 알게 되는 것이다. 그러나 현실은 이러하다.

[마 24:11-12] [11] 거짓 선지자가 많이 일어나 많은 사람을 미혹하게 하겠으며 [12] 불법이 성하므로 많은 사람의 사랑이 식어지리라.

또한, 인도자들이 말씀을 어기고 법을 어겨도 교회가 부흥되고, 선교만 많이 하면 모든 성도가 그를 칭찬하지 않던가?
성경 말씀 그대로 아닌가?

[눅 6:26] 모든 사람이 너희를 칭찬하면 화가 있도다 저희 조상들이 거짓 선지자들에게 이와 같이 하였느니라.

[렘 5:30-31] [30] 이 땅에 기괴하고 놀라운 일이 있도다 [31] 선지자들은 거짓을 예언하며 제사장들은 자기 권력으로 다스리며 내 백성은 그것을 좋게 여기니 그 결국에는 너희가 어찌 하려느냐.

셋째, 사탄에게 모두가 속았기 때문이다. 예나 지금이나 교회 인도자들은 예배를 잘 드리고, 열심히 기도하고, 헌금을 잘 드리고, 교회에 봉사하는 것을 최고의 가치로 여긴다.
이것이 뭐가 문제인가 하겠지만 이것으로 인해 신앙의 본질인 하나님 사랑, 순종, 용서, 형제 사랑이 뒷전으로 밀렸다면 여러분은 믿겠는가?

우리 안에 계신 성령께서 하나님의 뜻에 순종하고 서로 사랑할 것을 늘 말씀하시지만, 인간의 죄성은 그것을 행하기보다 더 쉬운 다른 것으로 대체하려고 한다. 그리스도인이라면 누구나 예수께서 하신 말씀을 지키지 못하면 양심에 거리낌이 있다. 그런데 인간의 죄성은 그것을 지키려 애쓰기보다 그것을 지키지 못한 것에 대한 보상 심리로 도구적 신앙 행위에 더욱 집착하게 된다. 그러면 하나님을 잘 섬긴 것 같이 느껴져 말씀을 지키지 못한 것에 대한 꺼림칙한 마음이 보상되는 것이다.

그래서 예배에 절대 가치를 두고, 기도를 회개보다 더 강조하고, 말씀은 행하지 않으면서 지식으로 쌓는 것에 심혈을 기울이며, 헌금과 십일조가 믿음의 척도이며, 형제 사랑보다 구제와 봉사 등을 더 중요하게 여긴다. 혹자는 구제와 봉사가 곧 사랑을 베푸는 게 아니냐고 하겠지만, 구제와 봉사는 사랑 없이 자기 의로도 얼마든지 가능한 일이다(고전 13:3). 따라서 좋은 열매를 맺지 못하는 경우가 많다. 그러나 사랑은 상대의 처지와 필요를 알고 베풀기 때문에 반드시 좋은 열매를 맺는다. 문제는 이런 것들은 신앙 성장과 하나님의 일을 위한 도구일 뿐, 신앙의 본질이 아니라는 것이다.

그렇다면 우리는 어디에 목적을 두고 신앙생활해야 할까?

예수님의 계명은 "서로 사랑하라"이다. 이를 위해 예수께서는 비판하지 말라, 정죄하지 마라, 용서하라 등의 말씀들을 하셨다. 그러나 요즘 그리스도인들은 이런 말씀은 딴 세상 이야기로 듣지만, 신약의 기자들은 형제 사랑을 최고의 가치로 여겼다. 이는 믿는 형제자매들은 우리와 같이 하나님의 뜻에 따라 하나님의 일을 수행하는 이들이기 때문이다. 따라서 형제자매들을 돕고 섬기는 것은 곧 하나님의 일이요, 하나님을 사랑하는 것이 된다(마 25:34-40). 그래서 사도들은 형제 사랑이 구원과도 직결된다고 이야기한다.

[요일 3:14] 우리가 형제를 사랑함으로 사망에서 옮겨 생명으로 들어간 줄을 알거니와 사랑치 아니하는 자는 사망에 거하느니라(=마 5:21-24).

[약 2:14-17] **14** 내 형제들아 만일 사람이 믿음이 있노라 하고 행함이 없으면 무슨 이익이 있으리요 그 믿음이 능히 자기를 구원하겠느냐 **15** 만일 형제나 자매가 헐벗고 일용할 양식이 없는데 **16** 너희 중에 누구든지 그에게 이르되 평안히 가라 더웁게 하라 배부르게 하라 하며 그 몸에 쓸 것을 주지 아니하면 무슨 이익이 있으리요 **17** 이와 같이 행함이 없는 믿음은 그 자체가 죽은 것이라 (※ 행함 = 형제 사랑).

예배와 기도와 헌금과 말씀과 구제와 봉사가 필요 없다는 말이 아니다. 앞에서도 누차 이야기했듯이 이런 것들은 신앙 성장과 하나님의 일을 돕는 도구이지 신앙의 본질은 아니다. 신앙의 본질인 예수님의 말씀을 행하지 않으면 이런 행위들은 아무 쓸모없는 것이 되어 버린다. 바울은 이것을 다음에 비유했다.

[고전 13:1-3] **1** 내가 사람의 방언과 천사의 말을 할지라도 사랑이 없으면 소리 나는 구리와 울리는 꽹과리가 되고 **2** 내가 예언하는 능이 있어 모든 비밀과 모든 지식을 알고 또 산을 옮길 만한 모든 믿음이 있을지라도 사랑이 없으면 내가 아무 것도 아니요 **3** 내가 내게 있는 모든 것으로 구제하고 또 내 몸을 불사르게 내어 줄지라도 사랑이 없으면 내게 아무 유익이 없느니라.

당시 성도들에게는 외국어, 방언, 예언, 큰 믿음, 구제, 헌신은 복음 전파를 위해 꼭 필요한 것이었다.

지금도 외국어, 큰 믿음, 구제, 헌신은 믿는 이들에게 반드시 필요하지 않던가?

그러나 예수님의 계명인 서로 사랑하라는 말씀을 지키지 않는다면 이것이 무슨 소용이며 무슨 유익이 있겠는가?

오히려 이런 행위들로 인해 자기를 자랑하고, 교만하고, 시기하고, 자기의 유익만을 구함으로 서로 미워하고, 원수 맺고, 분쟁하고, 분열해 예수 그리스도의 지체를 갈기갈기 찢고 마음이 제각각 되어 나쁜 열매만 맺게 된다.

실제 이 시대의 교회가 그렇지 않은가?
그래서 바울은 이렇게 이야기한다.

> [갈 5:6] 그리스도 예수 안에서는 할례나 무할례가 효력이 없되 사랑으로써 역사하는 믿음뿐이니라.

※ [신학개혁 23장]으로 가려면 ☞ p. 155

23

큰 믿음을 가지려면 어떻게 해야 할까?

믿음의 사람들은 어떻게 그렇게 큰 믿음을 가질 수 있게 되었을까?

첫 번째로 요나단의 경우를 보자.

사무엘상 13장을 보면 요나단이 블레셋 수비대를 공격하자 블레셋이 대군을 모아 이스라엘을 치려고 하는 장면이 나온다(삼상 13:3-5). 이에 이스라엘 군인들은 막대한 규모의 블레셋 군대를 보고 겁에 질려서 숨거나 도망하기에 급급하다(삼상 13:6-7).

도망하는 이들이 점점 늘어나자 다급해진 사울은 사무엘과 약속한 7일을 기다리지 않고 자신이 제사를 드림으로 하나님의 명령을 거역하게 된다. 그로 인해 하나님께서 이스라엘을 외면하시고 이스라엘은 전쟁에 패할 위기를 맞는다(삼상 13:8-23). 이때 사울의 아들 요나단은 중대한 믿음의 결단을 내린다(삼상 14:1-10).

[삼상 14:6] 요나단이 자기 병기 든 소년에게 이르되 우리가 이 할례 없는 자들의 부대에게로 건너가자 여호와께서 우리를 위하여 일하실까 하노라 여호와의 구원은 사람의 많고 적음에 달리지 아니하였느니라.

그리고 요나단은 자신의 부하와 함께 블레셋 진영으로 올라가 이십 명 가량을 죽인다(삼상 14:11-14). 하나님께서는 이런 요나단의 믿음에 화답하셔서 블레셋 사람들을 공포에 떨게 하시고 또 큰 지진까지 일으키시니 그들은 자기네들끼리 칼로 치고 싸우는 대혼란에 빠졌다(삼상 14:15-20). (※ 블레셋은 다섯 개의 도시로 이루어진 나라이므로 군대 또한 다섯 군대로 나눠진다. 또 그들 중에는 원래 이스라엘 백성이었으나 강제로 블레셋에 끌려간 사람들도 다수 있었다[삼상 14:21]. 그래서 공포에 휩싸인 자들이 서로를 믿지 못해 자기네들끼리 칼로 치고 싸운 것이다[삿 7:22]).

그날 이스라엘은 이런 요나단의 믿음으로 인해 블레셋과의 싸움에서 대승을 거두게 된다(삼상 14:21-23).

두 번째로 다윗의 경우다.

다음은 다윗이 골리앗을 치기 전에 한 말이다.

> [삼상 17:47] 또 여호와의 구원하심이 칼과 창에 있지 아니함을 이 무리로 알게 하리라 전쟁은 여호와께 속한 것인즉 그가 너희를 우리 손에 붙이시리라.

다윗이 말한 것은 모세오경, 여호수아, 사사기 등 성경 곳곳에서 볼 수 있는 교훈으로 당시 이스라엘 사람이라면 누구나 다 알고 있었을 것이다. 그러나 이것을 실행에 옮기기는 결코 쉽지 않다. 온 이스라엘이 거대한 골리앗을 보고 두려움에 떨고 있었다.

그런데 십대 소년 다윗은 어떻게 그런 골리앗에 맞서서 그를 물리칠 수 있었을까?

다윗은 양을 치는 일을 했다. 그런데 양치는 일은 여자들도 할 수 있는 쉬운 일이었기 때문에(창 29:6; 출 2:16) 아무한테나 맡기곤 했다. 그러다 보니 대부분 양치기들은 책임감이 없어 맹수가 나타나면 도망치기에 급급했다(요 10:11-12). 그러나 다윗은 맹수들의 위협에도 양 새끼 한 마리도 잃지 않으려고 최선을 다해 지켰다.

[삼상 17:34-37] ³⁴ 다윗이 사울에게 고하되 주의 종이 아비의 양을 지킬 때에 사자나 곰이 와서 양떼에서 새끼를 움키면 ³⁵ 내가 따라가서 그것을 치고 그 입에서 새끼를 건져내었고 그것이 일어나 나를 해하고자 하면 내가 그 수염을 잡고 그것을 쳐 죽였었나이다 ³⁶ 주의 종이 사자와 곰도 쳤은즉 사시는 하나님의 군대를 모욕한 이 할례 없는 블레셋 사람이리이까 그가 그 짐승의 하나와 같이 되리이다 ³⁷ 또 가로되 여호와께서 나를 사자의 발톱과 곰의 발톱에서 건져내셨은즉 나를 이 블레셋 사람의 손에서도 건져내시리이다 ….

이것으로 보았을 때 다윗은 평소 양을 지킬 때 사자와 곰으로부터 양을 지키기 위해 끊임없이 물매를 연습하고 목자의 막대기를 다루는 연습을 했을 것이다. 그러나 자신의 힘만으로는 거대한 맹수와 맞서 싸울 수 없음을 알고 자신이 양떼를 잘 지킬 수 있도록 지혜와 용기와 힘을 달라고 하나님께 구했을 것이다. 그러다가 사자나 곰이 양 떼를 덮쳐 양을 물어 가면 하나님의 도우심을 믿고 끝까지 그 맹수를 따라가 물매로 쳐 쓰러뜨려 양을 구해 냈으며(이런 경험으로 골리앗을 물매로 쳐서 쓰러뜨렸을 것이다), 그것이 일어나 해치려고 하면 짐승의 수염을 잡고 목자의 막대기의 두툼한 부분으로 쳐서 물리쳤을 것이다(이런 경험으로 골리앗의 칼로 목을 베었을 것이다). 이런 과정에서 그는 하나님께서 그와 함께하셨음을 여러 차례 경험했을 것이다. 이렇듯 양 지키는 작은 일 하나도 하나님을 의지하며 최선을 다했기에 하나님께서 그를 크게 쓰신 것이다.

이와 같이 다윗은 맹수로부터 양떼를 지킬 때 하나님께서 그와 함께하심을 여러 번 경험했고, 그 결과 골리앗에 맞서 싸울 때에도 맹수들과 싸울 때 함께하신 하나님께서 이번에도 반드시 함께하실 것이라고 굳게 믿었던 것이다. 그러하기에 한 치의 두려움도 없이 담대하게 맞서서 싸워 이길 수 있었던 것이다.

그러나 다윗 외의 다른 이들은 하나님께서 함께하신 경험이 전혀 없다 보니 이런 상황이 오면 두려움에 떨 수밖에 없다.

하나님께서 하필이면 지식도, 경험도, 배경도 없는 양치기 다윗을 택했겠는가?

바로 믿음의 차이다. 다른 이들은 성경과 인간 스승의 가르침을 통해서만 하나님을 알았겠지만, 다윗은 그와 더불어 하나님을 직접 체험해 알았다. 그러하기에 그런 큰 믿음을 가질 수 있었던 것이다.

[약 1:22-25] **22** 너희는 도를 행하는 자가 되고 듣기만 하여 자신을 속이는 자가 되지 말라 **23** 누구든지 도를 듣고 행하지 아니하면 그는 거울로 자기의 생긴 얼굴을 보는 사람과 같으니 **24** 제 자신을 보고 가서 그 모양이 어떤 것을 곧 잊어버리거니와 **25** 자유하게 하는 온전한 율법을 들여다보고 있는 자는 듣고 잊어버리는 자가 아니요 실행하는 자니 이 사람이 그 행하는 일에 복을 받으리라.

요나단과 다윗 같은 사례는 성경 곳곳에 나와 있다(※ 대하 20:1-24).

그렇다면 우리도 이들처럼 담대하게 나아간다면 하나님께서 우리와 함께하셔서 우리를 위해서 일하실까?

이것에 대한 대답은 '예'도 아니고, '아니요'도 아니다. 만약 하나님의 뜻에 늘 순종해서 하나님께서 함께하시는 사람이라면 이런 절체절명의 위기 속에서도 담대하게 나아가 하나님의 도우심으로 위기를 극복할 수 있을 것이다(창 39:2-3, 21,23; 민 14:6-10).

[시 91:14-16] **14** 하나님이 가라사대 저가 나를 사랑한즉 내가 저를 건지리라 저가 내 이름을 안즉 내가 저를 높이리라 **15** 저가 내게 간구하니 내가 응답하리라 저희 환난 때에 내가 저와 함께 하여 저를 건지고 영화롭게 하리라 **16** 내가 장수함으로 저를 만족케 하며 나의 구원으로 보이리라 하시도다.

그러나 지속적인 불순종으로 하나님에서 멀어진 자가 위기 상황에서 하나님께서 함께해 주실 줄로 믿고 나아간다고 해도 하나님께서 함께하시지 않을 뿐 아니라, 오히려 외면만 경험하게 될 것이다(민 14:40-45; 삿 16:18-21).

이것을 쉽게 설명하자면 하나님께서는 하나님의 뜻대로 행하는 사람과만 함께하시고 불순종한 사람은 외면하신다는 말이다. 하나님 뜻대로 행한다는 것은 구약에서는 하나님 사랑과 이웃 사랑에 관련된 본질적 율법을 행하는 사람이고, 신약에서는 예수님의 말씀을 행한 사람이다. 이에 대한 대표적 예가 하나님의 뜻에 순종한 갈렙과 여호수아와 하나님의 뜻을 거역한 그 외 다수의 이스라엘이다.

[민 13:30-31~14:2-4] **13:30** 갈렙이 모세 앞에서 백성을 안돈시켜 가로되 우리가 곧 올라가서 그 땅을 취하자 능히 이기리라 하나 **31** 그와 함께 올라갔던 사람들은 가로되 우리는 능히 올라가서 그 백성을 치지 못하리라 그들은 우리보다 강하니라 … **14:2** 이스라엘 자손이 다 모세와 아론을 원망하며 온 회중이 그들에게 이르되 우리가 애굽 땅에서 죽었거나 이 광야에서 죽었더면 좋았을 것을 **3** 어찌하여 여호와가 우리를 그 땅으로 인도하여 칼에 망하게 하려 하는고 우리 처자가 사로잡히리니 애굽으로 돌아가는 것이 낫지 아니하랴 **4** 이에 서로 말하되 우리가 한 장관을 세우고 애굽으로 돌아가자 하매.

이런 분위기에서 반대의 목소리를 내다가는 큰 핍박이 올 것이다. 그런데도 그들은 여호와를 거역하지 말자고 당당하게 외쳤고, 여호와께서는 이런 그들과 함께 해 주셨다.

[민 14:6-10] **6** 그 땅을 탐지한 자 중 눈의 아들 여호수아와 여분네의 아들 갈렙이 그 옷을 찢고 **7** 이스라엘 자손의 온 회중에게 일러 가로되 우리가 두루 다니며 탐지한 땅은 심히 아름다운 땅이라 **8** 여호와께서 우리를 기뻐하시면 우리를 그 땅으로 인도하여 들이시고 그 땅을 우리에게 주시리라 이는 과연 젖과 꿀이 흐르는 땅이니라 **9** 오직 여호와를 거역하지 말라 또 그 땅 백성을 두려워하지 말라 그들은 우리 밥

이라 그들의 보호자는 그들에게서 떠났고 여호와는 우리와 함께 하시느니라 그들을 두려워 말라 하나 ¹⁰ 온 회중이 그들을 돌로 치려하는 동시에 여호와의 영광이 회막에서 이스라엘 모든 자손에게 나타나시니라.

이들 믿음의 사람들은 전부터 하나님께 늘 순종해 왔었기 때문에 하나님께서 그들과 함께 계셨다. 그러므로 이들은 하나님의 도우심과 인도하심을 늘 체험했을 것이다(삼상 17:37). 그리고 그것이 그들의 믿음을 더욱 성장시켰을 것이다. 그래서 모두가 두려워하는 절체절명의 위기의 순간에도 그들은 하나님께서 함께하실 것을 믿고 담대히 나아갈 수 있었던 것이다.

그러나 불순종으로 인해 하나님에게서 멀어진 자들은 어떨까?

다음은 앞 말씀과 연결되는 이야기이다. 이스라엘 백성들이 열 정탐꾼의 이야기를 듣고 하나님을 원망하며 가나안 땅에 들어가기를 거부하자 하나님께서는 준엄하게 심판하신다. 당시 20세 이상의 사람은 한 명도 가나안 땅에 들어가지 못하고 40년간 광야에서 유리하면서 모두 광야에서 죽을 운명이 된 것이다(민 14:26-35). 이 말씀을 들은 이스라엘 백성들이 자신들의 불신앙을 후회하면서 다음과 같이 행동한다.

[민 14:40-45] ⁴⁰ 아침에 일찌기 일어나 산꼭대기로 올라가며 가로되 보소서 우리가 여기 있나이다 우리가 여호와의 허락하신 곳으로 올라가리니 우리가 범죄하였음이니이다 ⁴¹ 모세가 가로되 너희가 어찌하여 이제 여호와의 명령을 범하느냐 이 일이 형통치 못하리라 ⁴² 여호와께서 너희 중에 계시지 아니하니 올라가지 말라 너희 대적 앞에서 패할까 하노라 ⁴³ 아말렉인과 가나안인이 너희 앞에 있으니 너희가 그 칼에 망하리라 너희가 여호와를 배반하였으니 여호와께서 너희와 함께 하지 아니하시리라 하나 ⁴⁴ 그들이 그래도 산꼭대기로 올라갔고 여호와의 언약궤와 모세는 진을 떠나지 아니하였더라 ⁴⁵ 아말렉인과 산지에 거하는 가나안인이 내려와 쳐서 파하고 호르마까지 이르렀더라.

여호수아와 갈렙 같이 의를 위해 박해 받을 것(마 5:10)을 각오하고 하나님의 뜻을 행한다는 것은 결코 쉽지 않다. 이들이 그렇게 할 수 있었던 것은 그들이 특별한 사람이어서가 아니라, 하나님께서 내리시는 복과 징계를 모두 체험해 보았기 때문이다. 이들의 믿음에 대해 논하기 전에 먼저 인간의 보상심리에 대해 알아보자. 인간은 만족할 만한 보상이 있으면 무엇이든지 최선을 다하지만, 손해가 되는 일은 절대하지 않는다.

첫째, 보상에 대해 생각해 보자. 인간이 복권을 사는 이유는 보상 때문이다. 또 회사원이 일하는 것과 자영업자가 일하는 것은 시간이나 성실도에서 차이가 난다. 이는 회사에서 일하는 것은 그냥 하나 열심히 하나 보상은 동일하기 때문이다. 요즘 기업들이 성과제를 도입하는 이유가 바로 그것이다. 그래나 자영업자들은 노력한 것에 비례해 보상이 주어지므로 일하는 시간이나 성실도가 회사원과는 상당한 차이가 있다.

둘째, 손해(손실)에 대해서 생각해 보자. 필자가 예전에 외국의 한 도시에 갔는데 이 도시 사람들은 교통질서를 너무 잘 지켰다. 그래서 그곳에 사는 한국인에게 여기는 어떻게 그렇게 교통질서를 잘 지키느냐고 물었더니 그들의 대답은 하나같이 이랬다.

"여기는 한번 걸리면 범칙금이 엄청 비싸요."

즉, 이들이 교통법규를 잘 지키는 것은 높은 도덕심 때문이 아니라 철저한 단속과 무거운 벌금으로 인한 것이었다.

이제 믿음의 사람들이 어떻게 순종할 수 있었는지 말씀을 통해 알아보자.

[출 1:15-21] [15] 애굽 왕이 히브리 산파 십브라라 하는 자와 부아라 하는 자에게 일러 [16] 가로되 너희는 히브리 여인을 위하여 조산할 때에 살펴서 남자여든 죽이고 여자여든 그는 살게 두라 [17] 그러나 산파들이 하나님을 두려워하여 애굽 왕의 명을 어기고 남자를 살린지라 [18] 애굽 왕이 산파를 불러서 그들에게 이르되 너희가 어찌 이같이 하여

남자를 살렸느냐 [19] 산파가 바로에게 대답하되 히브리 여인은 애굽 여인과 같지 아니하고 건장하여 산파가 그들에게 이르기 전에 해산하였더이다 하매 [20] 하나님이 그 산파들에게 은혜를 베푸시니라 백성은 생육이 번성하고 심히 강대하며 [21] 산파는 하나님을 경외하였으므로 하나님이 그들의 집을 왕성케 하신지라.

이것을 생각해 보자.
히브리 산파가 바로의 명을 어기는 것이 과연 쉬웠겠는가?
그들은 생명의 위험을 무릅쓰고 하나님께 순종했다.
그런데 일개 산파들은 어떻게 그렇게 할 수 있었을까?
그들이 특별한 사람이여서가 아니라 다음 두 가지 사실을 알았기 때문이다.

첫째, 이들은 자신들이 하나님의 뜻에 순종할 경우 하나님께서 보상 곧 은혜를 베푸신다는 것을 알았다. 그것도 자손대대로 말이다.
둘째, 이들은 자신들이 하나님의 뜻에 불순종할 경우 하나님께서 징계 곧 저주를 내려 큰 해(害)를 받을 것임을 알았다. 그것도 자손 몇 대에 이르기까지 말이다.

사실 이것이 믿음이다. 그러나 실제로 이들과 같이 행한다는 것은 결코 쉽지 않은 일이다. 말씀을 잘 안다고 또 말씀을 깨달았다고 해서 되는 것이 아니다. 말씀을 듣고 깨달을 뿐 아니라, 실제 체험을 통해서도 하나님을 알아야 한다. 다시 말해, 이들은 이 일 이전에도 하나님의 뜻에 순종함으로 하나님께서 함께하시고 큰 은혜를 내려주심을 체험해 보았고, 불순종함으로 인한 하나님의 징계도 경험해 보았을 것이다.
여기서 우리는 다음을 알아야 한다. 순종하지 못한 삶을 살아 하나님의 은혜와 복을 전혀 체험하지 못한 사람은 그저 그런 평범한 삶과 '징계의 삶' 사이에서만 하나님을 체험한다.

그러나 순종과 불순종을 함께 해본 사람은 순종했을 때 하나님으로부터 받는 '복과 은혜의 삶'과 불순종했을 때 받는 '고난과 징계의 삶' 사이에서 하나님을 체험한다(다윗의 삶을 생각해 보라).

이런 체험을 여러 번 해본 사람은 '복과 은혜의 기쁨의 삶'과 '고난과 징계의 괴로운 삶' 사이의 간극이 너무 크게 느껴져 순종보다 불순종이 더 어렵게 느껴진다. 성경은 이것을 하나님을 경외(敬畏)하는 것이라고 말씀한다.

[신 8:5-6] ⁵ 너는 사람이 그 아들을 징계함 같이 네 하나님 여호와께서 너를 징계하시는 줄 마음에 생각하고 ⁶ 네 하나님 여호와의 명령을 지켜 그 도를 행하며 그를 경외할지니라.

[시 34:7-11] ⁷ 여호와의 사자가 주를 경외하는 자를 둘러 진 치고 저희를 건지시는도다 ⁸ 너희는 여호와의 선하심을 맛보아 알지어다 그에게 피하는 자는 복이 있도다 ⁹ 너희 성도들아 여호와를 경외하라 저를 경외하는 자에게는 부족함이 없도다 ¹⁰ 젊은 사자는 궁핍하여 주릴지라도 여호와를 찾는 자는 모든 좋은 것에 부족함이 없으리로다 ¹¹ 너희 소자들아 와서 내게 들으라 내가 여호와를 경외함을 너희에게 가르치리로다.

믿음의 사람들은 하나같이 하나님을 경외한 사람들이다.

[창 22:12] … 그 아이에게 네 손을 대지 말라 아무 일도 그에게 하지 말라 네가 네 아들 네 독자라도 내게 아끼지 아니하였으니 내가 이제야 네가 하나님을 경외하는 줄을 아노라.

[창 39:9] 이 집에는 나보다 큰 이가 없으며 주인이 아무 것도 내게 금하지 아니하였어도 금한 것은 당신뿐이니 당신은 자기 아내임이라 그런즉 내가 어찌 이 큰 악을

행하여 하나님께 득죄하리이까.

[삼상 24:6; 26:11] **24:6** … 내가 손을 들어 여호와의 기름 부음을 받은 내 주를 치는 것은 여호와의 금하시는 것이니 그는 여호와의 기름 부음을 받은 자가 됨이니라 // **26:11** 내가 손을 들어 여호와의 기름 부음을 받은 자를 치는 것을 여호와께서 금하시나니 너는 그의 머리 곁에 있는 창과 물병만 가지고 가자.

대개 믿음의 사람들을 대단한 의지의 소유자로 생각하기 쉽다. 그러나 그들도 우리와 똑같은 심성을 가진 사람들이다. 믿음의 사람과 그렇지 못한 사람의 차이는 단순하다. 의지의 차이가 아니라, 하나님을 경외하느냐 경외하지 않느냐의 차이일 뿐이다. 그리고 그들이 하나님을 경외하는 이유는 복과 징계를 모두 체험해 봤고, 또 그 둘의 간극의 차를 알기 때문이다.

"복을 받는데 순종하지 않겠는가?"
"징계를 받는데 불순종하겠는가?"

그러나 하나님께서 내리시는 복과 징계를 체험해 보지 못한 사람은 오로지 세상 법칙만 알고, 세상 법칙만 따른다. 세상 법칙은 이렇다. 배경 좋고, 돈 있고, 학벌 좋고, 능력 있고, 힘 있고, 똑똑한 자는 잘 되고 그렇지 못한 사람은 잘 안 된다.

앞에서 본 이스라엘 백성들과 사울왕의 경우 지속적인 불순종으로 인해 하나님과 멀어져 하나님께서 사랑하는 자에게 주시는 복과 징계보다 세상 법칙을 더 많이 경험했고 그로 인해 믿음에서 멀어질 수밖에 없었던 것이다.

당신은 지금 어떤가?
믿음 안에 있는가?
주께서 함께 하시는가?

[고후 13:5] 너희가 믿음에 있는가 너희 자신을 시험하고 너희 자신을 확증하라 예수 그리스도께서 너희 안에 계신 줄을 너희가 스스로 알지 못하느냐 그렇지 않으면 너희가 버리운 자니라.